Fotografie di
Jean-Bernard Naudin

Ideazione grafica
Lydia Fasoli

Testo di
Gérard Gefen

con la collaborazione di
Fanny Calefati di Canalotti

La Sicilia al tempo dei Gattopardi

Vita quotidiana di un'aristocrazia

Da un'idea di **Lydia Fasoli**

Edizioni GBM

© 2002, per l'edizione italiana Edizioni GBM by GEM s.r.l.
Via Catania, 62, 98124 Messina
e-mail: gemedi@tin.it

Traduzione dal francese: Giuliana Gregorio
Consulenza editoriale: Giovanni Molonia
Videoimpaginazione: Daniela Riso
Stampa: Avvenire 2000 s.c.r.l., Messina

Titolo originale: La Sicile au temps des Guépards.
Vie quotidienne d'une aristocratie
© 2000, Éditions du Chêne-Hachette Livre

Responsabile editoriale: Colette Véron
Creazione grafica: Marc Walter
Fotoincisione: Euresys, a Baisieux

Sommario

Breve storia dei Gattopardi 7

In città 13

Carattere del Gattopardo 45

La giornata di un Gattopardo 81

La villeggiatura 113

La campagna 153

Morte e trasfigurazione del Gattopardo 181

Bibliografia e ringraziamenti 184

p. 1: La principessa Giulia di Gangi, con i figli Stefania e Benedetto intorno al 1920.
p. 3: Abito da ballo in tulle con ricami di perle della principessa di Gangi.
p. 4: Affresco del palazzo Beneventano del Bosco a Siracusa. L'edificio, costruito nel XV secolo, originariamente di proprietà dei Borgia, fu interamente trasformato nel 1774 dall'architetto Luciano Alì.

Palazzo Gangi (Palermo): bassorilievo adornante la facciata che domina la terrazza.

Breve storia dei Gattopardi

Il breve tratto di mare che separa Cariddi da Scilla non sarebbe mai bastato a fare della Sicilia un'isola se non ci avessero pensato i siciliani. Colonizzati dai Greci, sottomessi dai Romani, invasi dai Barbari, conquistati dagli Arabi, occupati da Normanni, Angioini e Svevi, passati agli Spagnoli e poi ai Borboni di Napoli prima di unirsi al Regno d'Italia nel 1860, si sono rivestiti di una corazza di tradizioni e di abitudini molto più difficile da spezzare di quanto non lo sia attraversare lo stretto di Messina. Tanta storia avrebbe potuto alterare il loro carattere; esso ne è risultato invece così rafforzato da acquisire quello che lo scrittore siciliano Gesualdo Bufalino ha definito un «eccesso d'identità». Per chi è nato in Sicilia, aggiunge Bufalino, «dura poco l'allegria di sentirsi seduto sull'ombelico del mondo, subentra presto la sofferenza di non sapere districare fra mille curve e intrecci di sangue il filo del proprio destino»..

Un ufficiale inglese, Edward Baynes, affermava nel 1834 sul «Metropolitan Magazine» che la Sicilia era «un paese oltremodo eccentrico, estraneo a ogni legge, dominato dal capriccio». Una simile opinione si accordava a quella di numerosi viaggiatori, passati e futuri. Baynes aggiungeva tuttavia che su questa terra dai «costumi feroci» si trovavano anche «alcuni individui che, per la distinzione del loro spirito e la grazia delle loro maniere, possono competere con tutto ciò che le corti europee hanno prodotto di più elegante e compito». Quasi sempre, precisava, «alla loro eleganza e al loro buon gusto si mescola una sfumatura di stravaganza, di immaginazione e di fantasia». La cronaca di questa nobiltà siciliana, la letteratura da essa ispirata, le arti che essa ha promosso danno ragione all'ufficiale inglese.

La città alta di Ragusa, costruita dopo il terremoto del 1693, che distrusse quasi completamente Ibla, la città bassa.

Nell'ultimo decennio del '700, un viaggiatore tedesco, Friedrich Münter, contava duecentoventotto famiglie aristocratiche (58 principi, 27 duchi, 37 marchesi, 26 conti, un visconte, 79 baroni). Il Libro d'oro ufficiale della nobiltà siciliana, che si ferma al 1926, non ne annoverava molte di più: duecentoquarantacinque in totale – alle quali si aggiungevano circa duecento famiglie «non ancora riconosciute e alcune delle quali probabilmente estinte». Alcuni autori moderni hanno tuttavia fornito cifre assai più considerevoli: 142 principi, 95 duchi, 788 marchesi, 59 conti, 1274 baroni. Ma questa statistica si basa sui titoli. Molte famiglie ne possedevano diversi, in alcuni casi una vera e propria collezione, tutta concentrata sul capofamiglia o ripartita tra i cadetti. I Lanza, per fare un esempio, ne detenevano quasi una cinquantina, gli Alliata circa una quarantina, e così via.

All'epoca di Münter, un falsario erudito, don Giuseppe Vella, riuscì per un certo tempo a far credere alle grandi famiglie palermitane che i loro titoli, ottenuti grazie alle gesta dei loro antenati a fianco di Guiscardo e di suo fratello Ruggero I, risalissero (almeno) alla metà dell'XI secolo. In realtà fu Federico II di Hohenstaufen, nel XIII secolo, a conferire ai suoi baroni il titolo di conte, il più antico. I marchesi, creati da Alfonso d'Aragona, comparvero nel 1440; nel 1554, Carlo V investì il primo duca e Filippo II, nel 1563, il primo principe. Quanto ai rampolli delle famiglie nobili privi di titoli, è d'uso conferire loro quello di «nobile» o di barone.

Ma, di origine angioina, spagnola o italiana, l'aristocrazia siciliana era ancora così potente alla fine del XVIII secolo da far scrivere a un altro viaggiatore, questa volta francese, Jean-Marie Roland de la Platière: «La nobiltà possiede tutto; ha praticamente in mano il governo, e ha il popolo al suo servizio». Oltre a quella «stravaganza d'immaginazione» che aveva colpito Edward Baynes, la società siciliana presentava in effetti caratteristiche molto particolari. All'inizio del XIX secolo, la struttura feudale, ereditata dai re normanni e consolidata dagli Aragonesi e dagli Spagnoli, continuava a sussistere quasi inalterata: le grandi famiglie conservavano la proprietà o almeno la sovranità della quasi totalità delle terre dell'isola. Malgrado ciò, salve rare eccezioni, esse non sfruttavano direttamente i loro feudi, dati in affitto a intermediari che, generalmente, li subaffittavano abusivamente ai coloni. La borghesia, possidente o mercantile, giocava un ruolo affatto secondario, essendo del resto ben lontana dal raggiungere la consistenza numerica e il potere economico della borghesia continentale. I tre «bracci» del parlamento siciliano, sebbene in linea di principio analoghi ai tre «Stati» francesi, erano composti esclusivamente da nobili. Nobili erano anche i governatori, i «capitani di giustizia», i membri dei senati delle grandi città, compreso il Sindaco di Palermo, sorta di tribuno della plebe incaricato di parlare a nome del popolo contro i potenti!

La Sicilia, in teoria, costituiva un regno indipendente il cui monarca (al contempo re di Napoli) era rappresentato a Palermo da un viceré. Ma da sempre i baroni locali disputavano il potere al loro sovrano. L'opposizione alla monarchia napoletana raggiunse il culmine nel 1781, con la nomina a viceré di Domenico Caracciolo, aristocratico napoletano che aveva soggiornato per un decennio a Parigi, vi aveva frequentato gli Enciclopedisti ed era giunto a Palermo con la volontà di riformarvi il governo e la società. La resistenza della nobiltà siciliana, infatti, non era certo dettata dal liberalismo; al contrario, essa proseguiva contro il potere centrale una guerra feu-

Gli stemmi delle famiglie aristocratiche campeggiano orgogliosamente su muri e frontoni.

La Sicilia al tempo dei Gattopardi

dale che gli aristocratici francesi e inglesi – che pure dettavano il gusto a Palermo – avevano perso da tempo. I falsi di Giuseppe Vella riaccesero d'altronde una vecchia disputa di principio: i compagni d'armi di Ruggero I erano pari o vassalli del «gran conte» normanno? In ogni modo, molte delle famiglie nobili si erano insediate in Sicilia assai più tardi della sconfitta degli Arabi: quella di Lampedusa, venuta da Capua nel XVI secolo, vantava origini bizantine.

La Rivoluzione francese o, più precisamente, le guerre che ne derivarono, contribuirono a far precipitare le cose. Debole consorte dell'intransigente Maria Carolina, sorella di Maria Antonietta, Ferdinando III di Sicilia (re di Napoli con il nome di Ferdinando IV), regnava dal 1759. Il 26 dicembre 1798, quando il generale Championnet si impadronì di Napoli proclamandovi la Repubblica partenopea, Ferdinando si rifugiò a Palermo. Sotto la protezione dell'esercito e della flotta inglesi – l'ammiraglio Nelson vi soggiornò in compagnia della bella Lady Hamilton – il re e la sua corte vi condussero una vita brillante e dispendiosa. Un anno più tardi gli sviluppi della situazione militare permisero a Ferdinando di rientrare a Napoli, ma nel gennaio 1806 il re fu nuovamente costretto a fuggire in Sicilia. La permanenza del corpo di spedizione britannico, forte di diciassettemila uomini, fu da stimolo all'attività economica dell'isola, attirò imprenditori da Londra e contribuì al primo sorgere di una borghesia siciliana. Ma nel 1811 Ferdinando gravò tutte le transazioni di una tassa dell'1%, contro la quale l'aristocrazia insorse con violenza. Dopo alcuni intrighi di tipico stampo siculo-napoletano, lord William Bentinck, comandante in capo e ambasciatore della Sua Graziosa Maestà, obbligò Ferdinando a sopprimere questa tassa e, nel 1812, a concedere alla Sicilia una costituzione «all'inglese».

Al suo ritorno a Napoli, nel 1815, Ferdinando abolì questa costituzione, proclamò lo scioglimento del Parlamento di Palermo, soppresse la bandiera siciliana, riunì la corona di Sicilia a quella di Napoli e prese il titolo di Ferdinando I, re delle Due Sicilie – caso senza dubbio unico di sovrano a regnare con lo stesso nome, ma tre ordinali diversi. Tali misure avrebbero oberato e complicato la politica siciliana per il resto del secolo, mentre l'applicazione alla Sicilia delle leggi napoletane, e in particolare di un codice civile ispirato a quello napoleonico nel 1819, sconvolse profondamente la società. Le grandi famiglie, in generale, si mostrarono abbastanza unite da riuscire ad aggirare le disposizioni che abolivano i fedecommessi, ovvero la pratica del diritto di primogenitura. In compenso, la soppressione di alcuni privilegi comportò conseguenze assai gravi per molte di esse, perché il loro secolare indebitamento era stato pesantemente aggravato dalle spese di rappresentanza sostenute presso la corte palermitana. Ai creditori, che non potevano aspirare se non alle entrate di un feudo ipotecato, fu a un certo punto concesso di pignorare le terre e farle vendere all'incanto. Si sviluppò così un nuovo ceto medio, che minacciava la preponderanza dell'aristocrazia, il cui capitale e le cui entrate decrescevano, ma non così le spese. Quanto al popolo minuto, non per questo le sue condizioni di vita migliorarono, anzi.

Alcune rivolte contro i Borboni di Napoli, nel 1821 e nel 1848, furono soffocate nel sangue. L'aristocrazia si mostrò in tali circostanze confusa e divisa: se i sentimenti autonomisti dei ribelli non potevano dispiacerle, il loro «liberalismo» la spaventava. La stessa cosa accadde quando, l'11 maggio 1860, Garibaldi e le sue camicie rosse sbarcarono a Marsala. Ma gradualmente, con l'annessione della Sicilia alla corona di Savoia (almeno sulla car-

Palazzo Biscari a Catania:

putti scolpiti ornano

i vani delle finestre

del palazzo, costruito

in pietra lavica.

ta, visto che Torino è più vicina a Copenaghen che a Palermo), con la confisca dei beni ecclesiastici (di cui godevano i cadetti delle famiglie nobili, destinati per nascita a prendere gli ordini), con il trionfo degli avvocati e dei commercianti (tradizionalmente considerati come domestici di rango appena superiore), la nobiltà dovette rassegnarsi alla perdita del suo potere spirituale e temporale.

Non per questo, tuttavia, rinunciò al suo fasto e alle sue abitudini. Questo crepuscolo, durato fino all'apocalisse della prima guerra mondiale, è stato descritto da Giuseppe Tomasi, duca di Palma, principe di Lampedusa, barone di Montechiaro e della Torretta, nel suo celebre romanzo *Il Gattopardo*, apparso nel novembre del 1958, più di un anno dopo la morte del suo autore, avvenuta il 23 luglio 1957. Per la verità, Giuseppe Tomasi non era stato il primo a mettere in scena il dramma dell'aristocrazia siciliana. Già nel 1894 Federico De Roberto aveva dipinto a tinte forti e superbe la storia di una di queste grandi famiglie ne *I Viceré*. Amico di Verga, giornalista del «Corriere della Sera», De Roberto apparteneva a una scuola naturalista più attenta alla verità sociale che alla sottigliezza psicologica. Un altro siciliano, Luigi Pirandello, aveva narrato i fasti e le sventure del principe Laurentano e della sua famiglia in un grande romanzo, anch'esso «verista», *I vecchi e i giovani*, pubblicato nel 1909 ma la cui versione definitiva è solo del 1931. Giuseppe Tomasi, uomo di lettere, cugino dell'eccellente poeta Lucio Piccolo, conosceva certamente entrambe queste opere.

Il suo successo fu però assai più considerevole. Il principe di Lampedusa, infatti, ha saputo dare ai suoi personaggi l'umanità, le debolezze, i contrasti e le contraddizioni che li rendono così veri; anche perché, Gattopardo egli stesso, l'autore conosceva meglio di chiunque gli usi, gli individui, gli scenari, «les plaisirs et les jours» della classe che descriveva. Il romanzo fu inoltre seguito da due testi autobiografici, che contribuirono definitivamente a fare del Gattopardo un archetipo storico e letterario. Il primo, *Ricordi d'infanzia*, anch'esso di pugno di Giuseppe Tomasi di Lampedusa, fu pubblicato nel 1961 nei *Racconti*. L'altro raccoglie le memorie di Fulco di Santostefano della Cerda, duca di Verdura e marchese Murata La Cerda, scritte in inglese, poi riscritte dall'autore nella sua lingua madre e quindi tradotte e adattate in francese da Edmonde Charles-Roux con il titolo *Une enfance sicilienne*.

Tra la classe dei Gattopardi siciliani e le altre aristocrazie esistono certamente delle somiglianze. La raffinatezza quasi eccessiva che ne caratterizza gli ultimi bagliori è essa stessa un fenomeno classico. In Fulco di Verdura si ritrovano tratti del *Piccolo Lord Fauntleroy*, e in Lampedusa echi di Chateaubriand. Ma la nobiltà siciliana fu di gran lunga l'ultima aristocrazia feudale dell'Europa occidentale, singolare sopravvivenza nell'epoca delle ferrovie e del trionfo della scienza. Soprattutto, e i due fenomeni si spiegano forse l'uno attraverso l'altro, essa era segnata da quella particolare «stravaganza» che fa dire a Fabrizio Salina, l'eroe di Lampedusa il cui stemma letterario porta un gattopardo rampante: «Tutte le manifestazioni siciliane sono manifestazioni oniriche, anche le più violente: la nostra sensualità è desiderio di oblio, le schioppettate e le coltellate nostre, desiderio di morte; desiderio di immobilità voluttuosa, cioè ancora di morte, la nostra pigrizia, i nostri sorbetti di scorzonera o di cannella».

Sopra: *Particolare del bracciolo di un divanetto baroccheggiante della sala da ballo di palazzo Gangi (Palermo).*

A destra: *Seicentesco palazzo Cattolica-Briuccia, con ampio cortile scandito trasversalmente da due porticati, attribuito a Giacomo Amato (Palermo, via Alessandro Paternostro, antica via dei Pisani, una delle arterie più importanti della città medievale).*

La Sicilia al tempo dei Gattopardi

In città

Pagina di sinistra:
Il monumento a Filippo V di Borbone (Filippo d'Angiò, nipote di Luigi XIV, 1683-1746). Sullo sfondo, il palazzo dei Normanni, ex Palazzo reale.

Grazie alle considerevoli entrate di cui avevano goduto nei secoli precedenti, e alla pratica del maggiorascato che evitava la dispersione dei loro patrimoni, le grandi famiglie disponevano di diverse residenze: in città, a poca distanza da essa – la «villeggiatura» – e sulla (o sulle) proprietà fondiaria(e). Lampedusa ne possedeva almeno sei: la casa di città a Palermo, la villa di Bagheria, un palazzo a Torretta, a una ventina di chilometri a ovest di Palermo, una casa di campagna a Reitano, a metà strada tra Palermo e Messina, il grande palazzo dei feudi di Santa Margherita Belice, insieme a altre due dove «non andavamo mai», una casa e un altro castello a Palma di Montechiaro.

Parlare di città, all'epoca del Gattopardo, significa soprattutto parlare di Palermo. All'inizio del XVIII secolo, Palermo e Messina detenevano pressappoco uguale importanza, e il viceré risiedeva sei mesi all'anno in ognuna delle due città. Ma la peste del 1743, un violento terremoto nel 1783, il feroce bombardamento della città ad opera dei Napoletani in occasione della repressione dell'insurrezione del 1848 avevano considerevolmente ridotto l'importanza di Messina. Catania, città in piena espansione, durante gli anni '70 dell'Ottocento contava ancora solo settantamila abitanti (contro i duecentomila di Palermo) e, sebbene Federico De Roberto vi ambienti una buona parte della saga dei principi di Francalanza, era innanzitutto una città borghese. Quanto a Siracusa o ad Agrigento – detta allora Girgenti –, queste illustri e antiche città non raggiungevano i ventimila abitanti. Infine, quella che Lampedusa definiva «l'avversione sicula per la vita in campagna», unitamente all'attrazione esercitata dalla corte borbonica durante il suo soggiorno a Palermo, avevano accelerato un'evoluzione già notata dai viaggiatori a partire dal secolo precedente. «Ora che la parte più privilegiata della nobiltà viene a Palermo a spendere le sue entrate e a dirigere gli affari di Stato [...], la Sicilia si spopola e Palermo è sovrappopolata», scriveva Johann Heinrich Bartels nel 1786. In breve, un signorotto siciliano doveva proprio essere misantropo, squattrinato all'ultimo stadio o braccato dalla giustizia per non fare la sua comparsa a Palermo almeno alcuni giorni all'anno.

A.-J. Du Pays, nella sua *Guide d'Italie et de Sicile*, edizione del 1877, così descrive la Palermo dei Gattopardi: «La città ha la forma di un quadrilatero allungato, bagnato dal mare su uno dei due lati brevi. Il suo perimetro è di circa 22 km. e comprende 15 porte. Vie strette e tortuose; due strade larghe e diritte, che si tagliano ad angolo retto, contribuiscono a darle un'aria di regolarità; esse la dividono in quattro quartieri di dimensioni pressappoco uguali: la Loggia, la Kalsa, l'Albergaria e Siralcadi, detto volgarmente Capo. Il loro punto d'intersezione è la piazza Vigliena o dei Quattro Cantoni, da cui si scorgono le quattro principali porte della città. Tale piazza è piccola, circolare e ornata di statue, tra cui quelle di Carlo V, di Filippo II, di Filippo III e di Filippo IV di Spagna. La prima delle due strade, che discende verso il mare, lunga più di un miglio, è la via di Toledo, oggi Corso Vittorio Emanuele: la parte compresa tra la piazza centrale e il mare si chiama in particolare il Cassaro (Al Kassar); la seconda è la via Maqueda o strada Nuova. Essa è continuata a ovest, fuori delle mura, dalla via Ruggero Settimo, e poi dalla strada della Libertà».

Nel XIX secolo, la città iniziava già a espandersi verso nord ma la sua configurazione non era sostanzialmente mutata dalla prima metà del secolo XVII. Palermo, in effetti, si trovò in gran parte risparmiata dai cataclismi tellurici, crolli, terremoti o eruzioni vulcaniche che, nel corso dei secoli, devastarono Messina, Catania, Ragusa, Noto e tante altre città siciliane. Questo fatto spiega anche perché, contrariamente a ciò che si osserva in queste città, interamente ricostruite dopo l'ultima catastrofe, l'architettura civile, almeno all'esterno, presenta stili differenti. Barocchi, certo, i palazzi Villafranca, Gangi, Ugo e Belmonte-Riso, ma i palazzi Marchesi e Ajutamicristo risalgono al XV secolo, come pure il palazzo Abatellis, mentre

Il palazzo Corvaja a Taormina. Costruito nel XIII secolo e rimaneggiato all'inizio del XVI, fu la sede del Parlamento siciliano nel 1410, prima di passare ai Corvaja nel XVI secolo.

Busti che coronano il muro di cinta di una villa nel quartiere detto Del Pigno.

Pannello decorativo che sormonta le porte della sala da pranzo della villa De Simone Achates (oggi villa Wirz) a Mondello.

La Sicilia al tempo dei Gattopardi

Un tocchetto: *galleria superiore cui si accede grazie a una doppia rampa di scale.*

quello del principe di San Cataldo, in stile moresco, risale all'epoca recente della moda neogotica.

Molti, del resto, tra cui quello di Lampedusa, non presentano una facciata particolarmente degna di nota. Di fatto la collocazione di numerosi palazzi non corrispondeva necessariamente al potere o al prestigio delle famiglie che li occupavano; si potevano trovare grandi borghesi in via Maqueda o in piazza Marina. In compenso, la via Lampedusa – dove si trovava il palazzo del principe-scrittore, al numero 17 – era appena «decente» e la via Montevergine, residenza di Fulco di Verdura, il duca memorialista, «senza marciapiedi, stretta e, se bagnata, assai scivolosa». L'antichità della famiglia poteva del resto essere spesso dedotta, come in quest'ultimo caso, dalle aggiunte apportate nei secoli alla costruzione originaria, aggiunte che, scrive Fulco, tollerandosi a vicenda e giustapponendosi davano al palazzo «un suo speciale fascino», facendolo rassomigliare a «una antica veste di gala tutta rattoppata». Ma, quali che fossero la loro età o la loro posizione, i palazzi dei Gattopardi si segnalavano tutti per portoni enormi, segno di una passione siciliana per le carrozze e gli equipaggi che non mancava di impressionare tutti i viaggiatori stranieri.

Fermiamoci un momento, prima di varcare l'atrio. Conviene chiarire infatti un piccolo problema di vocabolario – in Sicilia, più che altrove, la natura delle cose conta meno del nome che si dà loro. Nessun Gattopardo avrebbe adoperato la parola «palazzo» per designare la sua dimora. Avrebbe lasciato tale espressione alle classi inferiori, ai contabili, agli avvocati, ai fornitori o ai domestici, e avrebbe parlato di «Casa», con una maiuscola nella penna, ma non nella voce. Dopotutto, il termine «palazzo» designa in italiano tutti quei grandi edifici, nobili o meno, alcuni dei quali, e in particolare quelli che ospitano un organismo che esercita il pubblico potere, assolutamente da evitare.

Penetriamo in un grande cortile lastricato (occorre spazio per permettere alle carrozze di girarsi, a meno che non esistano due portoni). In fondo, troveremo talvolta, all'esterno, una doppia rampa di scale che conducono a una galleria superiore, il «tocchetto», e sempre, all'interno, il grande scalone d'onore, fiancheggiato da statue maestose e da piante esotiche. Ma, prima di lasciarci guadagnare il piano di rappresentanza, il «piano nobile», il portiere avrà dato un piccolo concerto di campana per avvertire i domestici. Ogni dimora ha il proprio codice. Dai Verdura, si suona un colpo per un uomo solo, due per una coppia o una signora, tre per i membri della famiglia, quattro per il padrone o la padrona di casa. Quando si tratta di un prete, si suona come per un uomo solo, più un piccolo tintinnio. Dai Lampedusa, si saluta la principessa con quattro colpi di campana, i suoi visitatori con

In città

due colpi, la duchessa con tre colpi e i visitatori di questa con uno solo. Del resto, è proprio l'autore del *Gattopardo* a dare al termine «concerto» tutto il suo senso: se la principessa, la duchessa e un'amica di ognuna delle due dame arrivavano nella stessa vettura, il portiere suonava dieci volte, prima quattro, poi tre, poi due, poi una.

Il cerimoniale è impressionante, soprattutto se, come nel caso di Mastro-Don Gesualdo, il personaggio di Verga, si è solo un nuovo ricco che ha dato in sposa la figlia a un duca.

Anche la grande quantità di servitori sorprendeva i visitatori stranieri. In Sicilia, paese dalla mano d'opera sovrabbondante e a buon mercato, nelle città i domestici rappresentavano, alla fine dell'Ottocento, un quarto della popolazione, cioè più che a Parigi all'epoca di Luigi XIV. Una gerarchia rigorosa e complicata reggeva questo esercito che, come nel XVII secolo, indossava livree sontuose e anacronistiche. Al vertice di essa si trovavano il maggiordomo e la governante in capo, la «padrona di casa», i cui poteri erano tanto considerevoli che il «maestro» e la «maestra di casa» dipendevano interamente da loro; in basso, il piccolo gruppo dei palafrenieri, uomini di fatica, lavandaie, sguattere, sbrigafaccende spesso portati dalla campagna; a parte, due personaggi i cui appellativi ne indicano l'importanza: il capocuoco o *monzù* – deformazione siciliana del francese *monsieur* – e il cocchiere, cui ci si indirizza con il nome preceduto da *gnuri* o *gnu*, contrazioni di *signuri*. Vi si aggiungeranno i segretari, i contabili, gli archivisti, i bibliotecari, che non portavano altra livrea se non il nero abito notarile e a cui era accordato il titolo «don» per riguardo alla loro scienza. «Don» altrettanto il cappellano (o i cappellani), come quel padre Pirrone, confidente e compagno del principe Salina. Il tutto sarà completato da alcuni personaggi dell'uno o dell'altro sesso, anziane cugine, lontani parenti caduti in miseria, insediati in funzioni e con uno statuto mal definiti. All'approssimarsi del XX secolo, i rapporti degli aristocratici siciliani con il loro personale domestico avevano assai più a che fare con il mondo feudale che con quello di *Pot-Bouille* (É. Zola). Testimone di ciò è per esempio l'Ave Maria, recitata ogni sera in comune, nella confusione di età, sessi e condizioni. Questo rito aveva già colpito Alexandre Dumas, quando navigava sulla sua «speronara»; Lampedusa ne ha fatto l'*incipit* del suo romanzo.

Ma continuiamo la nostra visita. Scorgeremo forse un giardino interno; ne esistono di sontuosi, di rari, altri minuscoli, a meno che, come a palazzo Gangi, il vestibolo non sia stato trasformato in una vera e propria serra. Ci sarà quindi un susseguirsi *ad libitum* di salotti intimi o grandiosi, severi o barocchi, talora vuoti (secondo l'antica abitudine che consisteva nel trasportarvi il mobilio di volta in volta richiesto dalle circostanze), spesso

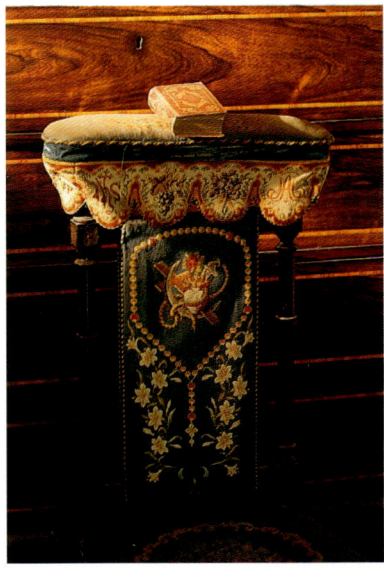

Inginocchiatoio a piccolo punto della cappella privata del palazzo dei principi di Gangi, Palermo.

Fotografia di Stefania Mantegna di Gangi in una cornice di tartaruga.

La Sicilia al tempo dei Gattopardi

I giardini della villa Igiea all'Acquasanta. Costruita nel 1908 per la famiglia Florio, la villa Igiea è il capolavoro di Ernesto Basile e la più bella testimonianza dell'arte liberty a Palermo.

Collezione di ventagli dei secoli XVII e XVIII nel palazzo dei principi di Gangi a Palermo. Sulla vetrina, ai lati, vasi di Sèvres, e al centro vasi cinesi.

Dora di Rudinì, cugina della baronessa Caterina Beneventano.

sovraccarichi di mobili di tutti gli stili e di ninnoli accumulati nel corso dei secoli e che, per indolenza o per pietà familiare (due nozioni spesso sinonime in Sicilia), non sono mai stati cambiati di posto e raramente spolverati: cineserie del Settecento, tabacchiere o *biscuits* di Capodimonte di soggetto giocoso. Come si addice a una grande dimora, i ritratti di arcigni antenati e le ninfe svestite si disputano il vostro sguardo. Ma alle pareti si trovano anche due particolarità tipicamente siciliane. La prima, quadri su cui sono dipinte le piante panoramiche dei feudi di famiglia – curioso esempio di arte astratta, in senso letterale –, attesta della potenza, talvolta illusoria, del casato. L'altra, scene quali quelle che ossessionavano l'infanzia di Fulco di Verdura, richiama il fascino che la morte e il macabro esercitano da sempre sui Siciliani: «[I quadri] rappresentavano, quasi tutti, dei lugubri personaggi, eremiti o martiri […] e altri asceti seminudi, nelle loro caverne, intenti a picchiarsi il petto con un sasso, o a non far nulla con gli occhi rivolti in alto…».

Durante il giorno, i salotti sono immersi nell'oscurità. Quando occorre, li si illumina, in genere con lampadari di Murano cui le generazioni di Gattopardi restano fedeli da tre secoli. A partire dal 1860, quando Antonio Salviati risuscita l'industria dei vetrai veneti, moribonda dalla caduta della Serenissima, nel 1797, i palazzi palermitani possono finalmente fare rifornimento.

Al centro di questo complicato sistema di salotti, si trova quella che il duca di Verdura chiama la «Galleria», il grande salone che si apre solo per le

In città

*Base di lampada
Napoleone III in ebano e
bronzo e passamaneria
(palazzo Ajutamicristo).*

*Dolcetti siciliani ai pinoli
e alle noci.*
Pagina di sinistra:
*La sala da ballo del palazzo
Ajutamicristo a Palermo,
di proprietà dei baroni
Calefati di Canalotti, famiglia
originaria di Messina (Andrea
Gigante, 1763).
Affreschi sul soffitto di
Giuseppe Cristadoro
(1711-1808).*

*Porcellana cinese,
XVIII secolo (palazzo Gangi,
Palermo).*

occasioni eccezionali, matrimoni, balli, ricevimenti di condoglianze... Ci torneremo. La nostra visita si fermerà alla porta delle camere del padrone e della padrona di casa. Del resto, almeno per ciò che riguarda il primo, rimarremo spesso sorpresi dall'austerità dei luoghi. Un semplice letto di ferro o di cuoio, un inginocchiatoio, pochi mobili strettamente indispensabili: è nella camera da letto che si annida il peccato. Meno ancora si parlerà della sala da bagno. L'anglomania, così forte alla fine del secolo da favorire il rapido – e temporaneo – successo dello stile *liberty*, non ha convinto la maggior parte dei Gattopardi a dare a questa stanza l'importanza e la raffinatezza che le si accorda oltremanica.

La tavola quotidiana di questi aristocratici, quale è descritta da Lampedusa, era relativamente alla buona. Era apparecchiata con un «fasto sbrecciato che allora era lo stile del Regno delle Due Sicilie»: argenteria massiccia, superbi piatti che però «provenivano da servizi disparati», tovaglia «finissima ma rattoppata», e il principe serviva lui stesso la minestra alla principessa, ai bambini, alle governanti e ai precettori. Fulco di Verdura, un po' più tardi, testimonia delle devastazioni esercitate dall'anglomania sulle tavole palermitane, su cui si servivano volentieri *steaks and kidney pie*, *Yorkshire pudding* o *mince pie* (trasposto foneticamente in «Mezzosposo»). Se il tè era diventato un *must*, esso non aveva tuttavia per questo spodestato la liquorosa cioccolata all'antica, né i rinfreschi locali come il *gelu i mulùni* (a base di anguria, acqua di gelsomino, vaniglia, cioccolato, ecc.) o l'infinita varietà delle granite.

Ma, anche al di fuori delle feste, dei pranzi di gala o dei ricevimenti, alla tavola dei Gattopardi erano spesso presenti degli ospiti. Un senso orientale dell'ospitalità, la comprensibile curiosità di isolani lontani dai grandi centri europei, la vecchia abitudine siculo-napoletana delle commendatizie, lettere di raccomandazione che aprivano ai loro latori le porte più inaccessibili, facevano sì che ci si disputasse letteralmente gli stranieri di passaggio. Questa forte tradizione resisteva ancora intatta nella seconda metà del XIX secolo al punto che, molto spesso, si strappavano i turisti dai loro alberghi per ospitarli nei palazzi e nelle ville. In occasione del soggiorno di Wagner in Sicilia, durato dal 5 novembre 1881 al 13 aprile 1882, perfino quell'arpia di Cosima (sebbene si trovasse a disagio tra questi meridionali cattolici, e giudicasse i loro palazzi «riccamente decorati ma di gusto infantile e pittoresco») riconosce che l'accoglienza che i Siciliani riservano loro è «straordinariamente gentile e naturale».

Da per tutto cortinaggi e tappeti che non si sapeva dove mettere i piedi – sin dallo scalone di marmo – e il portiere un pezzo grosso addirittura, con tanto di barba e di soprabitone, vi squadrava dall'alto al basso, accigliato, se per disgrazia avevate una faccia che non lo persuadesse, e vi gridava dietro dal suo gabbione: – C'è lo stoino per pulirsi le scarpe! – Un esercito di mangiapane, staffieri e camerieri, che sbadigliavano a bocca chiusa, camminavano in punta di piedi, e vi servivano senza dire una parola o fare un passo di più, con tanta degnazione da farvene passar la voglia. Ogni cosa regolata a suon di campanello, con un cerimoniale di messa cantata – per avere un bicchier d'acqua, o per entrare nelle stanze della figliuola.

Giovanni Verga, *Mastro-Don Gesualdo*

Fu il principe di Gangi a far venire Wagner a Palermo nel 1881. Il compositore vi diresse il Siegfried Idyll, vi portò a termine l'orchestrazione del Parsifal e vi maritò Blandine, figlia di von Bülow e di Cosima, nipote di Franz Liszt, a un principe siciliano.

A fianco: *Balcone che domina il cortile del palazzo dei principi di Gangi, a Palermo.*
Pagina di destra: *Palazzo Gangi.*
Doppia pagina seguente: *Ingresso di palazzo Biscari (Catania). Costruito da Antonio Amato, è uno dei capolavori dell'architettura barocca siciliana del XVIII secolo.*

20 *La Sicilia al tempo dei Gattopardi*

In basso a destra:
*Rampa di scale in stucco
con spalliera operata
(palazzo Biscari, Catania).*
In alto a sinistra: *Cariatide
che sostiene il balcone del piano
superiore (palazzo Ugo, Palermo).*
p. 26 in basso: *Particolare
della balaustra del salone
monumentale (palazzo
Beneventano, Siracusa).*
In alto: *Maioliche
del XVIII secolo provenienti
dalle rovine del palazzo
Lampedusa e ricollocate
sulla terrazza del palazzo
Lanza Tomasi di Palermo.*
p. 27: *Donna Franca Florio.*

Qui sopra: *testa in marmo siciliano (palazzo Gangi, Palermo).*
A fianco: *Fontana scolpita (leopardo o gattopardo?).*

Pagina seguente (in alto a destra e in basso a sinistra): *La Sicilia è estremamente ricca dal punto di vista botanico, come mostrano queste piante grasse (Aeonium hawortii e Setcreasia purpurea) del palazzo Lanza Tomasi.*

La Sicilia al tempo dei Gattopardi

Il mazzo di chiavi che apriva tutte queste porte era spesso affidato alle cure di un parente della famiglia. Pagina di destra: Scalone interno di un palazzo neoclassico della seconda metà del XVIII secolo, del tutto scevro da fantasie barocche. Vi si può forse scorgere l'influenza delle origini di una nobile famiglia lombarda, stabilitasi in Sicilia nel XVII secolo. Doppia pagina seguente: Scalone d'onore del palazzo Gangi, Palermo, decorato da sculture di Marabitti raffiguranti le stagioni.

A palazzo Gangi. «Tancredi voleva che Angelica conoscesse tutto il palazzo nel suo complesso inestricabile di foresterie [...], appartamenti di rappresentanza, cucine, cappelle, teatri [...], passaggi, anditi, scalette, terrazzine e porticati, e soprattutto di una serie di appartamenti smessi e disabitati, abbandonati da decenni e che formavano un intrico labirintico e misterioso» (Tomasi di Lampedusa, Il Gattopardo*).*

Varcata la porta di stoffa verde si entrava nell'«anticamera» che aveva sei soprapporte di ritratti di antenati sul suo balcone e sulle sue due porte, un parato di seta grigia, altri quadri e pochi mobili scuri. E l'occhio penetrava nella prospettiva dei salotti che si stendevano l'uno dopo l'altro lungo la facciata. Qui cominciava per me la magia delle luci che in una città a sole intenso come Palermo sono succose e variate secondo il tempo anche in strade strette. Esse erano talvolta diluite dai tendaggi di seta davanti ai balconi, talaltra invece esaltate dal loro battere su qualche doratura di cornicione o da qualche damasco giallo di seggiolone che le rifletteva; talora, specialmente in estate, i saloni erano oscuri ma dalle persiane chiuse filtrava la sensazione della potenza luminosa che era fuori, talaltra, a seconda dell'ora, un solo raggio penetrava diritto e ben delineato come quelli del Sinai, popolato da miriadi di granellini di polvere, e andava ad eccitare il colore dei tappeti che era uniformemente rosso rubino in tutte le stanze. Un vero sortilegio di illuminazioni e di colori che mi ha incatenato l'anima per sempre.
Tomasi di Lampedusa, *Ricordi d'infanzia*

In alto: *Salvatore Cecala, cugino del barone Francesco De Simone Achates.*
A destra: *Orologio in legno scolpito raffigurante un auriga.*

A sinistra e doppia pagina seguente: *Anticamera del palazzo Beneventano del Bosco, Siracusa. Le pareti sono ricoperte da affreschi in stile pompeiano.*

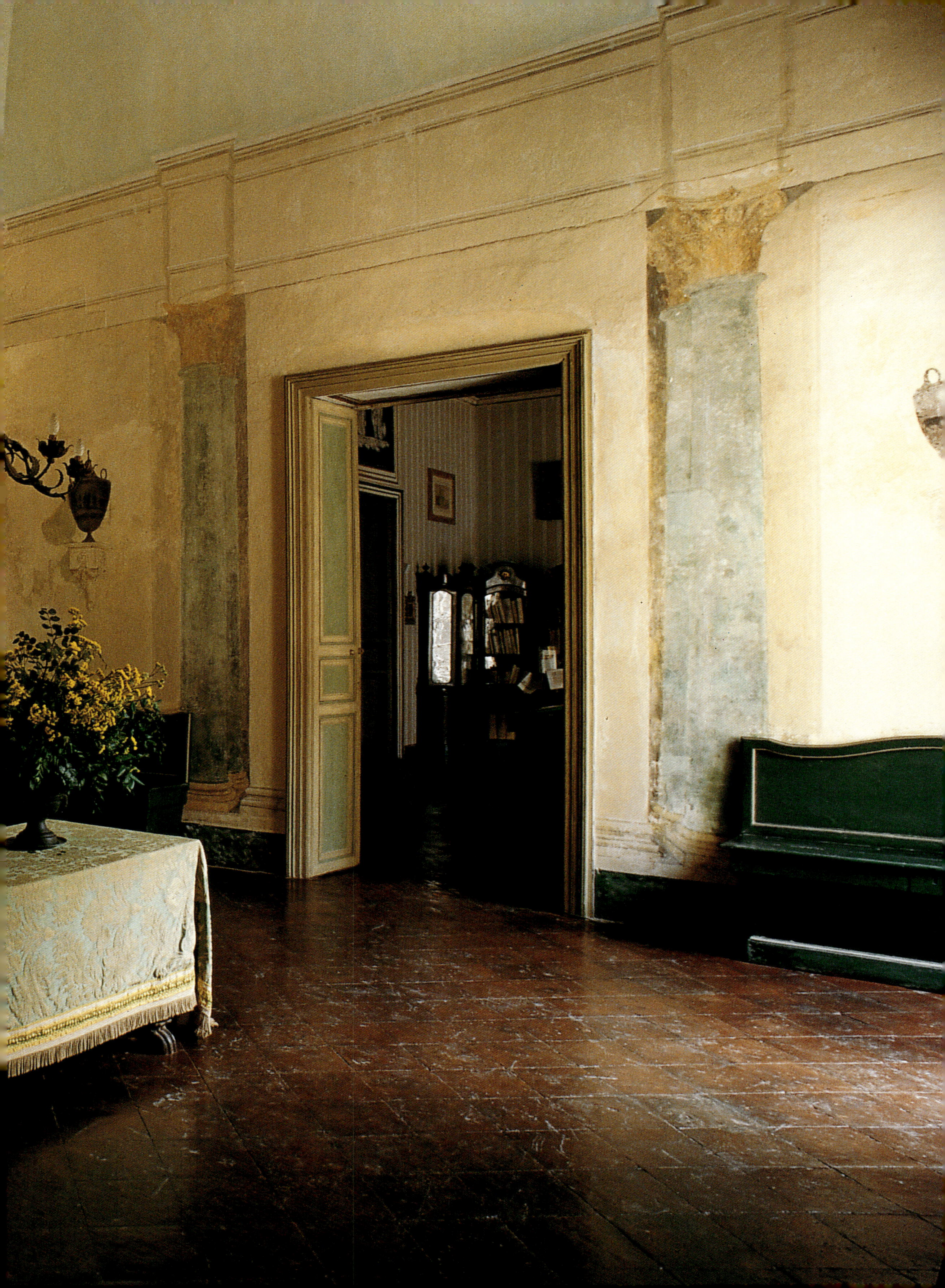

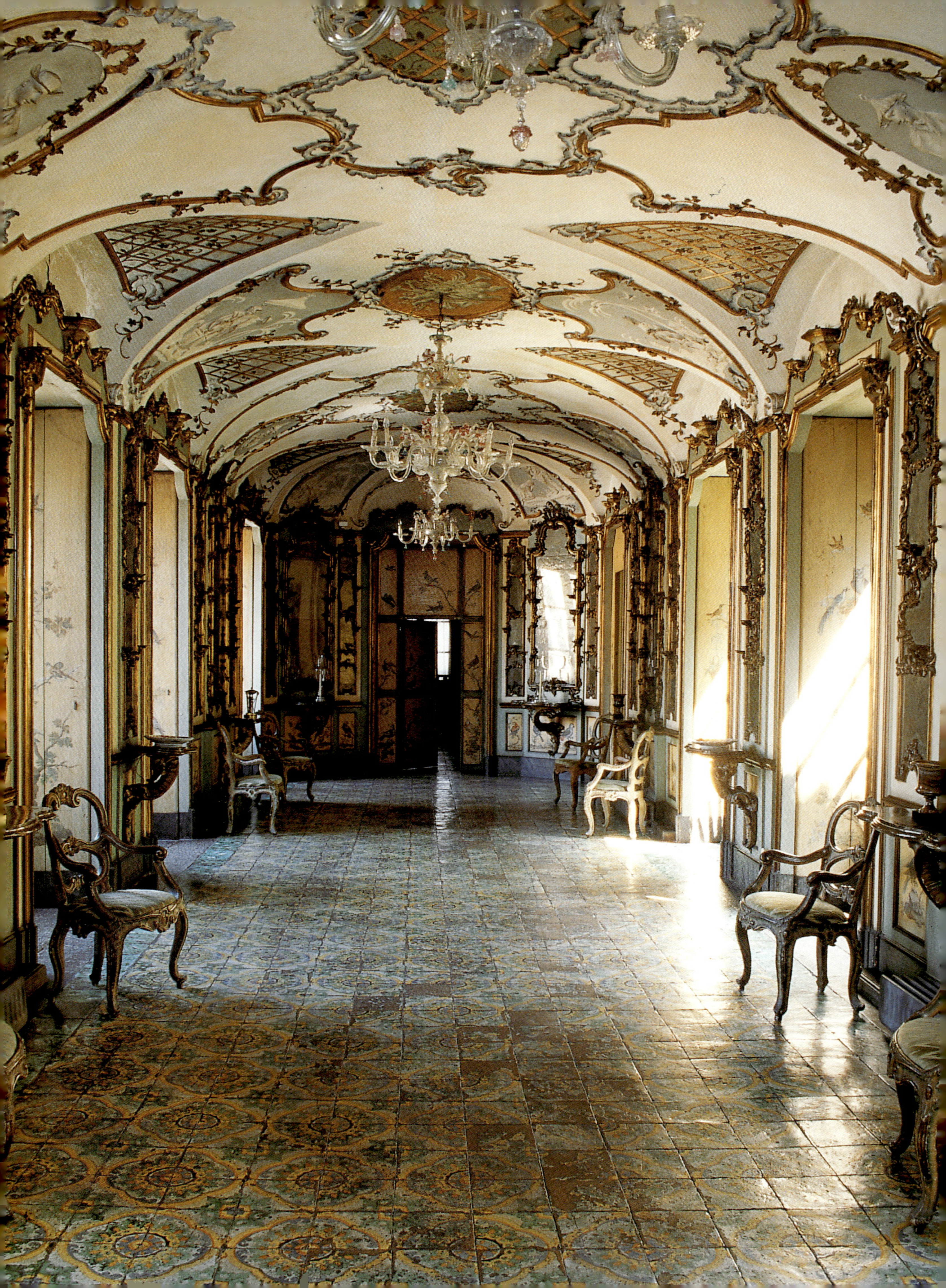

Della gialla di Caienna

Gufo minore o comune

Delia rossa del Suvinam

Sulle mensole che incorniciano gli specchi sono collocati uccelli in porcellana di Meissen simili ai dipinti delle boiseries. Il pavimento in terracotta policroma di Caltagirone amplifica gli effetti di luce. Goethe, che soggiornò a palazzo Biscari nel 1787, amava particolarmente questo luogo. Qui sotto: *Caterina Ugo Marchesa Delle Favare.*

Doppia pagina precedente: *Palazzo Biscari a Catania.* Nel 1695 il principe Vincenzo Paternò Castello commissionò ad artigiani locali la decorazione di questa galleria degli uccelli ispirata alla Histoire naturelle di Buffon. Le boiseries e gli stucchi sono nello stile veneziano del XVIII secolo.

La Sicilia al tempo dei Gattopardi

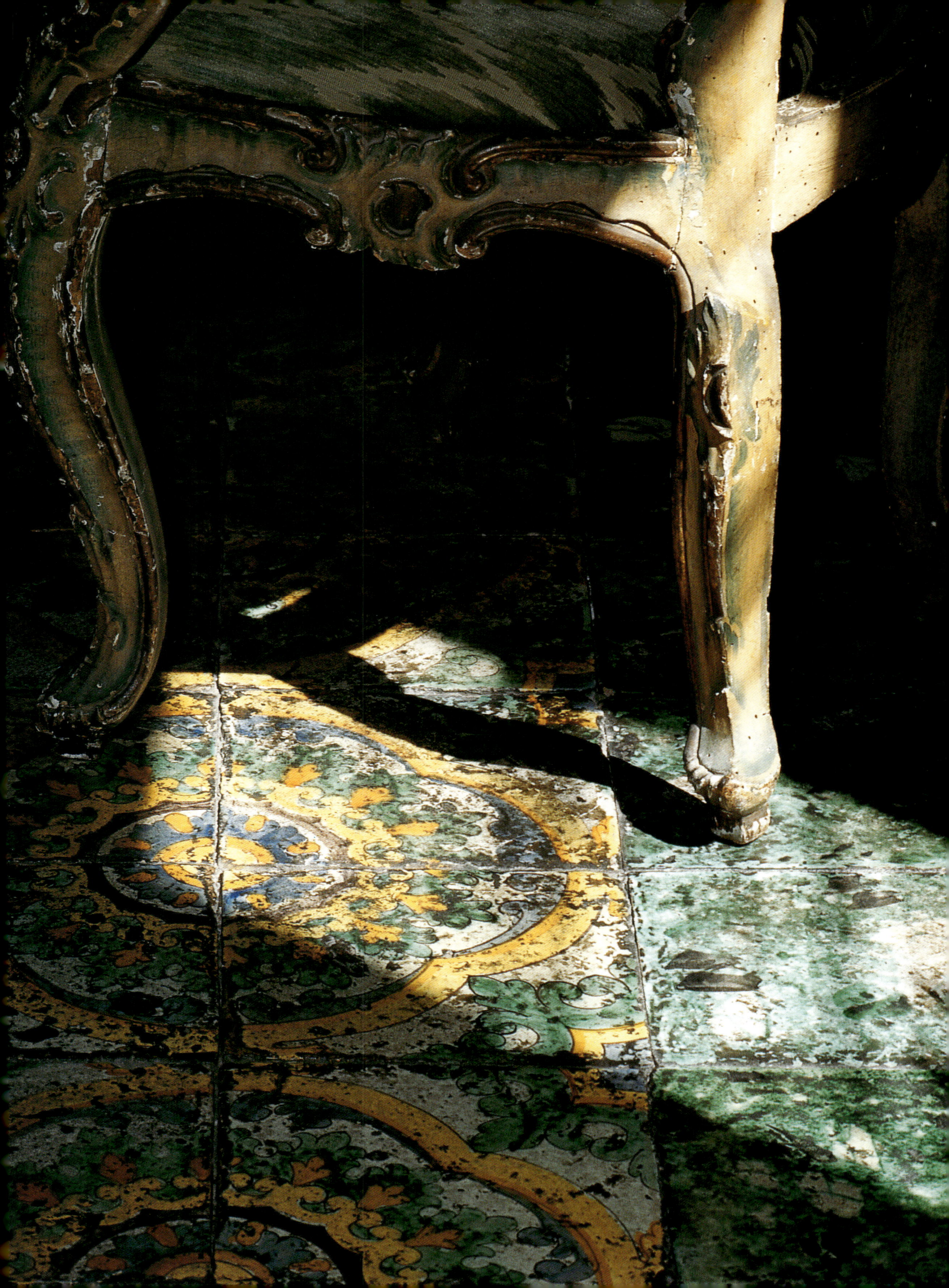

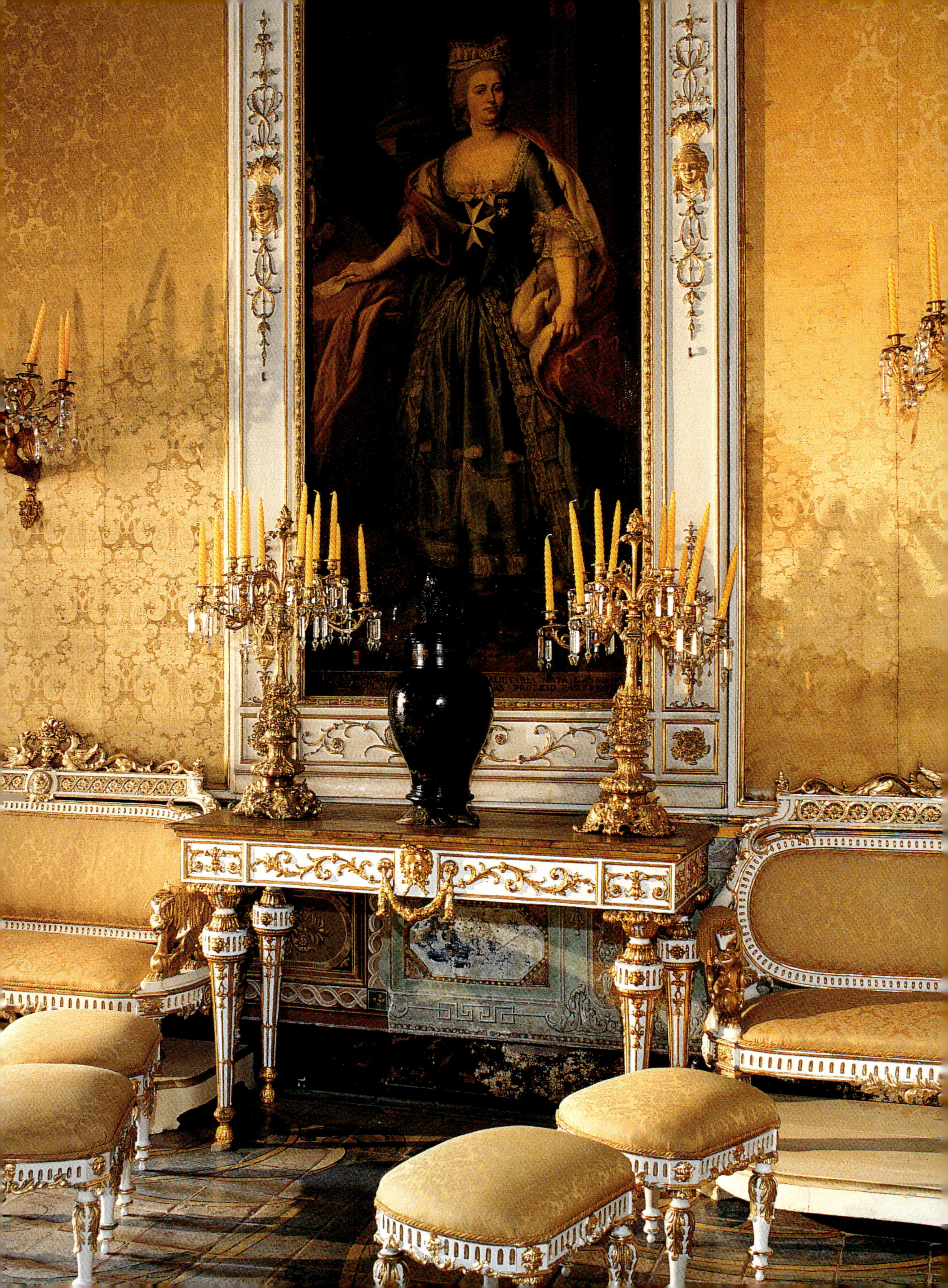

Pagina di sinistra: *Ritratto di Marianna Valguarnera che nel 1750 intraprese il rinnovamento di palazzo Gangi, contribuendo così al suo splendore. Il mobilio in stile siciliano baroccheggiante fu commissionato dalla principessa ad artigiani locali.*
Qui sopra: Jardinière *in legno dorato, XVII secolo (palazzo Beneventano, Siracusa);* a fianco: *angoliera sormontata da un candelabro in porcellana e bronzo (palazzo Gangi, Palermo).*

Doppia pagina seguente: *Salone delle "grottesche". Trasformato nel 1749, è decorato da affreschi di gusto pompeiano. I mobili, in stile settecentesco, sono dipinti alla maniera cinese, ebano e foglia d'oro. Pavimenti di Caltagirone.*

In città 41

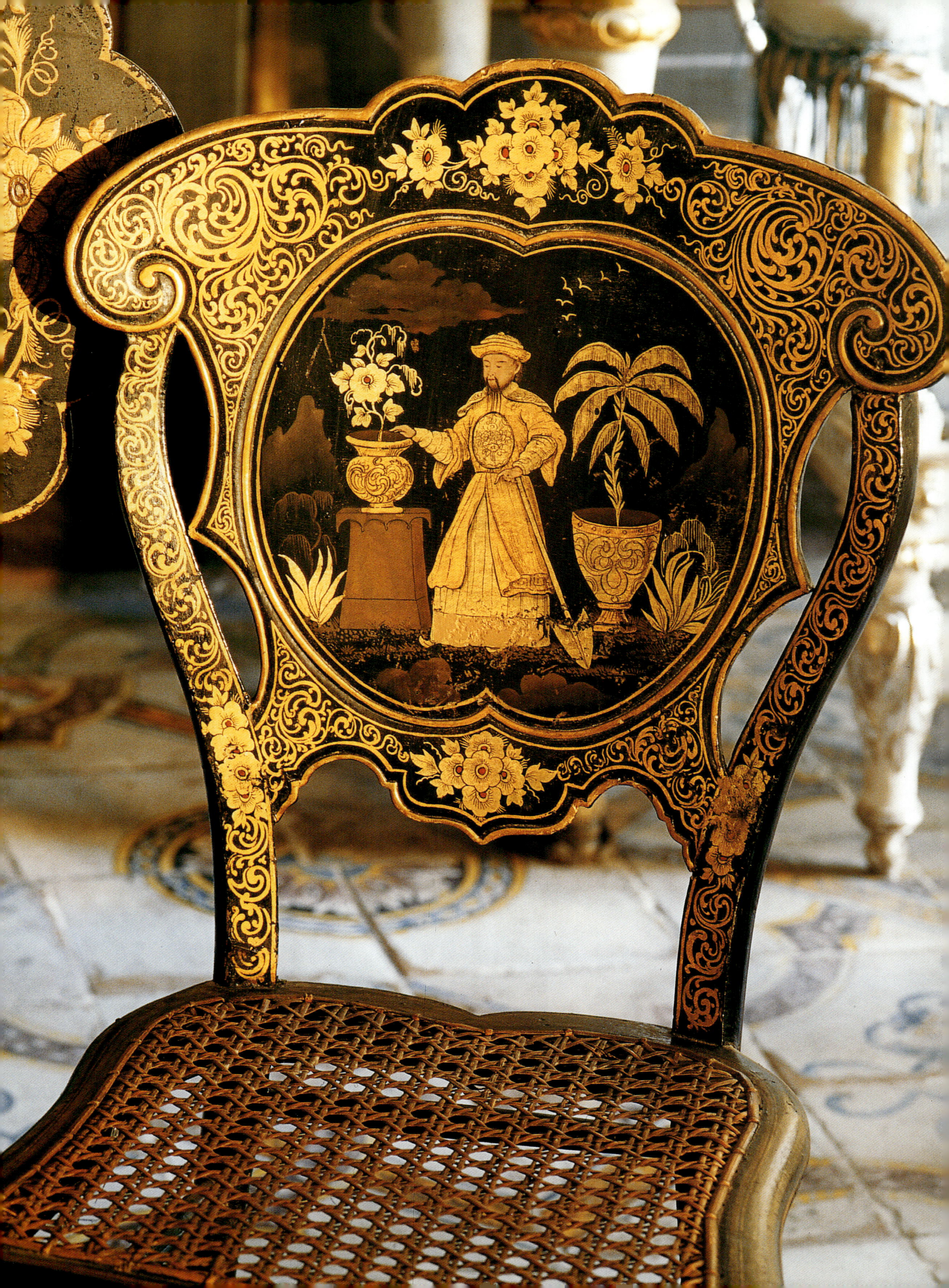

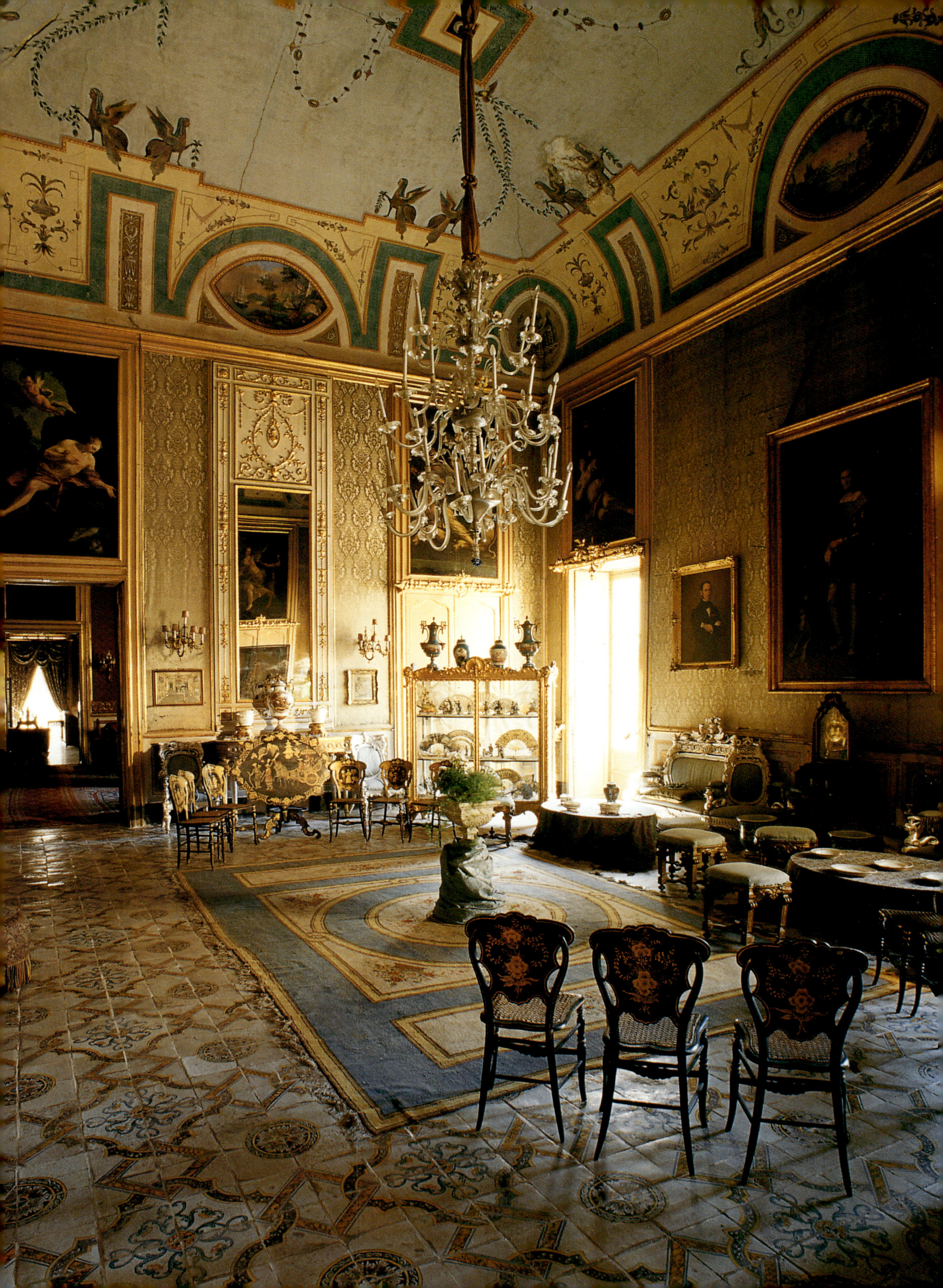

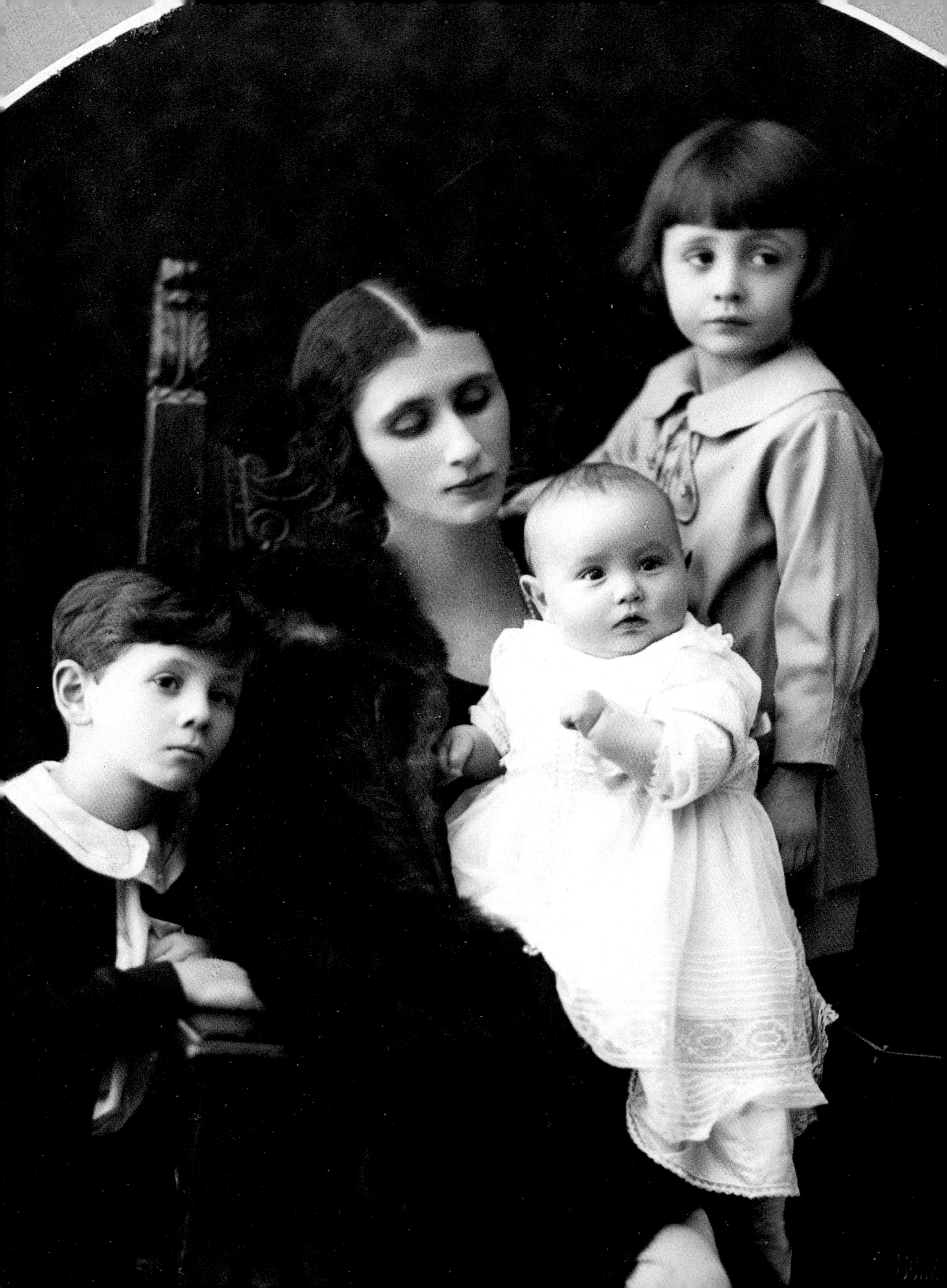

Carattere del Gattopardo

Pagina di sinistra:
Famiglia aristocratica siciliana intorno al 1900.
Qui sotto:
Il marchese Vincenzo Paternò di Spedalotto nel 1910.

Ci si guarderà dal prendere il termine «carattere» nel senso di La Bruyère, perché il Gattopardo, ben più che un tipo umano, rappresenta innanzitutto un fenomeno sociale. A tale riguardo, Fabrizio Salina, l'eponimo, lucido, sottile, distaccato e colto, non ne è forse l'esempio più rappresentativo. Lampedusa ha tuttavia scelto di descrivere un primogenito di nobile famiglia: le preoccupazioni di un Fabrizio cadetto sarebbero state insieme molto diverse e molto variabili. In effetti, poiché il diritto di primogenitura, abolito dalla legge, sussisteva comunque nei fatti, la sorte dei meno fortunati dipendeva dall'importanza della loro casata. Talvolta la fortuna aveva la sua importanza nell'assicurare ai cadetti un'esistenza onorevole, ovvero brillante: a volte costoro dovevano vivere alle spalle del fratello maggiore, o indebitarsi, o prendere gli ordini o ancora fare un ricco matrimonio. Ma in Sicilia il fossato che separava l'aristocrazia dalla borghesia limitava fortemente le possibilità di caccia alla dote cui si dedicavano altrove i Boni de Castellane squattrinati. Solo l'immensa fortuna dei Florio – la famiglia più ricca della Sicilia – fece sì che Pietro Lanza di Trabia – della famiglia più titolata della Sicilia – sposasse, nel 1885, Giulia Florio. Nel romanzo di Federico De Roberto, ambientato ancora qualche anno più tardi, Lucrezia di Francalanza vorrebbe sposare (per amore!) Don Lorenzo Giuliente, dal cospicuo patrimonio, ma appartenente alla nobiltà di toga. Le viene seccamente replicato: «Gli asini credono che la nobiltà di toga sia paragonabile a quella di spada!... [...] Adesso sapete com'è?... Tutti i mastri notai si credono altrettanti principi!... Un tempo c'erano i baroni da dieci scudi, oggi ci sono quelli da dieci baiocchi...».

Sebbene la parola gattopardo non sia declinabile al femminile né in araldica né in zoologia, non si può non parlare delle madri, delle figlie e delle sorelle. Di fatto, ciò che avvicina il più altolocato aristocratico siciliano all'ultimo bracciante dei suoi feudi è la gioia per la nascita di un figlio maschio e la desolazione arrecata dall'arrivo di una figlia. Sventurato chi, come il marchese di Villabianca, ha un figlio e sei figlie! Alla fine del XIX secolo, quando i patrimoni di queste famiglie erano ormai parecchio intaccati, la dote senza la quale nessuna figlia poteva sposarsi rappresentava quasi sempre un sacrificio finanziario considerevole. E non era tutto: occorreva aggiungere alla dote le spese ingenti, se non addirittura rovinose, causate dalle sontuose feste che era obbligatorio dare per la circostanza. Quando, a Donnafugata, l'eroe di Lampedusa sente suonare le campane a morto, il suo primo pensiero riguardo a colui che è appena morto è: «Beato lui, se ne strafotte ora di figlie, doti...». La soluzione, naturalmente, era di chiudere in convento il numero necessario di figlie – il marchese di Villabianca ve le collocherà tutte – ma nemmeno questo avveniva senza spese: la festa di rigore per una presa del velo costava poco meno di un matrimonio, e occorreva inoltre provvedere al mantenimento della religiosa, assai oneroso. Se in convento i costumi erano austeri, non per questo vi si viveva meno lussuosamente, dividendo il tempo tra la confezione di dolciumi elaborati e squisiti (come le paste di mandorla del monastero della Martorana), l'osservazione delle carrozze che passavano sotto le finestre e l'esercizio preferito dai Palermitani: la maldicenza. Molti conventi si affacciavano direttamente sul corso Vittorio Emanuele (ex via di Toledo), la grande arteria che conduce alla piazza Marina, punto di incontro di tutta la società elegante. Negli altri, la curiosità delle ospiti poteva essere soddisfatta grazie a un accorgimento molto particolare. Alexandre Dumas, come tutti i visitatori stranieri, non manca di stupirsene: «La prima cosa che mi colpì gettando gli occhi sulla via fu, al terzo piano della casa di fronte a noi, un enorme balcone a forma di gabbia, che occupava tutta la larghezza della casa; la sua foggia era bombata come quella di un vecchio *sécretaire*, e le griglie da cui era composto erano assi fitte, in modo che non si potesse vedervi attraverso se non confusamente.

Domandai al padrone di casa la spiegazione di questo singolare marchingegno, che avevo del resto già notato su diverse altre case: era un balcone di religiose.

La marchesa Silvia Paternò di Spedalotto con i gemelli Achille ed Ettore nel 1895.

46 *La Sicilia al tempo dei Gattopardi*

Matrimonio del principe Raimondo Valguarnera, nel giugno del 1932. Si può notare che, come spesso accade, il prete che ha celebrato le nozze posa per la foto di famiglia in mezzo agli sposi.

Giovane donna dell'inizio del XX secolo, che indossa un corsetto di merletto di sangallo.

Nei dintorni di Palermo e nella stessa Palermo, esistono una ventina di conventi per fanciulle nobili: in Sicilia, come del resto dappertutto, si presume che le religiose non abbiano più alcun contatto con il mondo: ma in Sicilia, paese indulgente per eccellenza, si permette loro di guardare il frutto proibito che non devono toccare. Esse possono quindi, nei giorni di festa, prendere posto in questi balconi, a cui si recano dal loro convento, anche lontano, attraverso passaggi sotterranei e scale nascoste alla vista. Mi è stato assicurato che, durante la rivoluzione del 1820, alcune religiose, più patriottiche delle altre, trascinate dall'entusiasmo nazionale, avevano versato dall'alto di queste imprendibili fortezze acqua bollente sui soldati napoletani.
Ci era appena stata fornita questa spiegazione che la voliera si riempì dei suoi uccelli invisibili, che si misero subito a ciarlare a gara. Per quanto ho potuto giudicare dal brusio e dal movimento, il balcone doveva contenere almeno una cinquantina di religiose».
L'educazione delle figlie non differiva fondamentalmente da quella dei figli maschi, essendo entrambe basate su principi risalenti almeno al XVII secolo: la lettura, la scrittura, un po' di latino, un po' di musica (pianoforte per le ragazze, violino per i ragazzi), equitazione e scherma per questi ultimi o, per le ragazze, «lavorare a maglia, cucire alla francese – esercizi i cui frutti erano naturalmente destinati soprattutto alle opere di carità –, orlare in bianco o a fili d'oro e d'argento». A ciò si aggiungerà, per entrambi, l'inglese e il francese, appresi di solito dalle governanti ma piuttosto male, se si dà credito a Lampedusa che lamenta in Sicilia «la diffusa misconoscenza di qualsiasi lingua». Questi insegnamenti dovevano bastare a una classe esclusa per nascita da ogni attività professionale, compresa l'am-

Esempio caratteristico di balconi panciuti siciliani.

Carattere del Gattopardo · 47

ministrazione dei suoi propri beni. Erano spesso dispensati a domicilio da precettori ecclesiastici, ma talvolta anche in due grandi istituti educativi, il Real Collegio Ferdinando (per i ragazzi) e il Real Educandario Carolina (per le ragazze), che esigevano entrambi almeno cent'anni di nobiltà accertata.

Sulle preoccupazioni intellettuali dei Gattopardi adulti, quali che fossero l'estensione e la qualità dell'educazione ricevuta, le testimonianze – o le opinioni – divergono. Lampedusa constata: «La Sicilia ignorava l'esistenza di Dickens, di George Eliot, della Sand e di Flaubert; financo quella di Dumas»; egli ne attribuisce la colpa alla «tradizionale impermeabilità [insulare] al nuovo» (ma l'Inghilterra, il Giappone?) e alla «vessatoria censura borbonica» (ma quest'ultima scompare nel 1860). Cinquant'anni dopo, Fulco di Verdura descrive la biblioteca del palazzo paterno come un cafarnao pochissimo frequentato in cui sono accatastate opere antiche rilegate in pergamena, portafogli di cuoio contenenti incisioni o proclami politici, gazzette risalenti a volte al XVIII secolo, come pure le raccolte di due riviste tra le più rinomate sia per le loro informazioni mondane che per il loro contenuto culturale: «The Illustrated London News» e «La Vie Parisienne».

E tuttavia, altrove, gli stessi autori fanno intravedere un panorama ben diverso. Nella stessa epoca di Fulco di Verdura, Lampedusa scopre nella biblioteca del palazzo avito di Santa Margherita Belice l'*Encyclopédie*, Fontenelle, Helvétius, Voltaire, tutto Zola, «pochi altri romanzi di basso rango» e i *Malavoglia* di Verga, con dedica autografa del grande scrittore siciliano... Quanto alla madre di Fulco di Verdura, nata Carolina Valguarnera di Niscemi, legge Thackeray, Dickens, Fogazzaro, Paul Bourget, Henry Bordeaux, Marcel Prévost e, beninteso, D'Annunzio.

La verità si trova senza dubbio in mezzo a questi due estremi. Sicuramente, proprio come la ricchezza economica, in questo periodo la vita intellettuale era in netta regressione rispetto al XVIII secolo, epoca in cui tutti i viaggiatori celebravano l'erudizione dei nobili siciliani dei due sessi. Sicuramente la via Maqueda di Fabrizio Salina non era il Faubourg Saint-Germain di Swann. Ma né Dumas, né Renan, né Maupassant, per limitarsi a francesi di prima grandezza, hanno conservato un ricordo sprezzante delle loro relazioni con l'aristocrazia siciliana. L'accoglienza da essa riservata a Wagner nel 1881-1882, quando nessuna delle sue opere era ancora stata messa in scena in Sicilia, e quella tributata a Renoir, venuto a Palermo per fare il ritratto al maestro di Bayreuth, mostrano anche come non si rifiutasse per nulla la musica – o la pittura – «dell'avvenire».

Gruppo familiare fotografato nel giorno della celebrazione delle nozze d'oro del marchese Giuseppe Salvo dei Pietragnanzilli e della marchesa Caterina Ugo Delle Favare, nel 1928.

Palazzo Lanza Tomasi, Palermo: armadio di sacrestia della fine del Seicento oggi utilizzato come ripostiglio per archivi.

*Cappella privata
della villa Wirz a Mondello.
Decorazioni siciliane
baroccheggianti
del XVIII secolo.*

Si sono già ricordati i sentimenti politici dei Gattopardi o, piuttosto, l'imbarazzo delle loro opinioni. Poco indulgenti nei confronti dei Borboni di Napoli, diffidenti verso i Piemontesi, impauriti da un'evoluzione sociale che, del resto, incominciava appena a raggiungere la Sicilia, consapevoli della loro decadenza ma incapaci di rinnovarsi, si autocondannavano all'inefficacia, ovvero all'indifferenza. Al messaggero che lo invita a diventare senatore del nuovo Regno d'Italia, il Gattopardo risponde: «Compiango; ma, in via politica, non posso porgere un dito. Me lo morderebbero».

In compenso, le convinzioni religiose erano forti e praticamente unanimi. Per la verità, se alcuni aristocratici rimasero segnati dallo spirito dei Lumi – è, come pare, il caso dell'eroe di Lampedusa –, per la maggior parte non differivano granché a riguardo dall'insieme del popolo siciliano, profondamente legato alla Chiesa, ai suoi santi e ai suoi riti.

Ora, le manifestazioni e le pratiche della fede isolana erano (sono?) così particolari che si è potuto talvolta parlare di una «religione siciliana». Non si scorderà nemmeno che il tribunale dell'Inquisizione fu soppresso in Sicilia solo nel 1782, e che, al tempo dei Gattopardi, in Sicilia si contavano ancora più di cinquantamila preti, monaci e suore, di cui circa diecimila a Palermo, ossia una volta e mezza più che in tutta la Francia oggi. Questa fede onnipresente, ardente e selvaggia, più che a Dio si indirizzava ai suoi santi: «Dio e la Vergine, si diceva, devono pensare a tutti, il nostro santo pensa soltanto a noi». Nel 1624, del resto, Palermo aveva congedato santa Cristina, la sua patrona ufficiale, perché inefficace, sostituendola con una giovane aristocratica locale, santa Rosalia, morta nel 1166 e seppellita in una grotta sul monte Pellegrino, divenuto luogo centrale di pellegrinaggio. A questo culto dei santi si collegava una vera e propria passione per le reliquie, conservate nelle chiese o collezionate nelle cappelle private: ricordiamo l'ispezione compiuta nel 1910 dal cardinale di Palermo nella cappella privata dei Salina, che costituisce l'ultimo capitolo del *Gattopardo*. Il gran vicario ne conta addirittura settantaquattro, accuratamente numerate, catalogate, riccamente incorniciate, che le figlie del principe Salina si erano procurate grazie a una «grassissima vecchia, per metà monaca, che possedeva relazioni fruttuose in tutte le chiese, tutti i conventi e tutte le opere pie di Palermo e dintorni». Si ricorderà anche che l'esaminatore ne dichiarò autentiche soltanto cinque e che le altre sessantanove furono gettate nell'immondizia. La principessa Salina aveva allora esclamato: «Per me questo Papa è un turco». Eppure si trattava di Pio X, che non spiaceva ai cattolici più conservatori.

Il culto delle reliquie era probabilmente collegato a un altro carattere tipi-

Carattere del Gattopardo

co della religione siciliana, la familiarità, per non dire il gusto, della morte. I funerali di un Gattopardo erano, se è lecito dir così, uno dei grandi momenti della vita, e il lusso che egli aveva conosciuto quaggiù doveva accompagnarlo nell'oltretomba. Così, durante i funerali della principessa di Francalanza, nel romanzo di Federico De Roberto, il principe di Roccasciano esclama: «Signori miei, che funerale! Che spesa!... Ci saranno per lo meno cent'onze di cera [l'onza, sostituita dalla lira, ma rimasta moneta di conto, corrisponde all'incirca a ottantacinque euro]! E l'apparato! La messa cantata! Io vi so dire che per la felice memoria di mio padre spesi sessantotto onze e tredici tarì, e che feci? Niente!... Qui vi dico che ci sono spese cent'onze di sole torce...». Se la scena descritta da De Roberto si fosse svolta a Palermo, prima del 1881, il cadavere della principessa sarebbe stato senza dubbio imbalsamato e poi esibito ben pettinato, incipriato, truccato, vestito con gli abiti più sontuosi, nelle famose catacombe dei Cappuccini dove, a partire dal XVII secolo, si erano accumulate ottomila mummie, molte delle quali appartenenti alla migliore società civile ed ecclesiastica. La morte si insinuava perfino nel regno dell'infanzia, perché proprio il 2 novembre, giorno dei defunti, e non il giorno di Natale, i bambini ricevevano (da parte dei morti) i doni tradizionali. Ancora alla fine del XVIII secolo, l'arcivescovo di Palermo aveva dovuto proibire che questi doni avessero la forma di «scheletri, o di teschi». Se queste pratiche religiose trovavano innanzitutto le loro fonti nella religione dell'alto Medioevo piuttosto che nel paganesimo, esse non escludevano per questo una moltitudine di superstizioni, generali o locali: spiegazioni di presagi o di sogni, gesti propiziatori, pratiche magiche. Quasi non esisteva siciliano, potente o miserabile, che non portasse un piccolo corno di corallo per scongiurare il malocchio e che non conoscesse le formule necessarie per eludere le fatture degli «iettatori».

In questo campo, lo ripetiamo, l'unica vera differenza tra il povero diavolo e il brillante Gattopardo era che quest'ultimo disponeva quasi sempre di una cappella privata, di un confessore particolare (ma padre Pirrone non sembra esercitare una grande influenza sul principe Salina) e di relazioni, sociali e familiari, nell'alto clero siciliano e perfino nella Curia romana.

In alto: *Mater dolorosa (cera) (Palazzo Gangi, Palermo)*.
A fianco: *teca con Gesù bambino*.

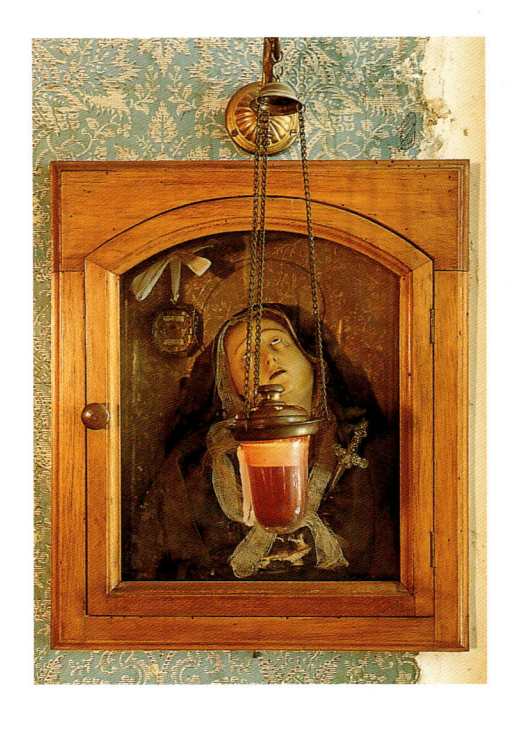

Pagina a destra: *Le catacombe dei Cappuccini, Palermo*.
«Le mummie sono disposte ora su due, ora su tre file sorrapposte, allineate l'una accanto all'altra, su assi sporgenti, di modo che quelle della prima fila fanno da cariatidi a quelle della seconda, e quelle della seconda alla terza... Di tanto in tanto gli eredi vengono a vedere se coloro di cui mangiano la fortuna sono sempre lì: rivedono lo zio, il nonno o la moglie, che fanno loro le boccacce, e questo li rassicura. Tra questi morti, ci sono conti, marchesi [...]. Oltre a queste nicchie destinate ai comuni mortali, oltre alle casse riservate all'aristocrazia, esiste un braccio di questa immensa croce funeraria che costituisce una specie di cripta particolare: è quello delle dame dell'alta aristocrazia palermitana».
Alexandre Dumas, Le Speronare.

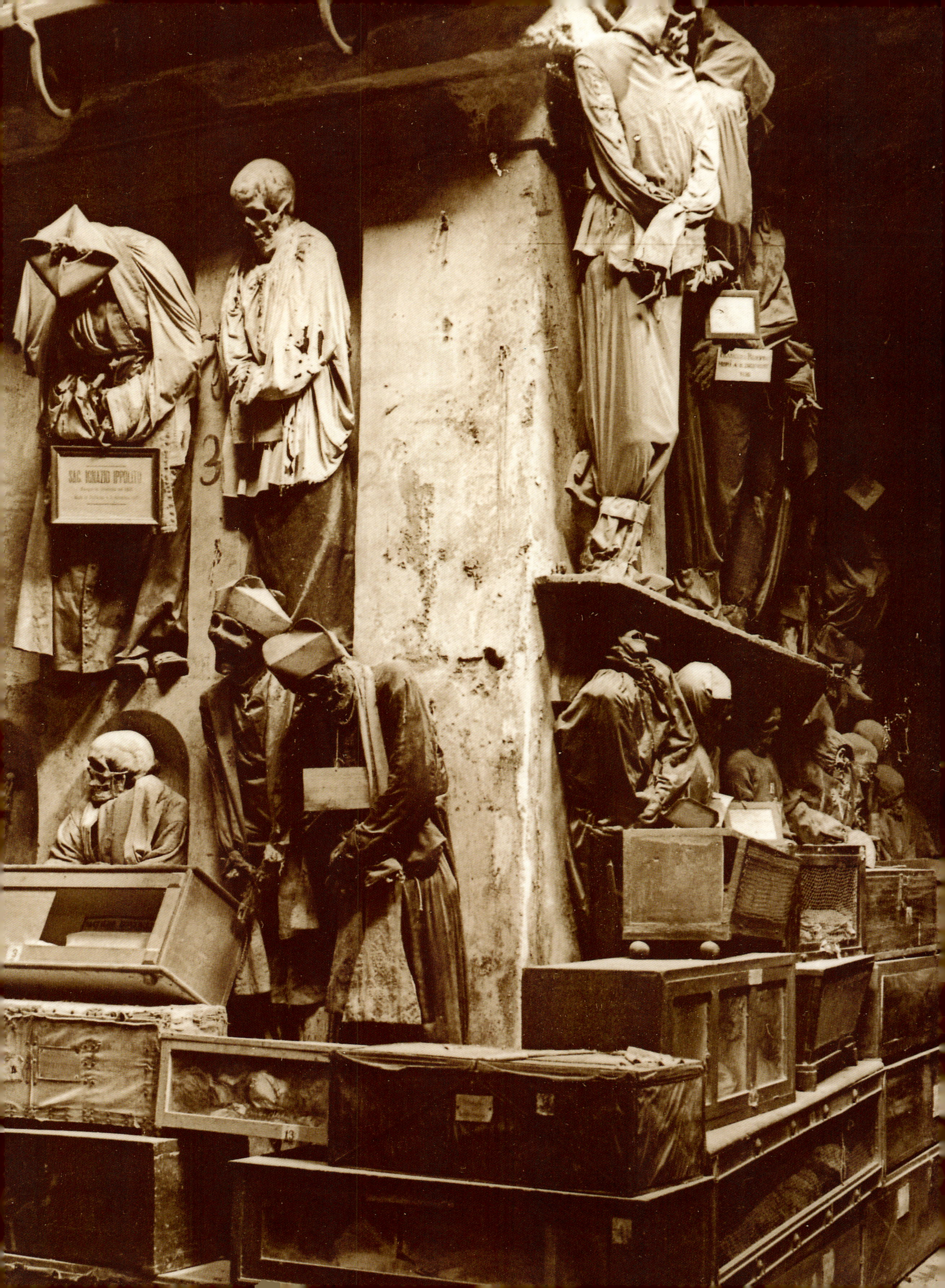
SAC. IGNAZIO IPPOLITO
3

L'abolizione del feudalesimo non comporta quella dei titoli nobiliari. Vestigio di antichi meriti, la nobiltà testimonia dell'originaria gratitudine dello Stato e incita i suoi membri alla preservazione del loro prestigio morale. Il culto della famiglia, unitamente a quello della patria e della religione, costituisce il trinomio della sana dottrina che ci protegge dal sovvertimento sociale. Esso implica il rispetto di questa distinzione che sta a fondamento della dignità nobiliare. Mantiene e rafforza un nucleo di personalità rispettabili che sono d'esempio agli altri e che costituiscono l'orgoglio della società degli uomini.

Francesco Palazzolo Drago, Prefazione a *Famiglie nobili siciliane* (1927)

In alto: *Agesilao Greco, campione italiano di scherma, intorno al 1900*. A fianco: *Biblioteca del palazzo Lanza Tomasi*.

I Tomasi, famiglia cui apparteneva il principe di Lampedusa, autore del Gattopardo, *erano originari di Capua, in Campania. Si insediarono in Sicilia intorno al XVII secolo. Il loro motto è* Spes mea in Deo est.

Doppia pagina seguente: *Biblioteca del palazzo Gangi. Al di sopra del divano, ricamo in filo d'oro e d'argento, mobilio in stile Impero. La biblioteca è in tartaruga.*

52 *La Sicilia al tempo dei Gattopardi*

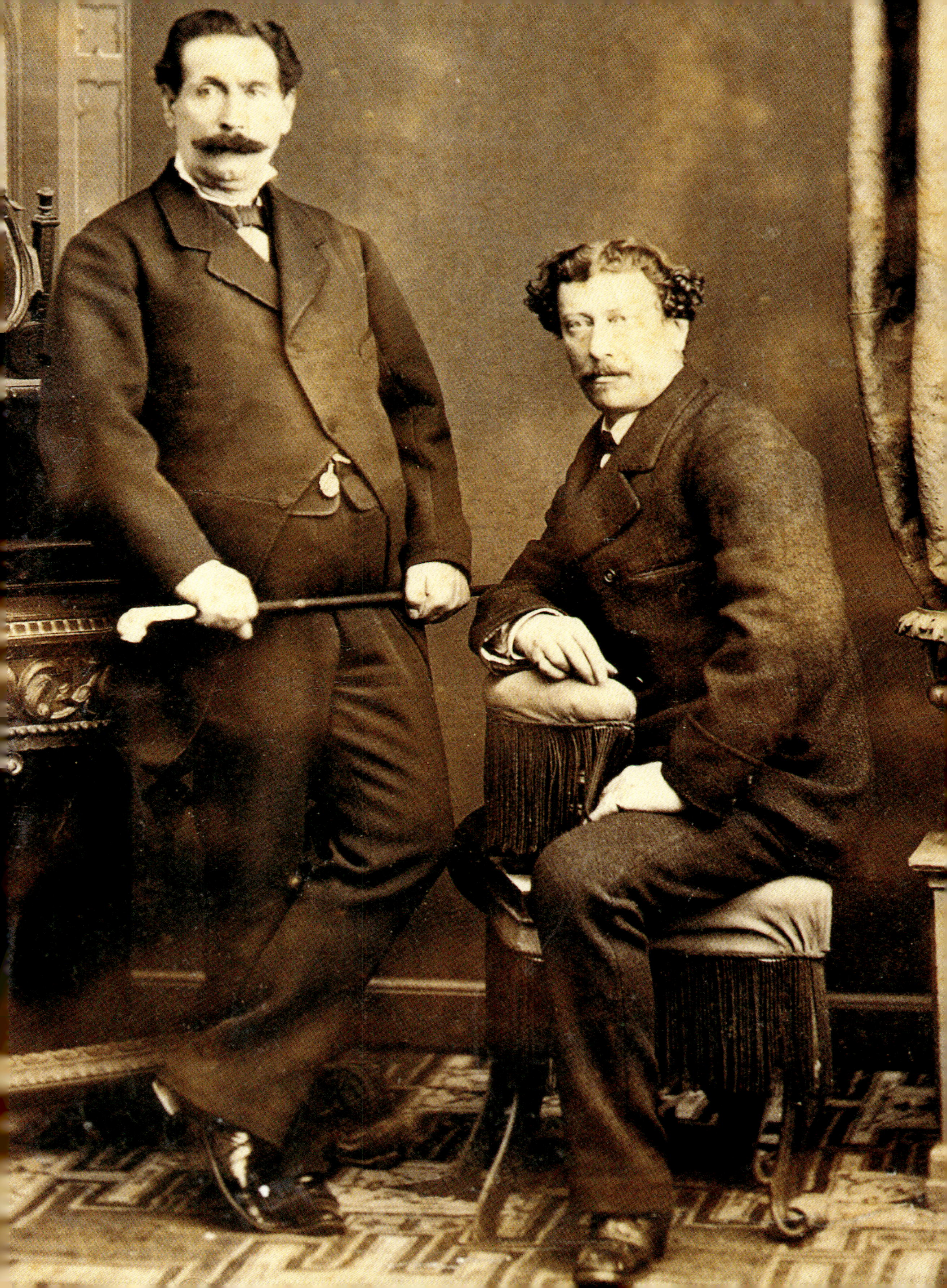

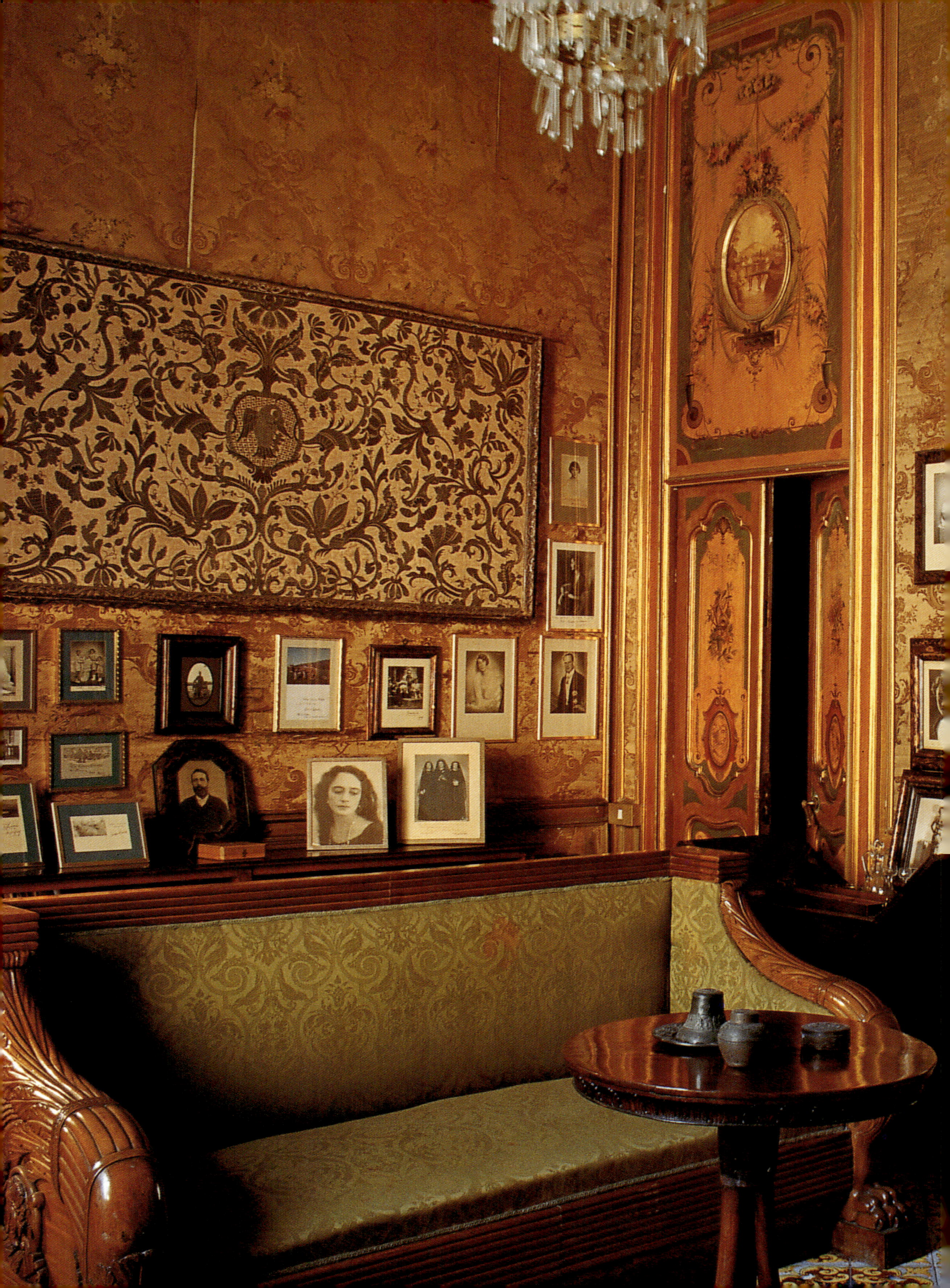

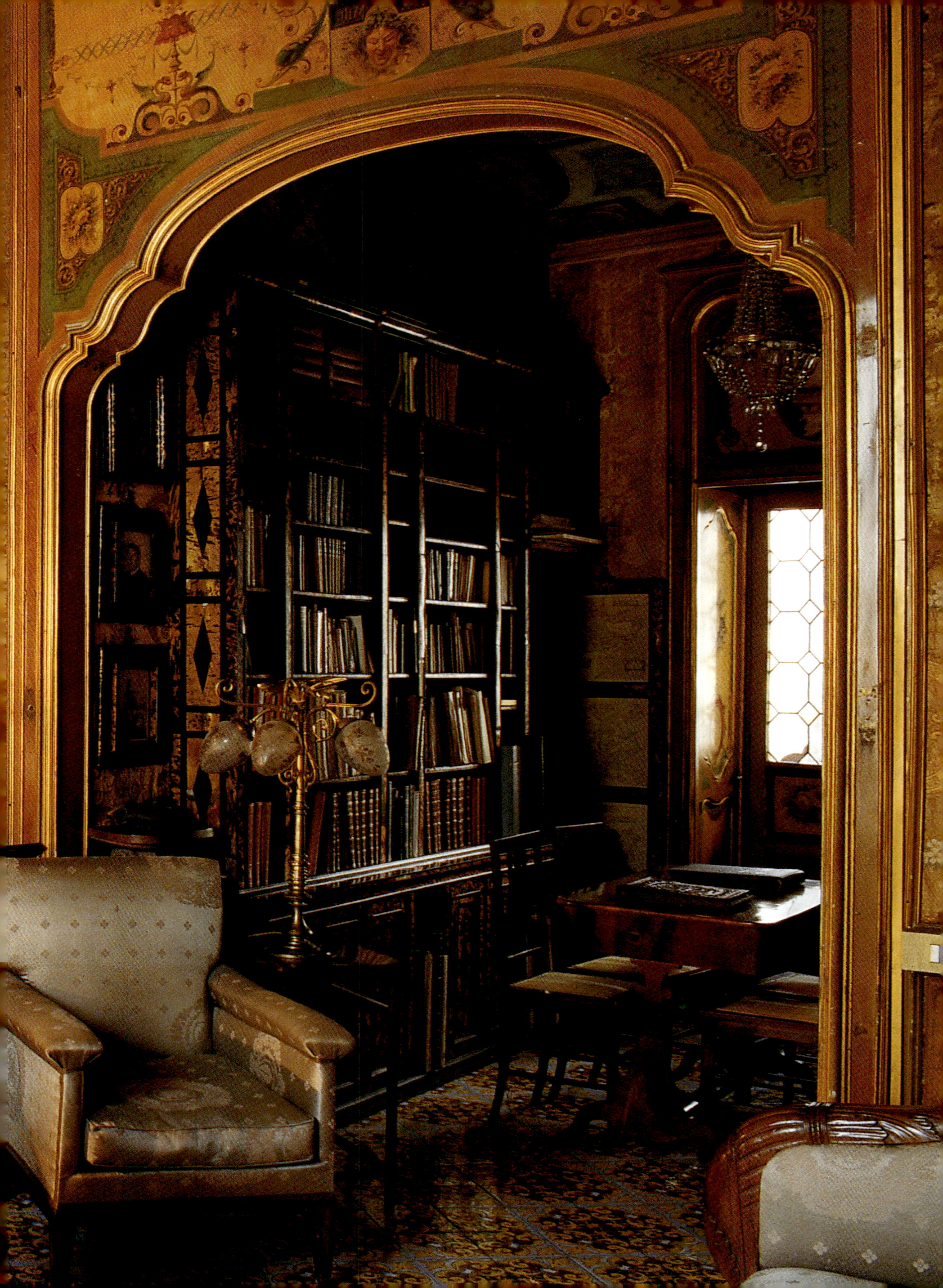

Alcuni autori affermano
perfino che questi splendori
contribuirono alla rovina
di alcune grandi famiglie.
Quattro anni dopo,
Garibaldi entrava a Palermo
mettendo fine alla sovranità
borbonica.

Qui sopra:
*Il marchese Achille Paternò
di Spedalotto nel 1875.*
Accanto: *Ordine
di San Nicola di Polonia
conferito al marchese
Vincenzo Paternò.
Nell'ottobre 1845,
lo zar Nicola I, la zarina
Alessandra e una parte
della corte imperiale
sbarcarono a Palermo.
La zarina si trattenne fino
alla primavera del 1846 e,
durante questo periodo,
la vita mondana brillò
di un'intensità inaudita.*

Qui sopra:
Il barone Giuseppe Sgadari.
In basso a sinistra:
*Alfio Barbera, cugino
del barone Francesco
De Simone Achates, 1850.*
Pagina di destra:
*La sala da biliardo
del palazzo Beneventano,
Siracusa.*

56 *La Sicilia al tempo dei Gattopardi*

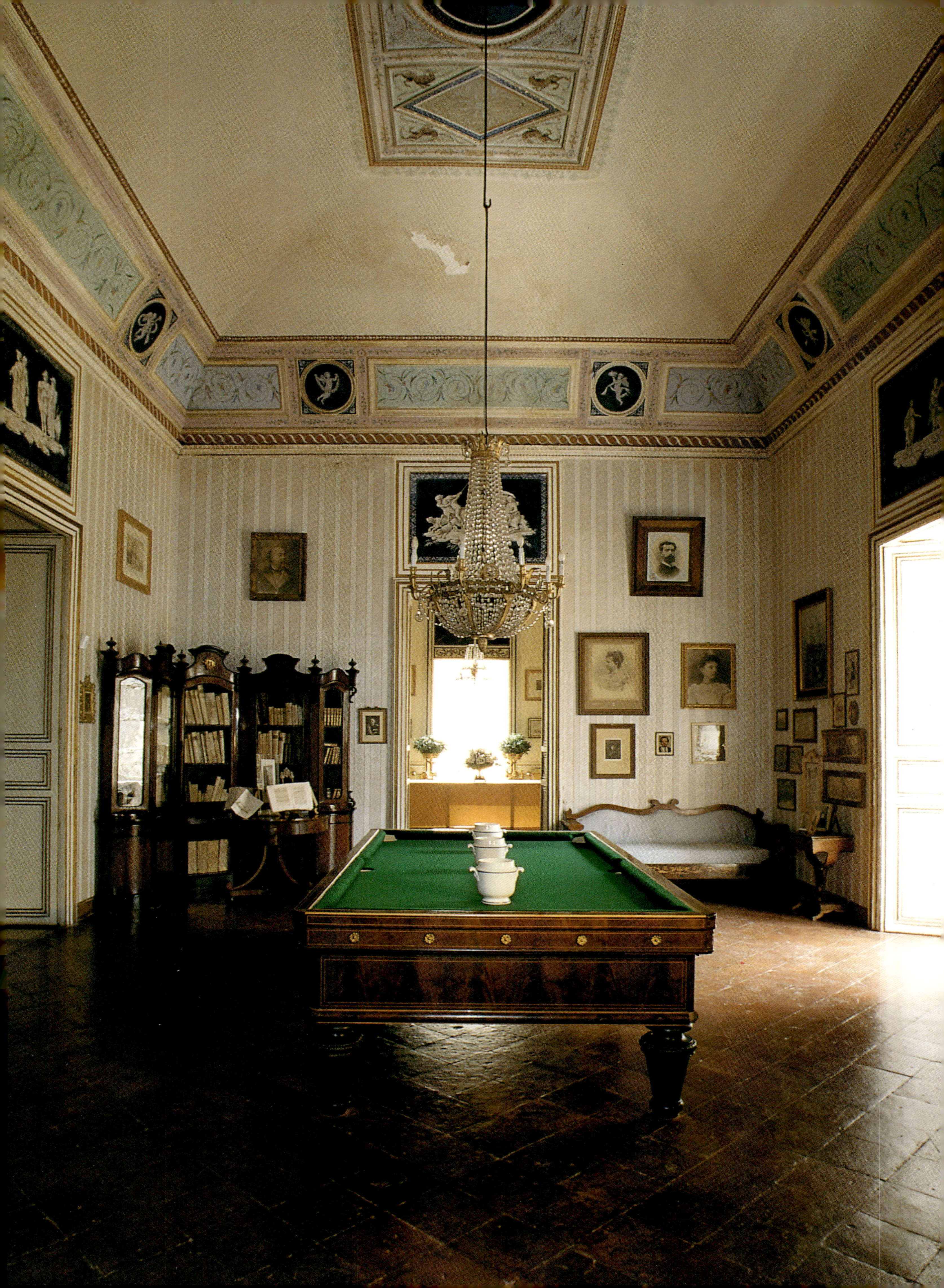

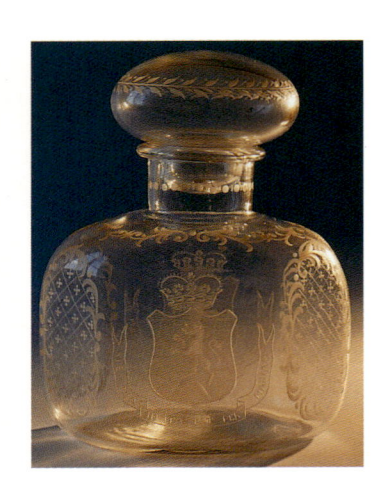

Una donna – una signora siciliana, *Donna Franca* – passa sotto le procuratie: alta, snella, pieghevole, ondeggiante, con quel passo che gli antichi veneziani chiamavano appunto *alla levriera*. Subitamente rivive nella mia immaginazione una cortigiana del tempo glorioso: Veronica *Franca*. Ella è bruna, dorata, aquilina e indolente. Un'essenza voluttuosa, volatile e penetrante, emana dal suo corpo regale. Ella è svogliata e ardente, con uno sguardo che promette e delude. Non la volontà, ma la Natura l'ha creata dominatrice. Ella ha nelle sue mani d'oro «tutto il Bene e tutto il Male».

Gabriele D'Annunzio, *Taccuini* (1897)

In alto a sinistra:
Boccetta nuziale in vetro di Venezia con inciso lo stemma della famiglia Tomasi di Lampedusa.

Qui sopra: *cintura nuziale in argento, manifattura tradizionale di Piana degli Albanesi.*
A fianco: *Particolare di un abito da marchesa in taffettà con ricami e pizzi portato durante un ballo mascherato a palazzo Gangi.*
Pagina di destra: *ritratto di Giulia Alliata di Montereale, principessa di Gangi, 1922.*

58 *La Sicilia al tempo dei Gattopardi*

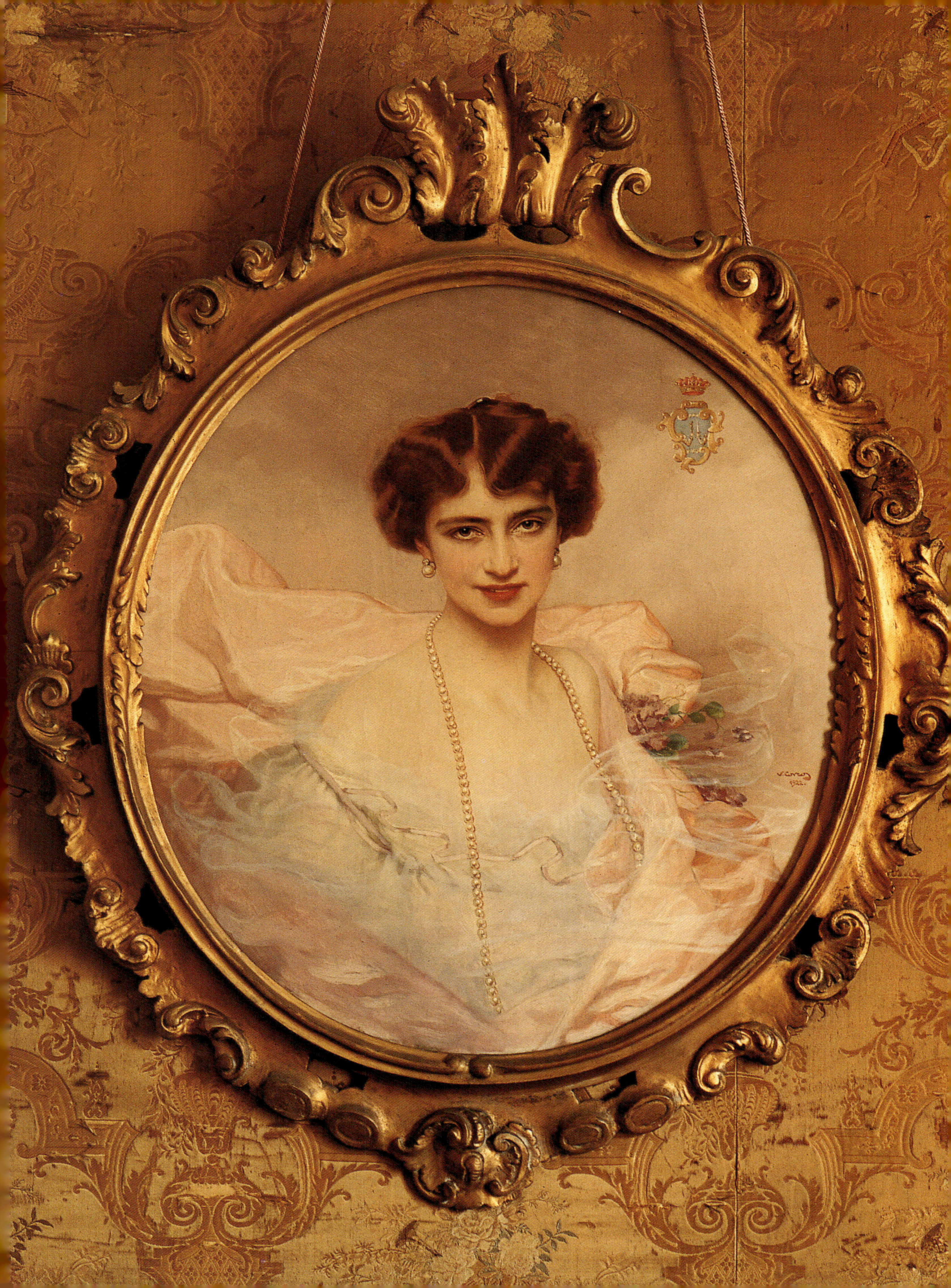

Boccetta di vetro soffiato lumeggiata in oro, un tempo adoperata per gli oli santi.

Villa Spedalotto, Bagheria. La marchesa Giulia Paternò di Spedalotto, 1920. Sull'agrippina è gettata una trapunta di damasco del XVII secolo, ricamata in oro, tessuta dalle suore di un convento di Sciacca. La sala – o si dovrebbe piuttosto dire il salotto – da bagno delle donne della casa.

Con la sua bella vasca romana, essa attesta l'evoluzione dei costumi e delle abitudini rispetto agli agi piuttosto rustici offerti dal palazzo di Donnafugata alla metà del XIX secolo, descritti dall'autore del Gattopardo. (Palazzo Malvagna, Palermo)

La Sicilia al tempo dei Gattopardi

Carattere del Gattopardo 61

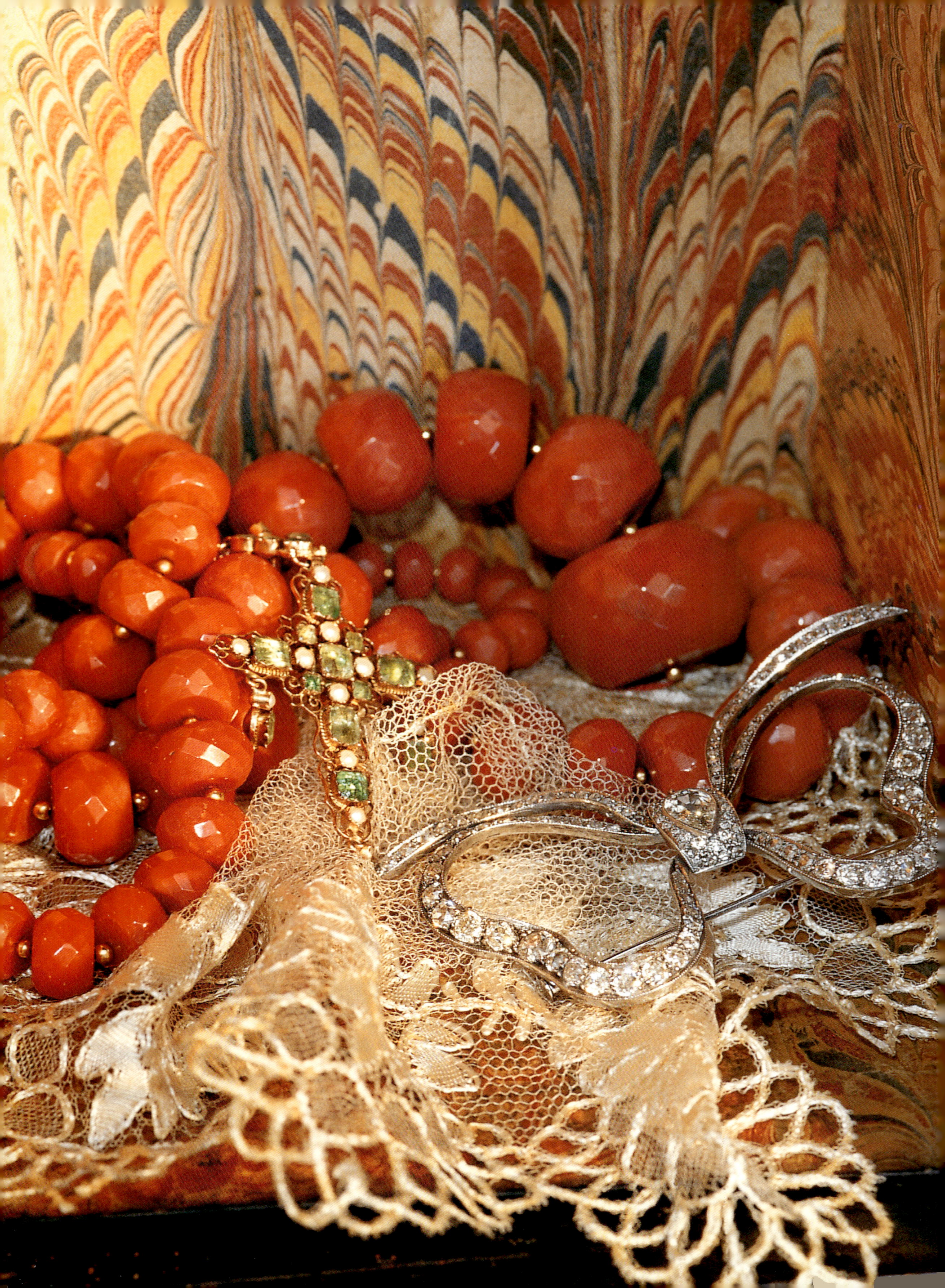

Doppia pagina seguente:
*Giulia Alliata di Montereale,
principessa di Gangi, 1910.
Boccette da toilette,
pettine spagnolo in tartaruga
e portacipria imitante
un orologio da tasca
in vermeil rabescato,
collier in perle e filo d'oro.*

Pagina di sinistra: *Gioielli
in corallo di Trapani.
Il corallo di Trapani,
di un rosso ardente, era molto
apprezzato nei secoli XVII e XVIII
sia per la gioielleria
che per l'arte religiosa
(castello di Solanto).*
In alto a destra:
*Su uno scialle spagnolo
ricamato, ametiste tagliate
in stile Impero e calzature
dell'inizio del XVIII secolo
(palazzo Malvagna, Palermo).*

Carattere del Gattopardo 63

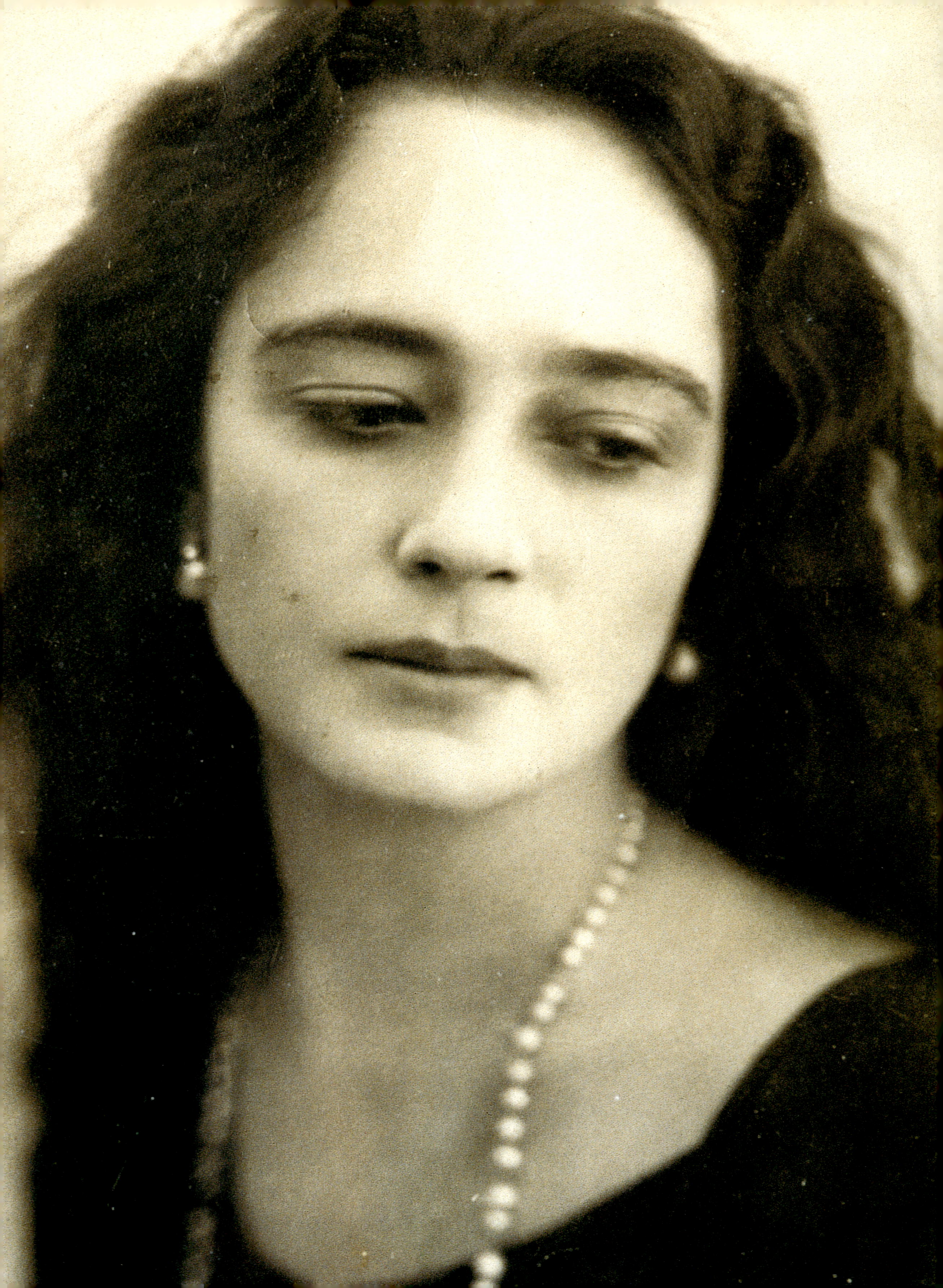

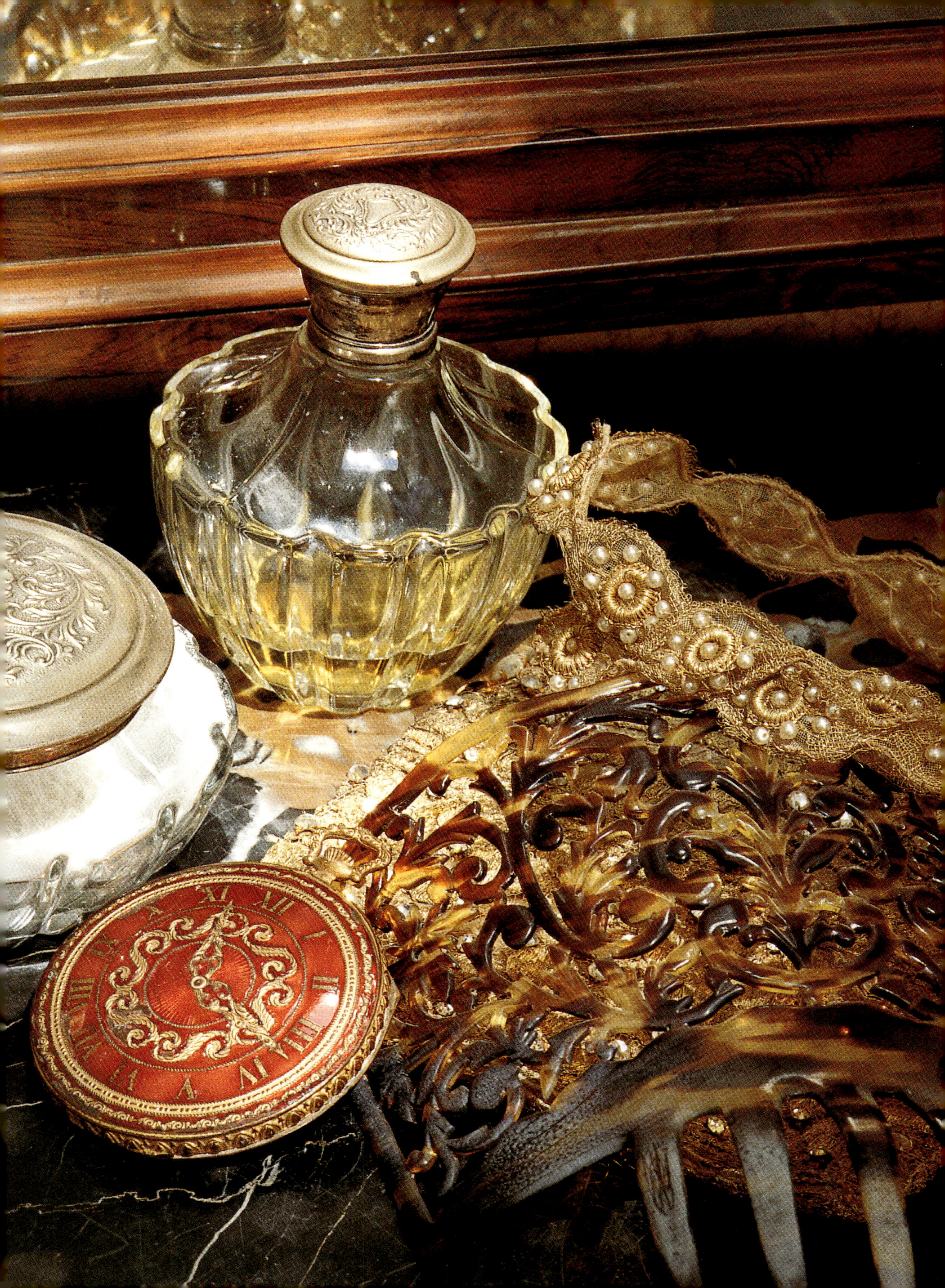

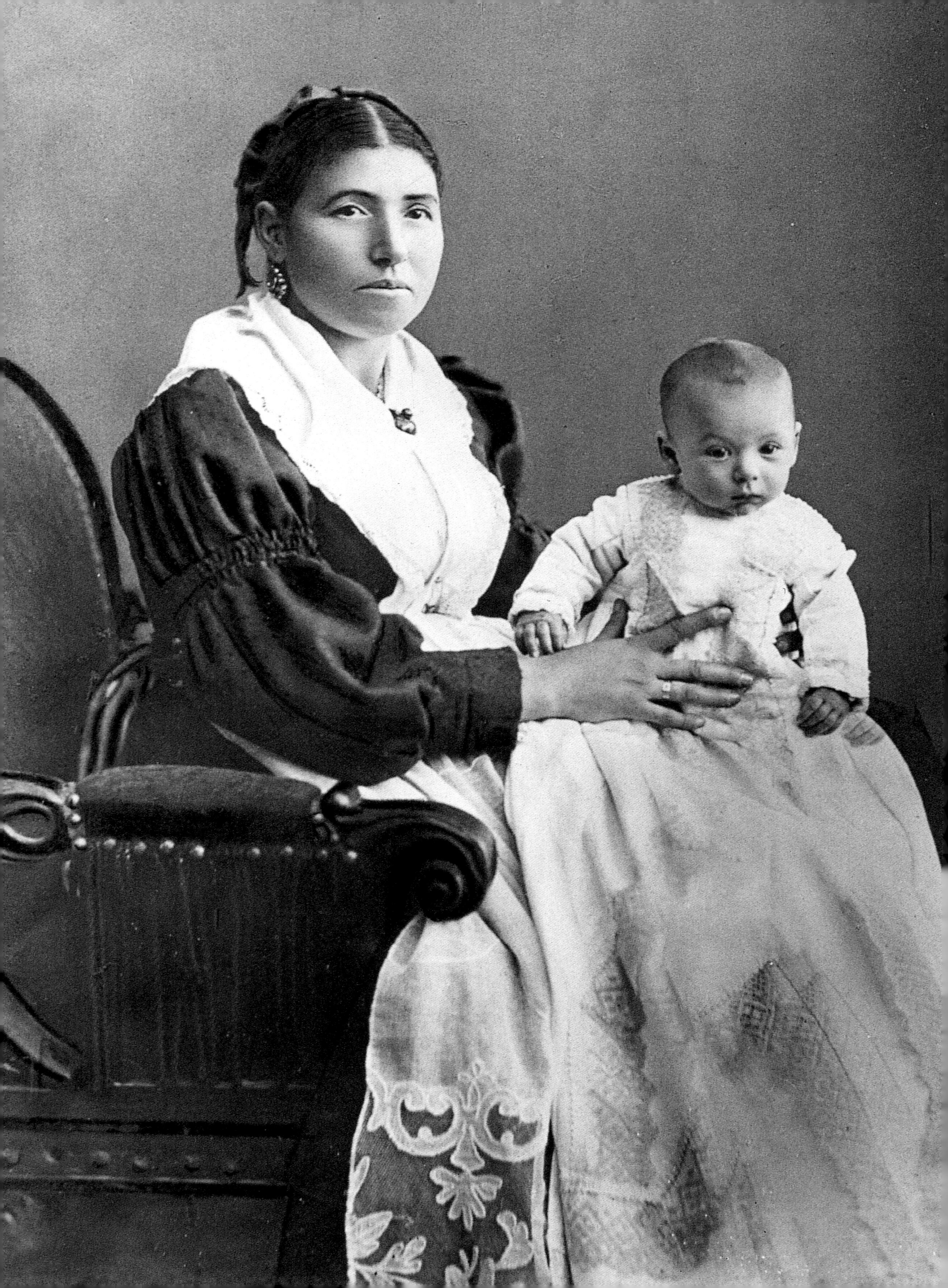

Malgrado le governanti inglesi, i tè e i futili tentativi di farci inghiottire il porridge, sarebbe un errore credere che la nostra educazione fosse all'inglese. Per cominciare non avevamo una vera e propria camera di giuoco da bambini, una vera *nursery*. Usavamo a questo scopo uno stanzone contiguo al quartierino di Mamà. Due balconi uno di fronte all'altro e contro le pareti degli alti armadi pieni di vestiti, mantelli e via dicendo. Uno era adibito ai nostri giocattoli, che in teoria avrebbero dovuto esservi riposti dopo l'uso.

Fulco di Verdura, *Estati felici. Un'infanzia in Sicilia*

Pagina di sinistra: *L'ingegnere Giuseppe Vitale sulle ginocchia della sua balia nel 1890.*
Qui sopra: *Bambole e giochi infantili (collezione Gangi).*
A fianco: *In una cornice in argento e avorio dell'inizio del secolo scorso, ornata con i finimenti usati per andare a cavallo, fotografia di Rosalia e Silvia Paternò di Spedalotto.*

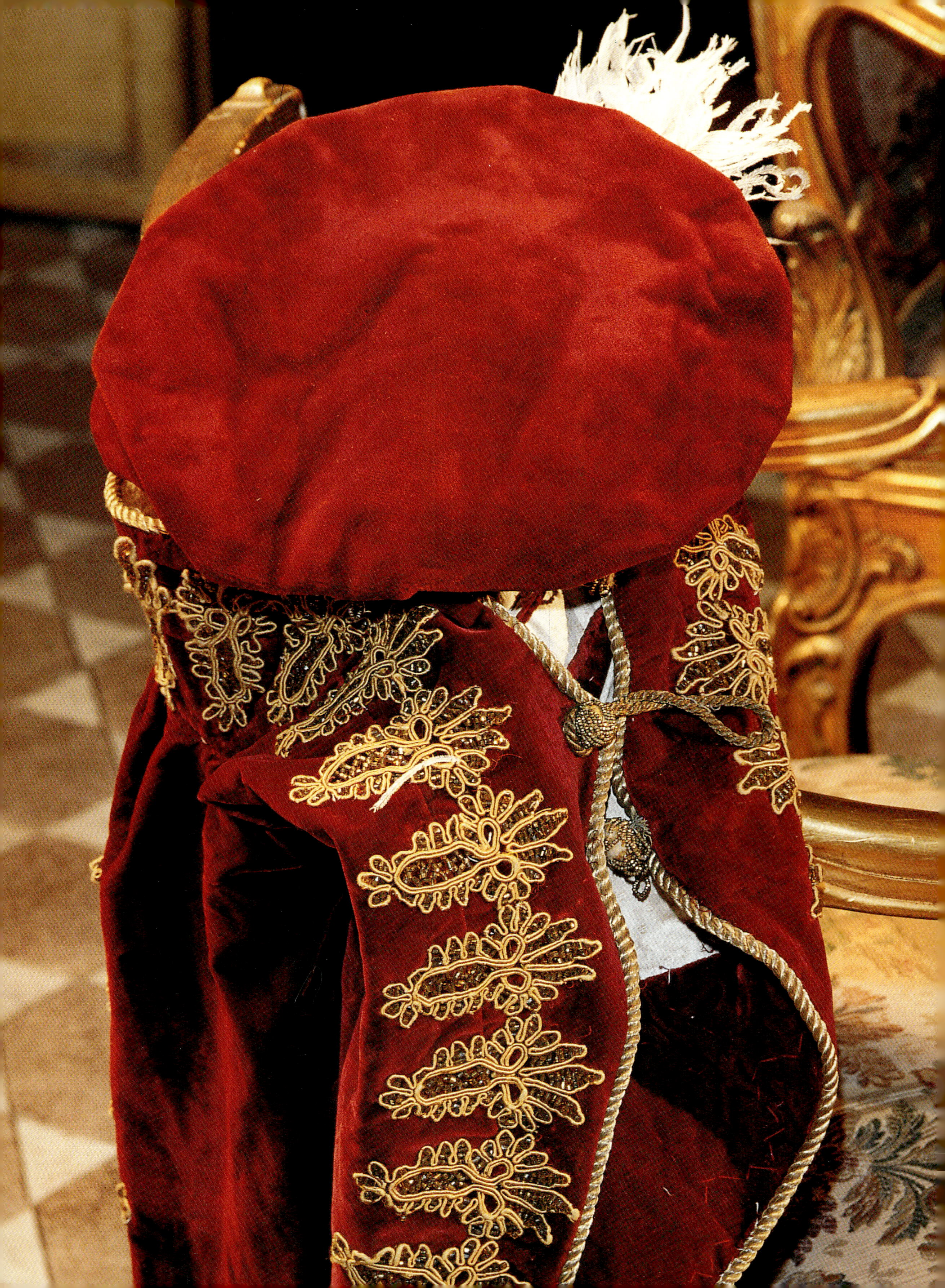

In alto a destra:
Il piccolo barone Beneventano del Bosco, Siracusa.
A sinistra: *Leopoldo De Simone Vannucci.*
Vestire i bambini come degli adulti o, più esattamente, come gli adulti si vestivano allora, non era tipico solo della casta dei Gattopardi. Questa abitudine, comune in Sicilia, continua del resto ancor oggi.

Si possono ancora vedere, saltellanti nelle ore pomeridiane, bambine in abito di velluto arricchito da una tripla sottogonna o bimbetti fieramente incravattati.
Pagina di sinistra e qui a fianco: *Costumi in stile settecentesco indossati dai bambini in occasione di balli in maschera e di feste religiose (collezione Gangi).*

Carattere del Gattopardo

Cassettone stile Luigi XVI di fabbricazione siciliana, 1885 circa (collezione Beneventano). Qui a fianco: Agrippina in miniatura. Pagina di destra: Su un tessuto di velluto nero ricamato di fili d'oro e d'argento del Settecento, berretto da paggio facente parte, come l'abito in velluto di seta, di un costume infantile per un ballo mascherato.

*Come questi bicchieri in stile liberty (palazzo Malvagna), la foggia dei mobili delle bambole richiama l'influenza della civiltà britannica sui modi di vita della nobiltà siciliana.
In basso a destra: La baronessa Maria Airoldi Calefati, 1914.
In alto a sinistra: Bambole in miniatura di porcellana del XVIII secolo (collezione villa Alliata Pietratagliata).*

70 *La Sicilia al tempo dei Gattopardi*

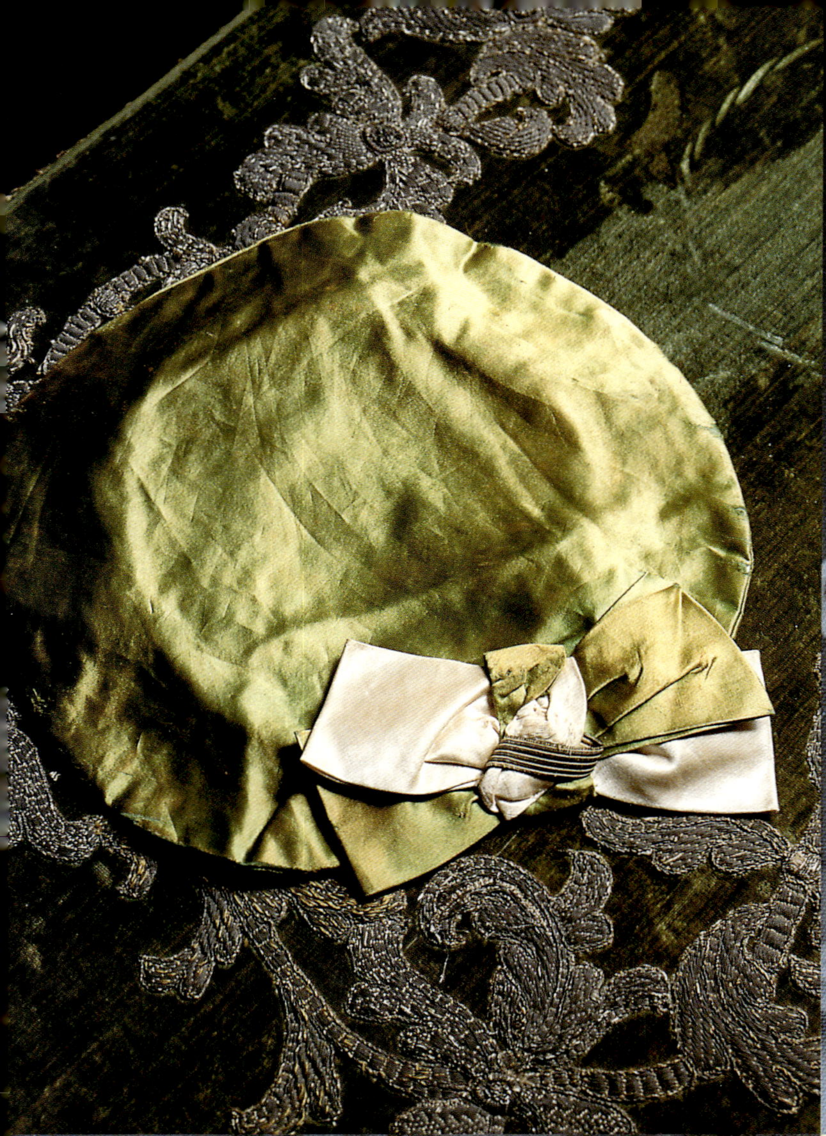
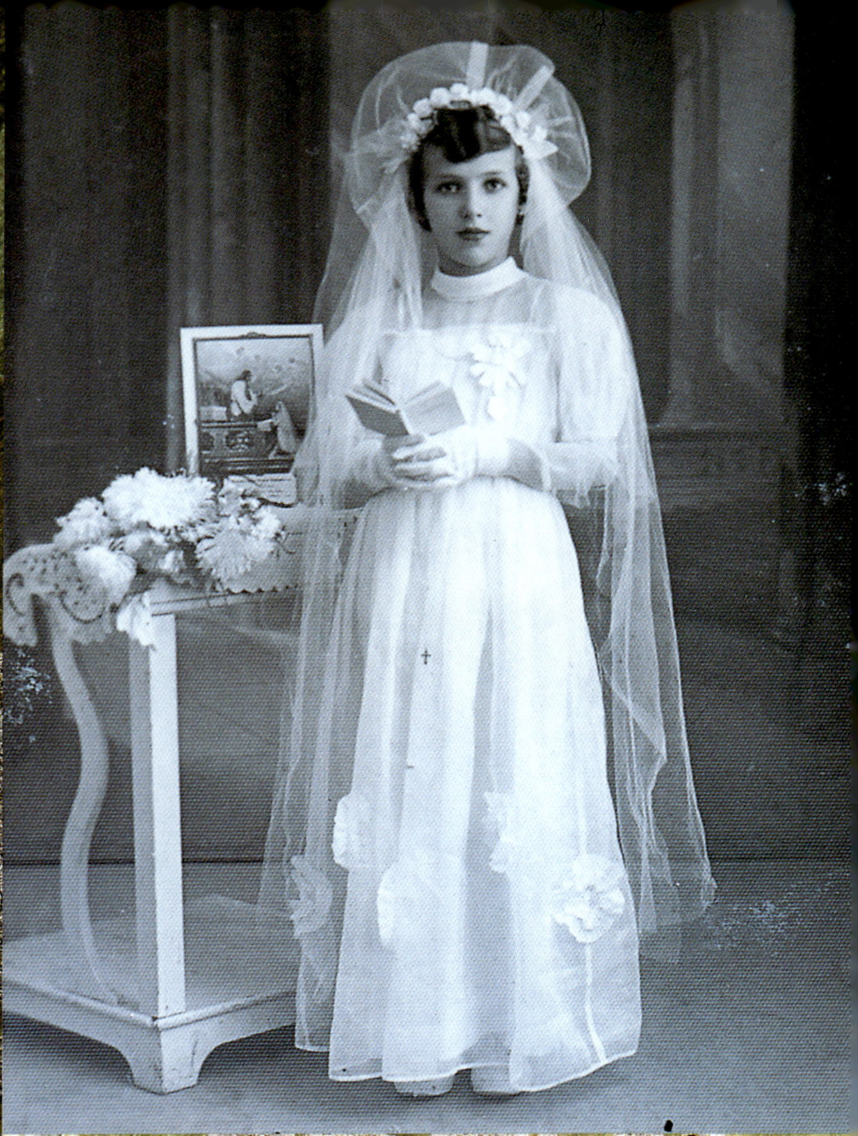
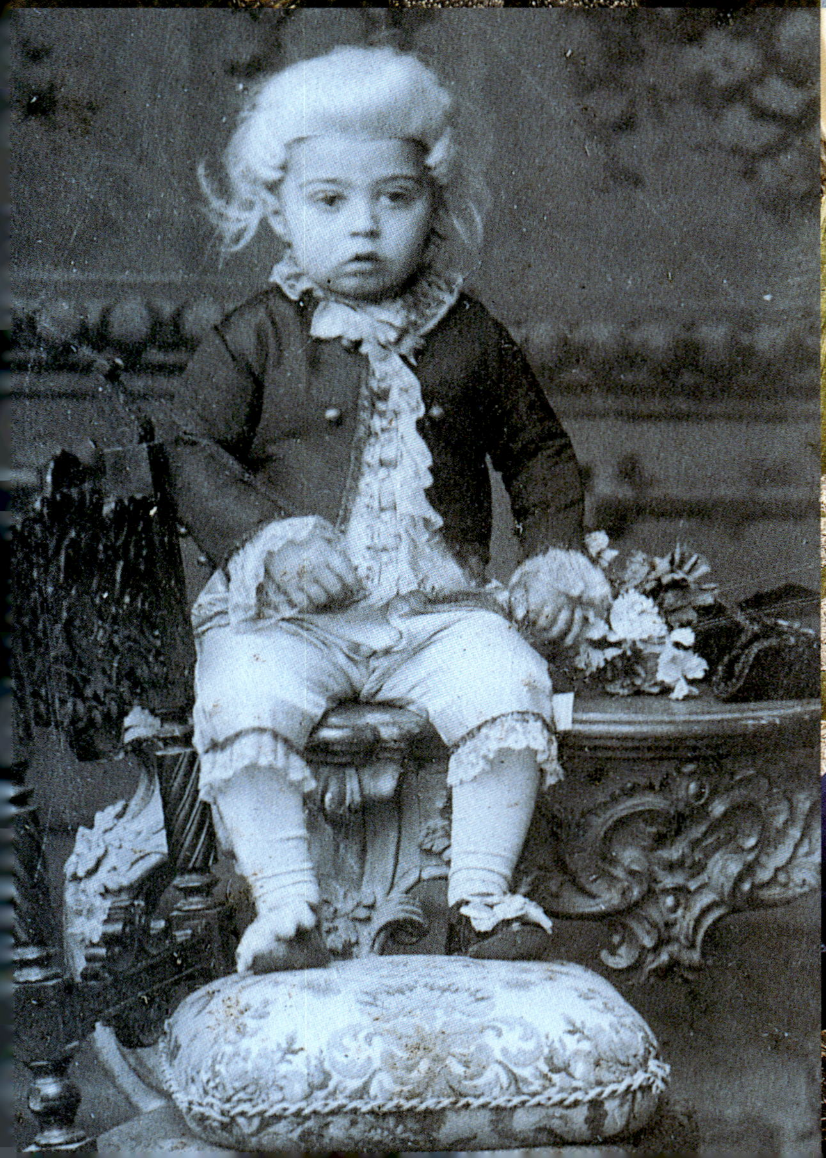
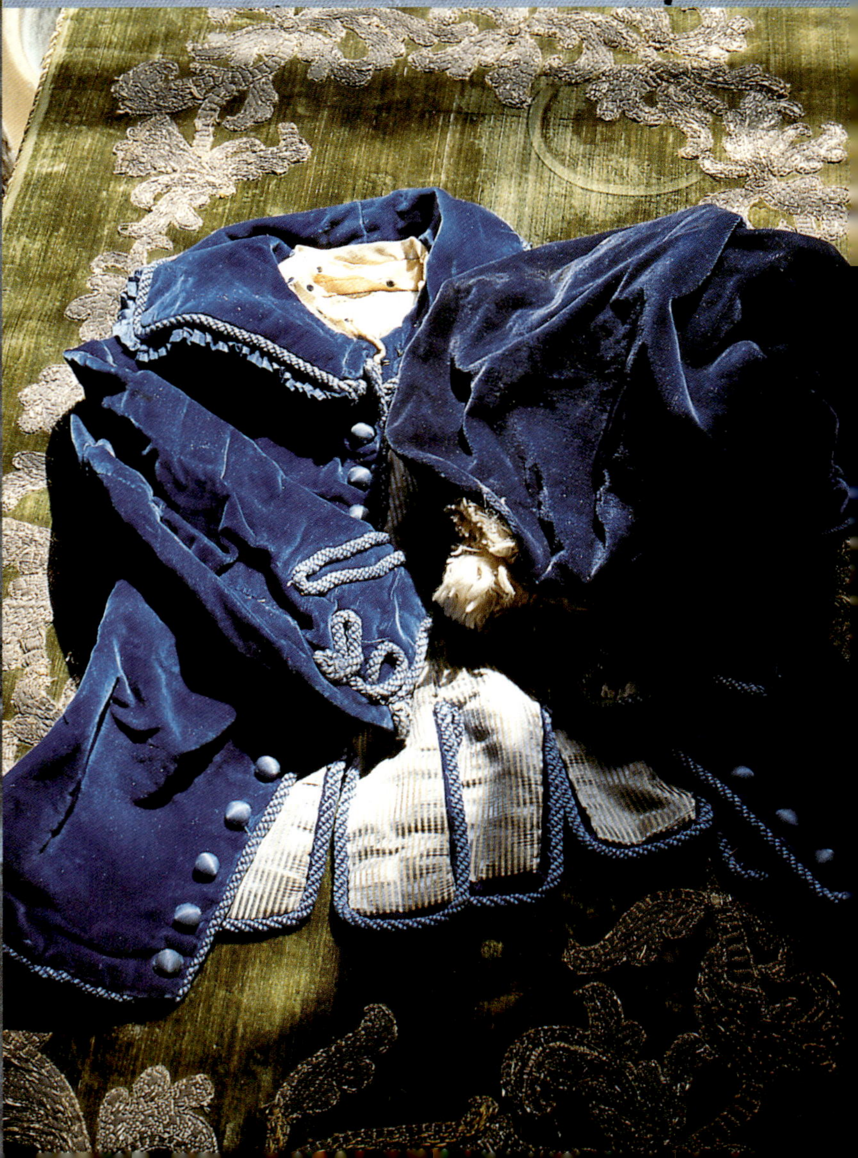

Le confessioni avvenivano in casa e gli scrupoli delle penitenti esigevano che esse fossero frequenti. A quel plotoncino di confessori bisognava aggiungere il cappellano che ogni mattina veniva a celebrare la Messa nella cappella privata, il Gesuita che aveva assunto la direzione spirituale generale della casa, i monaci e i preti che venivano a riscuotere elargizioni per questa o per quella parrocchia od opera pia; e si comprenderà subito come il viavai di sacerdoti fosse incessante e perché l'anticamera di villa Salina ricordasse spesso uno di quei negozi romani intorno a piazza della Minerva che espongono in vetrina tutti i copricapo ecclesiastici immaginabili da quelli color di fiamma dei Cardinali a quelli color tizzone per curati di campagna.

Tomasi di Lampedusa,
Il Gattopardo

In alto a sinistra:
Reliquiario (palazzo Alliata di Pietratagliata).
Pagina di destra: *Cappella privata del palazzo Gangi. A sinistra si scorge il confessionale.*
Pagina seguente: *Dettaglio dei motivi che decorano le porte della cappella ed ex-voto in argento appartenenti alla cappella privata del palazzo Alliata di Pietratagliata.*

La Sicilia al tempo dei Gattopardi

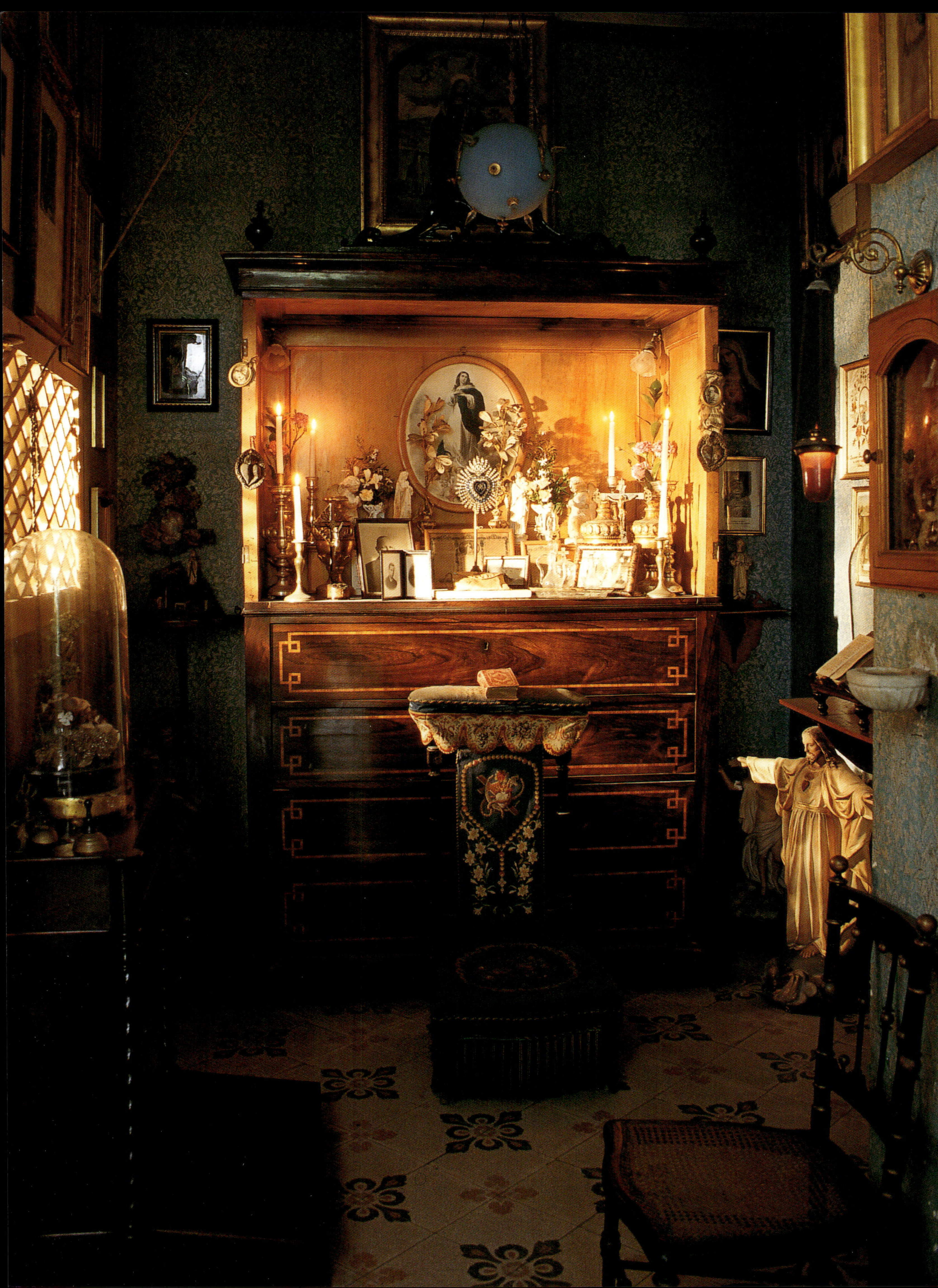

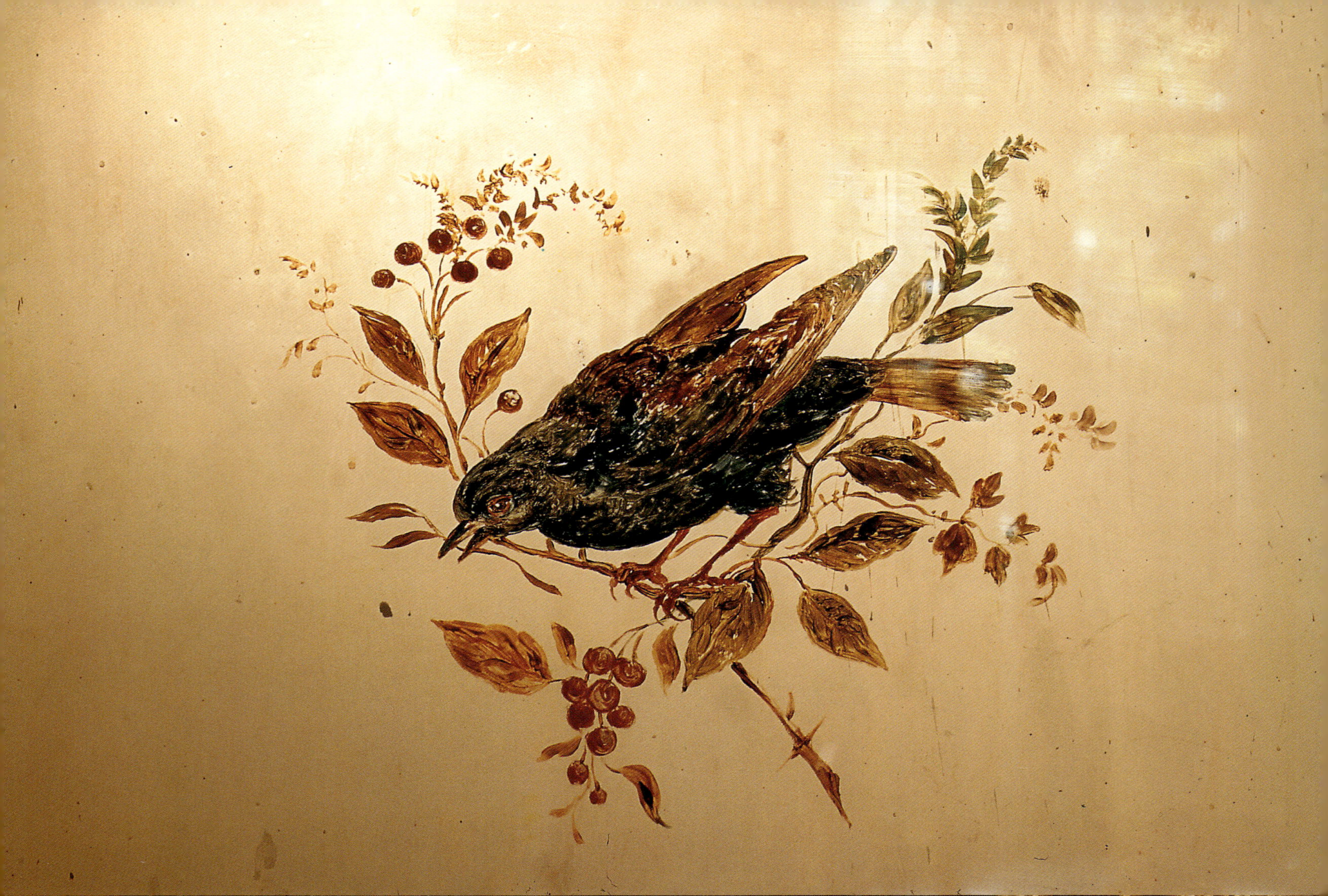

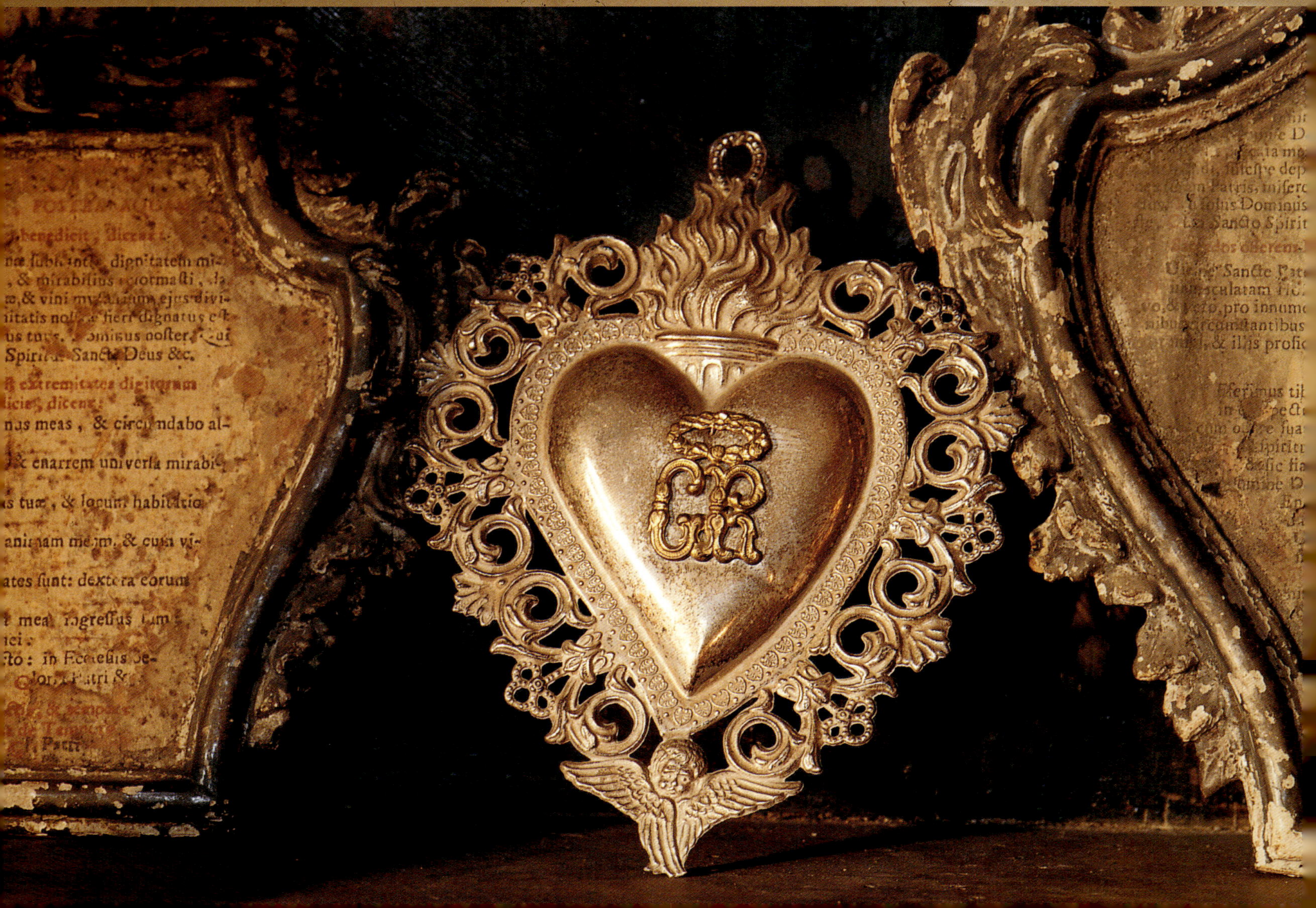

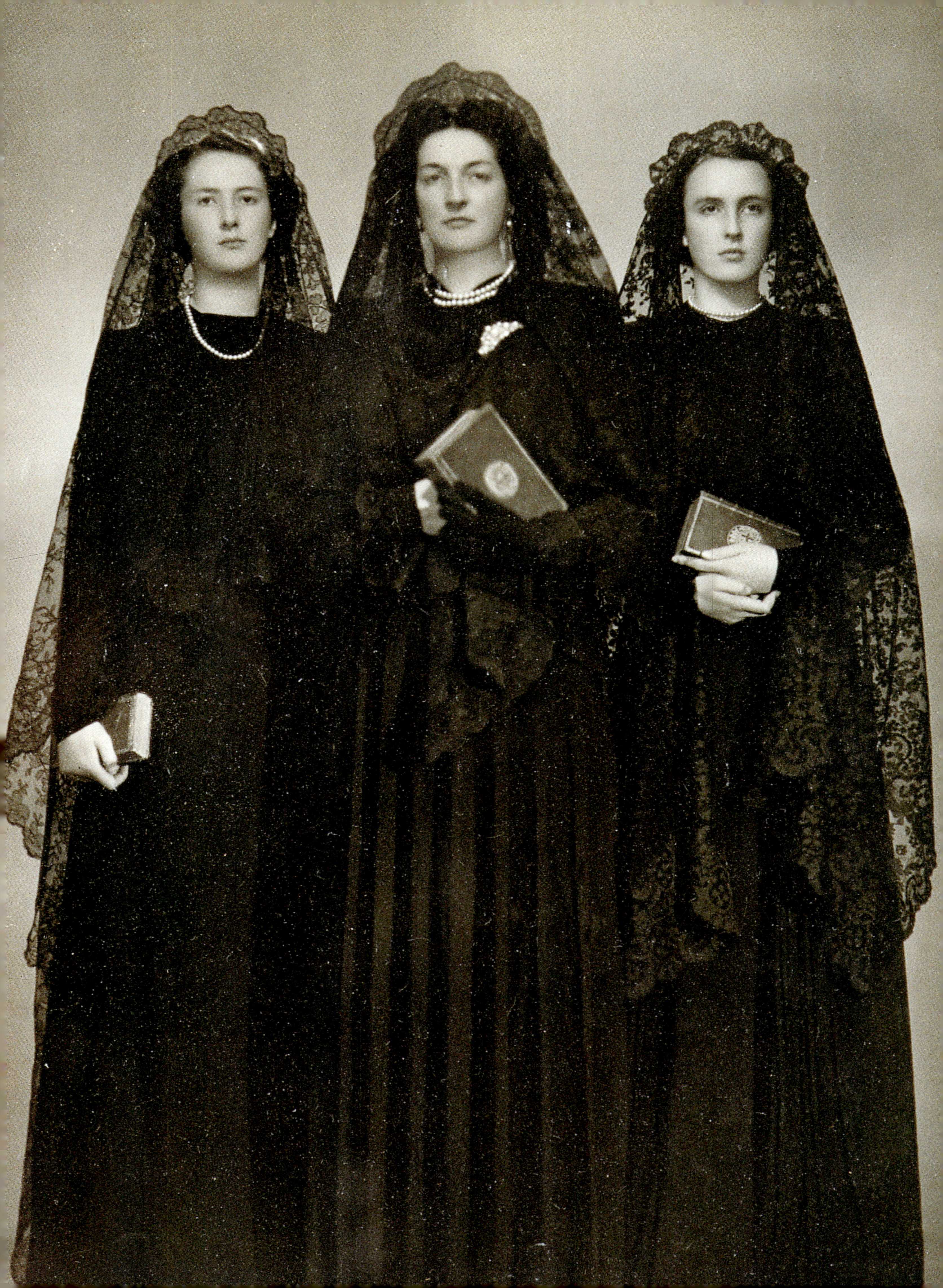

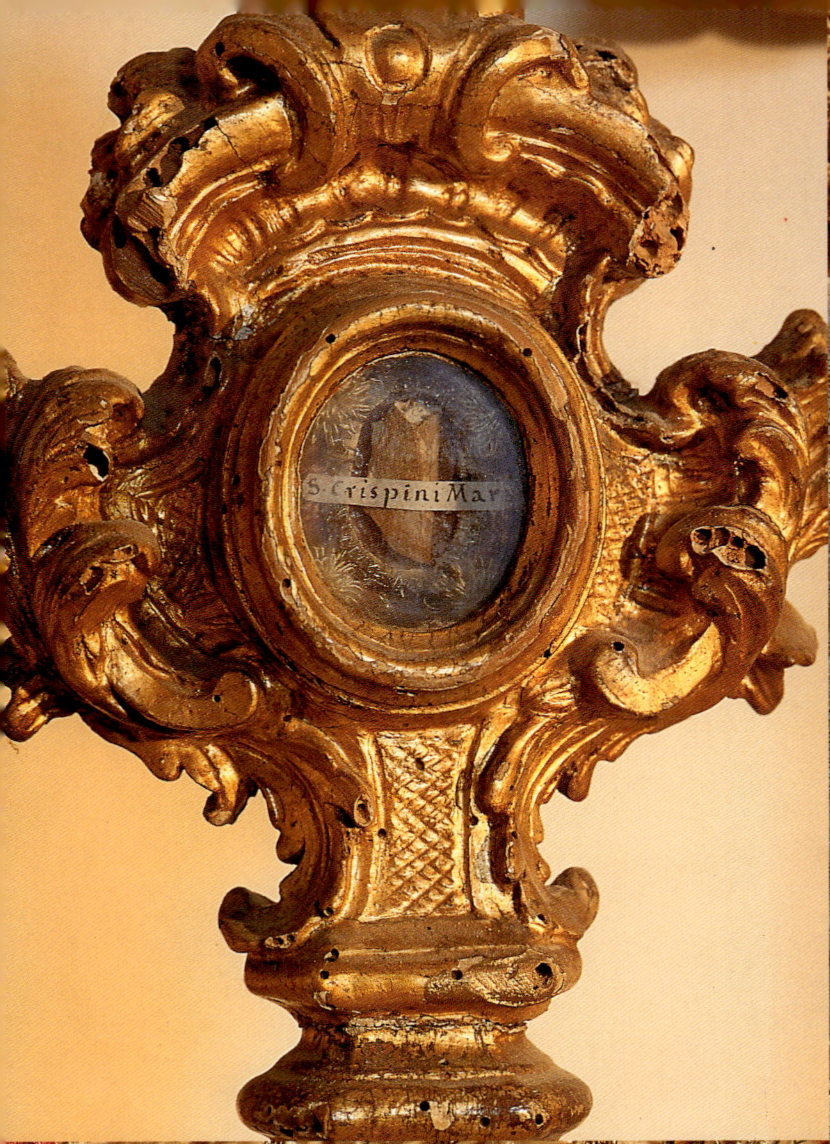
S. Crispini Mar
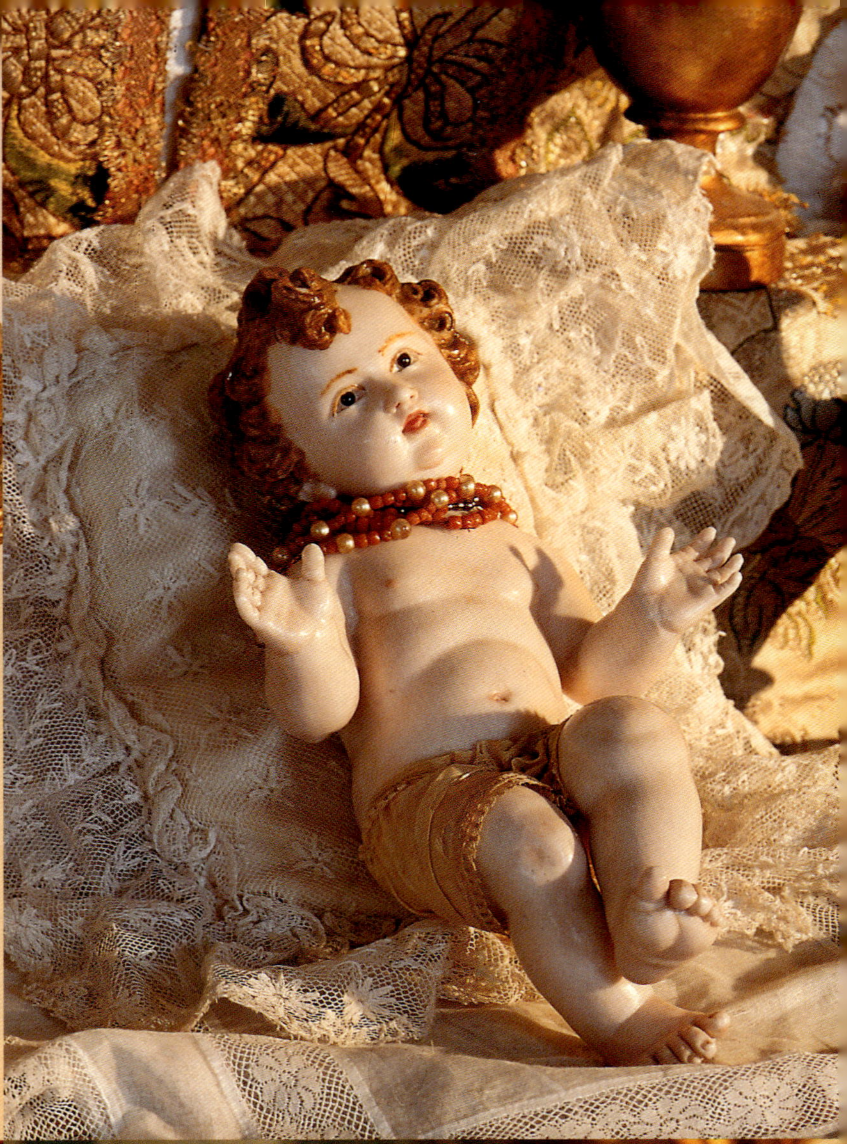
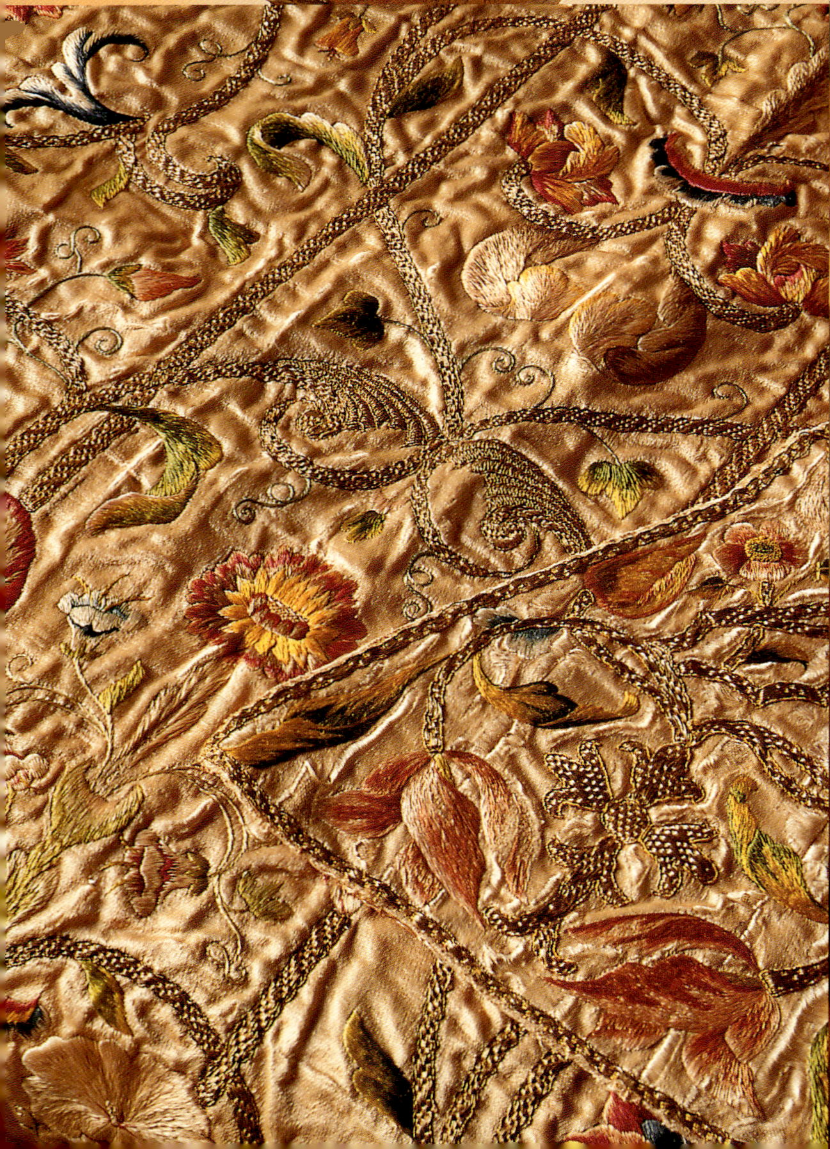
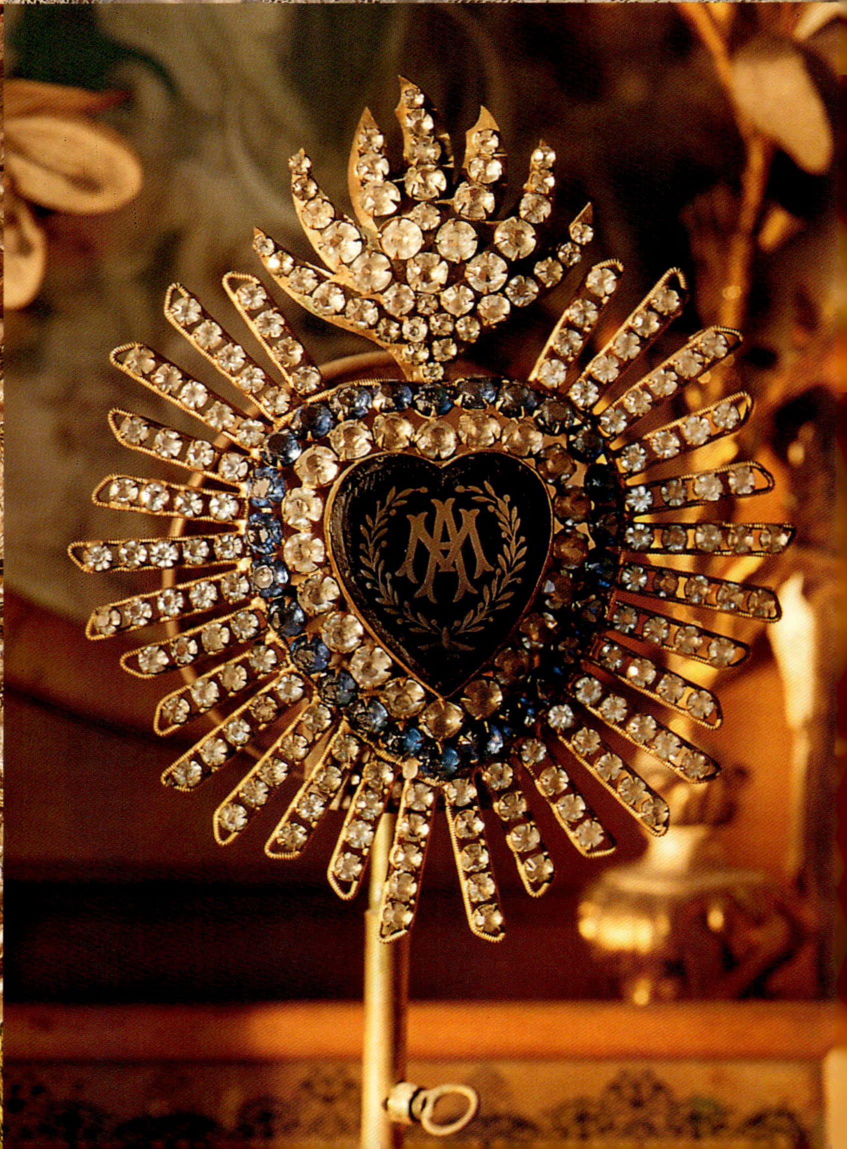

*Oggetti di culto
e dettaglio di una pianeta
appartenenti alla villa
Spedalotto di Bagheria,
al palazzo Gangi
e al palazzo Malvagna.*

*Doppia pagina seguente:
Boccette d'olio santo
poste davanti
ai ritratti dei defunti
morti in guerra.*

Carattere del Gattopardo

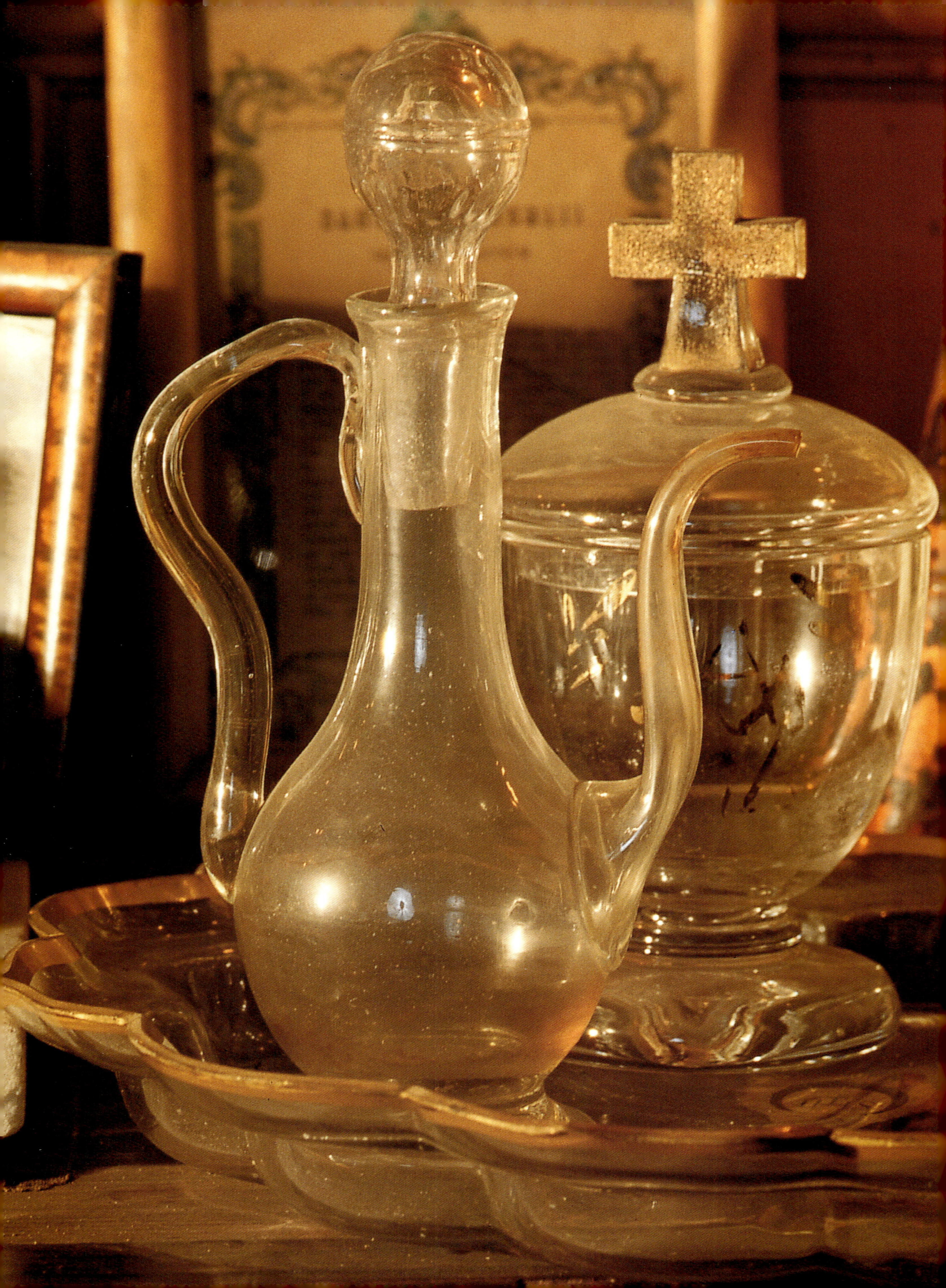

Ottavio TASCA BORDONAR

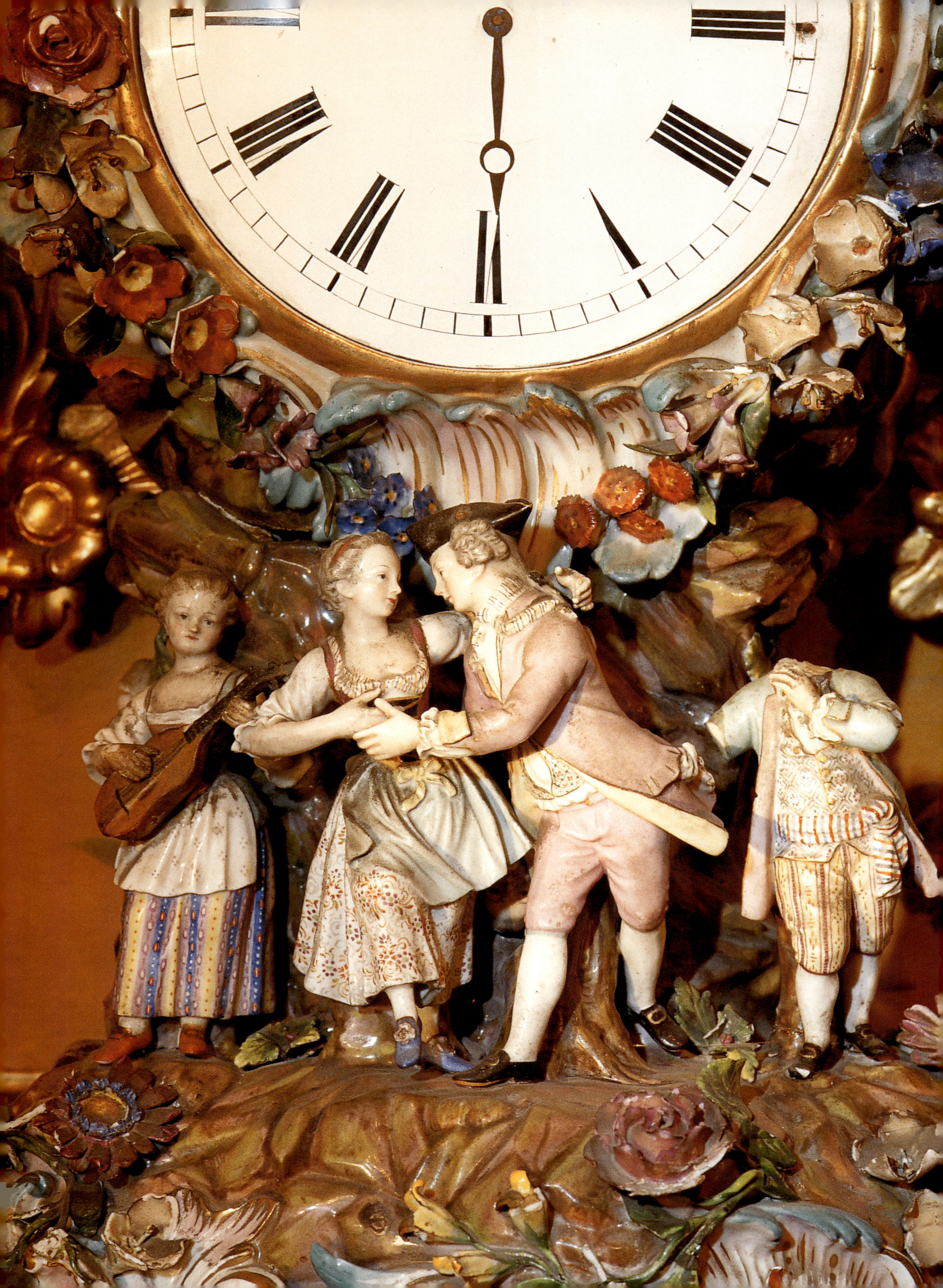

La giornata
di un Gattopardo

Pagina di sinistra:
Orologio da salotto del Settecento in porcellana (palazzo Gangi, Palermo).

Là ci darem la mano
Là mi dirai di sì
Vedi, non è lontano
Partiam, ben mio, da qui.
Lorenzo da Ponte-Mozart,
Don Giovanni, atto I, scena 9.

Il Gattopardo, come d'abitudine, si alza tardi. Forse accompagnerà la moglie alla messa che ella sente ogni giorno in una chiesa vicina – le cappelle private hanno l'inconveniente che non si può essere viste e nemmeno, quindi, può essere ammirata la vostra pietà o (e) la vostra toilette. Di fatto la giornata comincia davvero solo intorno a mezzogiorno. Se non si celebrano feste o santi, se non ci sono battesimi o matrimoni, o funerali, né l'arrivo di stranieri illustri né processi importanti, egli farà innanzitutto qualche visita ad amici o una *cassariata*, ossia una passeggiata su e giù per la via Vittorio Emanuele (l'antico Cassaro) per poi raggiungere i suoi simili al Circolo Bellini, detto anche «Casino dei Nobili». Questo club, fondato nel 1769 con l'enfatica denominazione di «Grande conversazione della nobiltà in Palermo», era ancora più esclusivo dei suoi analoghi inglesi. Nel 1854, contava solo centosette membri, molti dei quali, come Lampedusa che scrisse nella biblioteca una parte del *Gattopardo*, vi appartenevano per diritto ereditario. In compenso, vi erano ammesse le donne, vi si davano balli e si ricevevano senza difficoltà gli invitati e gli stranieri di passaggio. Come nei conventi, la diffusione di pettegolezzi e maldicenze costituiva una delle due attività principali. La seconda, più dispendiosa, era il gioco, altra passione comune all'aristocrazia e al popolino siciliano. Ai tempi dei Borboni, i viceré avevano tentato di limitarne gli eccessi, causa della rovina di numerose famiglie patrizie. Ma tasse, restrizioni, divieti non erano serviti a nulla: si continuò a sperperare denaro alla «bassetta» (versione palermitana del faraone), al trenta e quaranta, alla «carretta», allo «scassaquindici», e ad altri giochi pericolosi, compreso il biliardo.

Il Gattopardo fa colazione alle tre. Dopo una piccola siesta, alcune visite e una nuova *cassariata*, si è già fatta sera. Alcuni andranno allo spettacolo che comincia all'«una di notte», cioè un'ora dopo il tramonto; altri torneranno al Casino dei Nobili. Infine, gli aristocratici e le loro mogli, insieme o separatamente, andranno a celebrare un rito ineludibile della società palermitana: la passeggiata, a piedi, a cavallo o in carrozza, a piazza Marina. Nelle belle notti estive, ci si ritirerà (insieme o separatamente) solo all'alba, talora dopo un'ultima *cassariata*. Il rito risaliva al XVIII secolo, e tutti i viaggiatori, a leggere i loro racconti, ne apprezzavano le attrattive. Intorno al 1850, Alexandre Dumas l'aveva descritto con entusiasmo: «Questa è la passeggiata delle carrozze e dei cavalieri, come la Flora è quella dei pedoni. Qui tutti coloro che possiedono un equipaggio sono costretti a venire a fare un giro tra le sei e le sette di sera; del resto, è un obbligo assai gradevole: non c'è nulla di così affascinante come questa passeggiata della Marina, a ridosso di una schiera di palazzi, affacciata su di un golfo comunicante con il mare aperto, avvolta e protetta da una cinta di montagne. Dalle sei di sera alle due del mattino, soffia il *greco*, fresca brezza di nord-est che subentra al vento di terra e ridona le forze a tutta questa popolazione, che sembra destinata a dormire di giorno e a vivere di notte; questa è l'ora in cui Palermo si sveglia, respira e sorride. Riunita quasi per intero su questo bel lungomare, senz'altra luce se non quella delle stelle, incrocia le sue vetture, i suoi cavalieri e i suoi pedoni; e tutti parlano, bisbigliano, cantano come uno stormo di uccelli felici, ci si scambiano fiori, appuntamenti, baci. Tutti si affrettano a ottenere qualcosa, chi l'amore, chi il piacere; tutti gustano la vita appieno, poco curandosi di quella metà dell'Europa che li invidia e di quell'altra metà che li compiange».

Si sarà forse notato un particolare molto insolito, l'assenza di qualsiasi illuminazione. Nel 1770, Patrick Brydon, un viaggiatore inglese, era già stato sorpreso da questo dettaglio: «Al fine di valorizzare il piacere e l'intrigo, l'uso è che nessuno possa farsi accompagnare da un lume...». Se ne concluderà che i costumi degli aristocratici fossero meno rigorosi di quelli dei loro sottoposti, e che essi avvertissero meno gli effetti della terribile gelosia siciliana, causa del celebre «delitto d'onore»? Questo era in

Servizio da caffè in porcellana della manifattura di Coalport, in Inghilterra. La caffettiera è collocata su un présentoir *d'argento (palazzo Gangi, Palermo).*

Il teatro Bellini di Catania. Inaugurato nel 1890 con Norma, *uno dei capolavori del compositore etneo Vincenzo Bellini (1801-1835).*

La Sicilia al tempo dei Gattopardi

*Giulia Mantegna
di Gangi in costume Impero.*

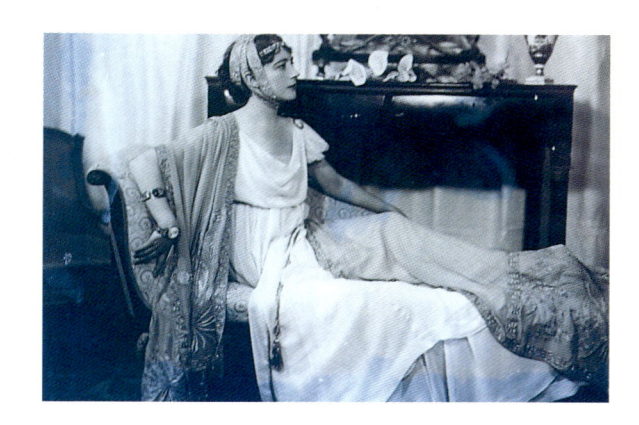

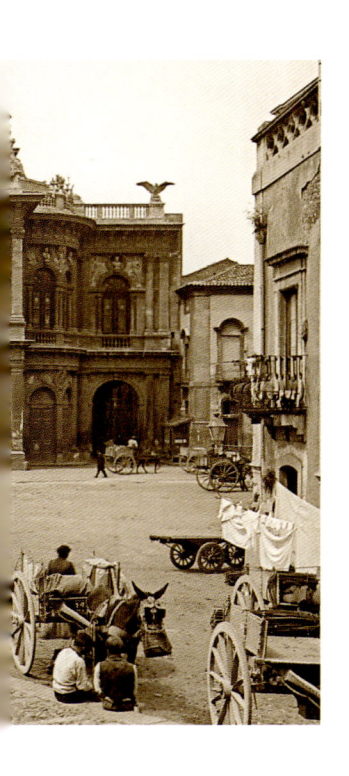

ogni caso il parere di Vivant Denon che, nella stessa epoca e almeno per quanto riguardava le classi superiori, annoverava «la loro famosa gelosia tra le cose di cui si parla ancora due secoli dopo che esse sono scomparse». Si può supporre che la fine del XIX secolo fosse più «vittoriana» a tale riguardo, ma se si seguono le peregrinazioni del Gattopardo che va a trovare la sua amante, Mariannina, si constata che esse lo conducono verso Santa Maria della Catena, a due passi da piazza Marina…

«I palermitani, scrive da qualche parte Lampedusa, sono dopo tutto degli italiani…». Se ne dedurrà, nel caso specifico, che i Gattopardi non potevano che condividere la passione di una nazione che ha dato al mondo la commedia dell'arte, l'opera, il bel canto e il loro contenitore, il teatro giustamente detto «all'italiana». Il gusto per queste cose era forse un po' meno diffuso che a Catania, patria della dinastia musicale dei Bellini, ma, a metà del XIX secolo, esistevano a Palermo una buona decina di teatri, tra cui quello di Santa Cecilia, il più antico, fondato nel 1693, e il più prestigioso, il Real Teatro Carolino, diretto da Donizetti nella stagione 1825-1826.

Ma né la scena del Carolino né quella di Santa Cecilia erano adatte alle «grandi macchine» romantiche. Nell'epoca dell'*Aida*, della *Gioconda* e del *Tannhäuser*, fu quindi deciso di costruire un teatro adeguato. In realtà, si iniziò a costruirne due, uno per i nobili e l'alta borghesia, l'altro per il popolo, uno di destra e l'altro di sinistra, uno cattolico e l'altro anticlericale… Il primo si chiamerà Teatro Massimo, il secondo, come d'uopo, Politeama Garibaldi. In verità, questa battaglia campanilistica doveva occupare le conversazioni del Casino dei Nobili per tutto l'ultimo quarto del XIX secolo. Iniziato nel 1866, il Politeama fu consegnato – ma senza tetto – nel 1874 e coperto nel 1877. Quanto al Massimo, sostenuto dai Gattopardi, il concorso fu bandito nel 1864, la prima pietra posata nel 1875 e la sala – non ancora completata – inaugurata con il *Falstaff* nel… 1897.

Dall'invenzione del palco, fondamento del teatro all'italiana, quest'ultimo aveva rappresentato uno spazio che riuniva e insieme separava le diverse classi sociali. Ma a Palermo, se si dà credito a Fulco di Verdura, i palchi erano distribuiti secondo una «mistica basata sul più intenso snobismo». Nella prima fila di palchi prendevano posto gli ufficiali, gli alti funzionari, i rappresentanti municipali o del governo. L'aristocrazia occupava tutta la seconda fila, anche se si lasciava al prefetto il palco di proscenio sulla destra. Di fronte, il palco di proscenio a sinistra e i tre palchi successivi erano riservati alla «Barcaccia» del Circolo Bellini, «aristocratico nido dei viveurs palermitani» e equivalente locale dei dandies

La giornata di un Gattopardo 83

del Jockey Club... La terza fila non ci riguarda: vi si vedeva l'alta borghesia, i veri ricchi, potenti fuori, ma trascurabili dentro la sala. Non si dirà nulla della quarta fila né del parterre, letteralmente *unspeakable* per gli anglomani palermitani. In compenso, la quinta fila costituiva una zona molto particolare, una sorta di limbo del mondo dei Gattopardi. Vi si ritrovavano, assicura Fulco di Verdura, le famiglie in lutto che non potevano comparire nel loro palco abituale, i figli di famiglia troppo malvestiti, le fanciulle che non avevano ancora fatto il loro ingresso in società e i principi o i marchesi rovinati, troppo poveri per permettersi un palco del secondo ordine, ma troppo orgogliosi per insediarsi altrove. Occorre precisare che il pubblico del Massimo, nell'insieme di tutte le sue categorie, passava per uno dei più turbolenti e dei più difficili d'Italia.

Sempre attenti a delimitare il loro territorio a teatro o nei loro luoghi di riunione, i Gattopardi si mescolavano tuttavia al popolo nelle feste che ritmavano il calendario siciliano. A Palermo, sulla piazza della cattedrale, «principi e artigiani, principesse e mercanti» si incontravano senza troppe cerimonie in maggio, durante la fiera di santa Cristina. E lo stesso accadeva in occasione delle grandi celebrazioni religiose e, soprattutto, nei cinque giorni della festa di santa Rosalia, dall'11 al 15 luglio. Questi festeggiamenti, una vera e propria istituzione, rappresentavano il momento *clou* dell'anno palermitano. Nel 1783, Caracciolo, il viceré riformatore, aveva deciso, per principio e per economia, di ridurre da cinque a tre giorni la durata della festa. Ma incontrò forti opposizioni sia nella nobiltà che nel popolo, strettamente uniti. Su tutti i muri intorno al Palazzo reale, si poté leggere la scritta: «O festa o testa!». Alla fine i Palermitani ebbero sia la loro festa che, in senso figurato, la testa del viceré, richiamato a Napoli. L'apice della festa di santa Rosalia era un gigantesco carro, il *festinu*, che veniva trainato dal Palazzo reale alla Marina. Nel XIX secolo, a dispetto delle economie (costava poco meno dell'equivalente di duecentomila euro), continuava a offrire uno spettacolo impressionante, come attesta Alexandre Dumas: «S'incominciava già a intravedere all'estremità della via del Cassaro, pressappoco a un terzo della quale ci eravamo sistemati: avanzava in modo lento e maestoso, trainato da cinquanta buoi bianchi con le corna dorate; la sua sommità raggiungeva le case più alte, e oltre alle figure dipinte o in cartapesta e in cera di cui era coperto, poteva contenere, su due piani differenti e su una specie di prua slanciata in avanti, simile a quella di una nave, da centoquaranta a centocinquanta persone, alcune delle quali suonavano ogni tipo di strumenti, mentre le altre cantavano o gettavano fiori.

Una processione a Monreale. Si può rimanere sorpresi dalle manifestazioni barocche, orientali, della religione siciliana. Ma essa non è per questo meno sincera.

Particolare di una striscia da tavola (palazzo Ugo, Palermo).

Sebbene la sua enorme mole fosse in gran parte composta di orpelli e ornamenti, essa risultava assai imponente. Il nostro ospite si accorse dell'effetto favorevole che la gigantesca macchina produceva su di noi; ma, scotendo dolorosamente la testa, invece di lasciarci nella nostra ammirazione, si lamentò amaramente della fede decrescente e della crescente avarizia dei suoi concittadini. Il carro, infatti, che oggi raggiungeva appena i tetti dei palazzi, un tempo superava i campanili delle chiese; era così pesante che occorrevano cento buoi invece di cinquanta per trainarlo; era così largo e carico di ornamenti che sfondava sempre una ventina di finestre. Infine, avanzava in mezzo a una tale folla che spesso, al suo arrivo alla piazza della Marina, si lasciava alle spalle un certo numero di persone rimaste schiacciate. Tutto questo, si capisce, dava alle feste di santa Rosalia una reputazione assai superiore a quella di cui godono oggi, e lusingava molto l'amor proprio degli antichi palermitani [...].
Immediatamente dopo il carro, venivano le reliquie di santa Rosalia, chiuse in una cassa d'argento e poste su di una specie di catafalco portato da una dozzina di persone, che si davano il cambio e avanzavano affettando un'andatura goffa, simile a quella delle oche. Domandai la causa di questo singolare modo di procedere, e mi fu risposto che ciò dipendeva dal fatto che santa Rosalia aveva un leggero difetto nella figura.

Dietro questa cassa, ci attendeva uno spettacolo ancora più strano e più inspiegabile: le reliquie di san Giacomo e san Filippo, credo, portate da una quarantina di uomini che alternavano corse a perdifiato a brevi soste. Queste soste servono loro a lasciare una distanza di un centinaio di passi tra loro e le reliquie di santa Rosalia; appena questo intervallo è raggiunto, si rimettono di nuovo a correre, fermandosi solo quando non possono avanzare oltre; allora si fermano ancora per ripartire un attimo dopo, e il trasporto delle reliquie dei due santi si svolge così, tra corse e soste, dal momento della partenza a quello dell'arrivo [...].

Dopo le reliquie di san Giacomo e di san Filippo venivano quelle di san Nicola, portate da una decina di uomini che danzavano, quasi a ritmo di valzer. Essendoci sembrato piuttosto strano questo modo di rendere omaggio alla memoria di un santo, ne chiedemmo spiegazione: la risposta fu che, essendo stato san Nicola in vita una natura assai gioviale, non si era trovato di meglio di questa marcia coreografica, che ne richiamava perfettamente la gaiezza di carattere.

Dietro san Nicola, veniva infine il popolo, che camminava come gli pareva.

Questa marcia trionfale, iniziata verso mezzogiorno, si concluse solo

Particolare di ventaglio del XVIII secolo (palazzo Alliata di Pietratagliata, Palermo).

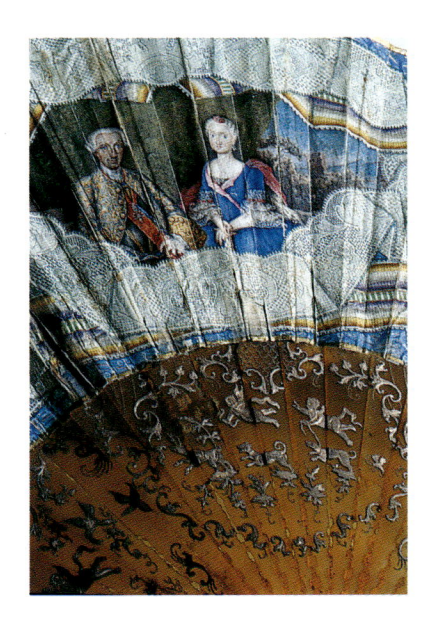

La giornata di un Gattopardo

verso le cinque. Allora le carrozze ripresero a circolare per le strade; cominciava la passeggiata della Marina».

Ma la giornata del Gattopardo culminava nel ricevimento offerto da uno dei suoi simili – o, all'occasione, da lui stesso. Il lusso inaudito di questi festeggiamenti era, in Sicilia, una tradizione che risaliva al XVI secolo, e tutti i viaggiatori, come ad esempio il conte de Borch, che visitò l'isola nel 1777, consideravano «impossibile fare le cose con più magnificenza, più gusto, più raffinatezza voluttuosa». L'orgoglio di apparire e il piacere dell'ospitalità si coniugavano nel condurre al suo culmine un senso della festa dalle evidenti origini orientali. Questa autentica follia fu per la verità una delle principali cause della rovina delle grandi famiglie. Nel maggio 1799, ad esempio, Ercole Michele Branciforte, principe di Butera, un Lanza, fece venire a dorso di mulo cinque tonnellate di neve dall'Etna (alto 3000 metri e distante più di 200 chilometri da Palermo), unicamente per i gelati e i sorbetti destinati a un festino con trecento invitati, che comportava un centinaio di portate, alcune delle quali assai rare, come il *foie gras* o la murena. Ma lo stesso Gattopardo doveva pagare ogni anno circa tre milioni e mezzo dei nostri euro per gli interessi delle ipoteche accese sui suoi – immensi – possedimenti.

Se si dà credito al capitolo in cui Lampedusa descrive il ricevimento presso il principe Ponteleone, il fasto degli aristocratici del XIX secolo non sfigurava di fonte a quello dei loro avi. Il lusso non era soltanto quello dei piatti di estrema ricercatezza («monotona opulenza», «le piramidi dei dolci... mai consumati»), ma era in ogni particolare: l'esercito dei servitori in livrea, brache e calze di seta, impeccabilmente imparruccati, il numero e le dimensioni dei salotti (per il suo film, Visconti utilizzò quelli di palazzo Gangi), la bellezza delle tappezzerie, lo splendore delle dorature ravvivate dalle luci («Ritte sugli alti piedistalli di metallo rilucente, sei figure di atleti e sei di donne, alternate, reggevano al disopra delle loro teste il fusto d'argento dorato, coronato in cima dalle fiamme di dodici candele»), l'enorme quantità di argenteria spiegata per la circostanza: posaterie, piatti di portata, vassoi, zuppiere, insalatiere, compostiere, trionfi – «Chissà a quante "salme" di terra equivarranno, avrebbe detto» – rimugina fra sé il Gattopardo – «l'infelice Sedàra». Per non parlare dei fiori, il cui eccezionale splendore è banale in Sicilia.

Non si andrà via prima delle sei. Alcuni ospiti, come il Gattopardo che non balla quasi più, avrebbero forse preferito andare a letto prima, ma sarebbe stato «come proclamare che la festa non era riuscita e offendere i padroni di casa che, poveretti, si erano data tanta pena».

Donna Francesca Licata di Baucina e don Biagio Licata di Baucina in uniforme di diplomatico dell'epoca del Regno delle Due Sicilie, in occasione di un ballo in maschera avente per tema la Sicilia al tempo di Nelson e di Lady Hamilton.

Particolare di un abito di corte (1790, palazzo Malvagna, Palermo).
Pagina di destra: Galleria degli specchi *(palazzo Gangi, Palermo).*

86 *La Sicilia al tempo dei Gattopardi*

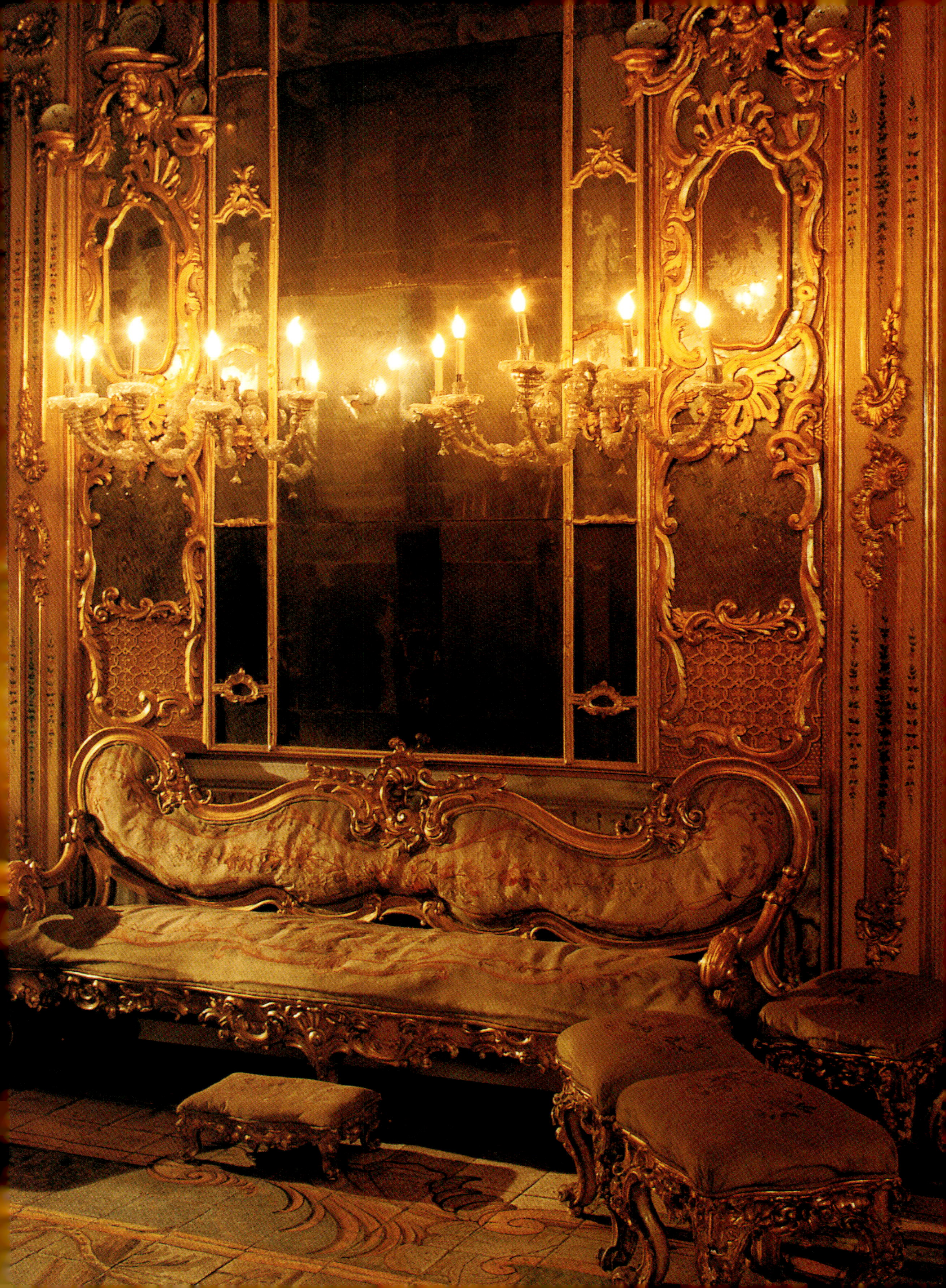

Il servizio di porcellana finissima che poteva bastare per sessanta coperti – e credo che circa tanti dovettero essere – era della manifattura francese del conte di Artois. Fabbrica che lavorò poco tempo e che poteva rivaleggiare con quella di Sèvres. Si componeva di centinaia di pezzi, ricchissimi di accessori: coppe, vasi da ghiacciare i vini, cestini per la frutta, ampolle, saliere di svariatissime forme, decorate di minuscoli fiordalisi azzurri e tulipani rosa, con bordi di festoni in allori e piccole bacche rosse, ornati di anse e volute di fogliami dorati.

Dacia Maraini, *Bagheria*

In alto: *Sulla credenza della sala da pranzo della villa Spedalotto, a Bagheria, un samovar d'argento e piatti in porcellana della Compagnia delle Indie.*
Qui a fianco: *Piattino e confettiera di Meissen (palazzo Lanza Tomasi).*
Pagina di destra: *La sala da pranzo di palazzo Gangi rinnovata da Marianna Valguarnera. Il soffitto è opera di Giuseppe Velasco o Velasquez (1750-1827), pittore palermitano che ornò con le sue composizioni numerose chiese siciliane. Sul tavolo, un candeliere alla maniera di Cellini.*
Doppia pagina seguente: *Piatti di porcellana di Parigi e bomboniere in vetro di Murano sono diposte sulle consolles neoclassiche.*

La Sicilia al tempo dei Gattopardi

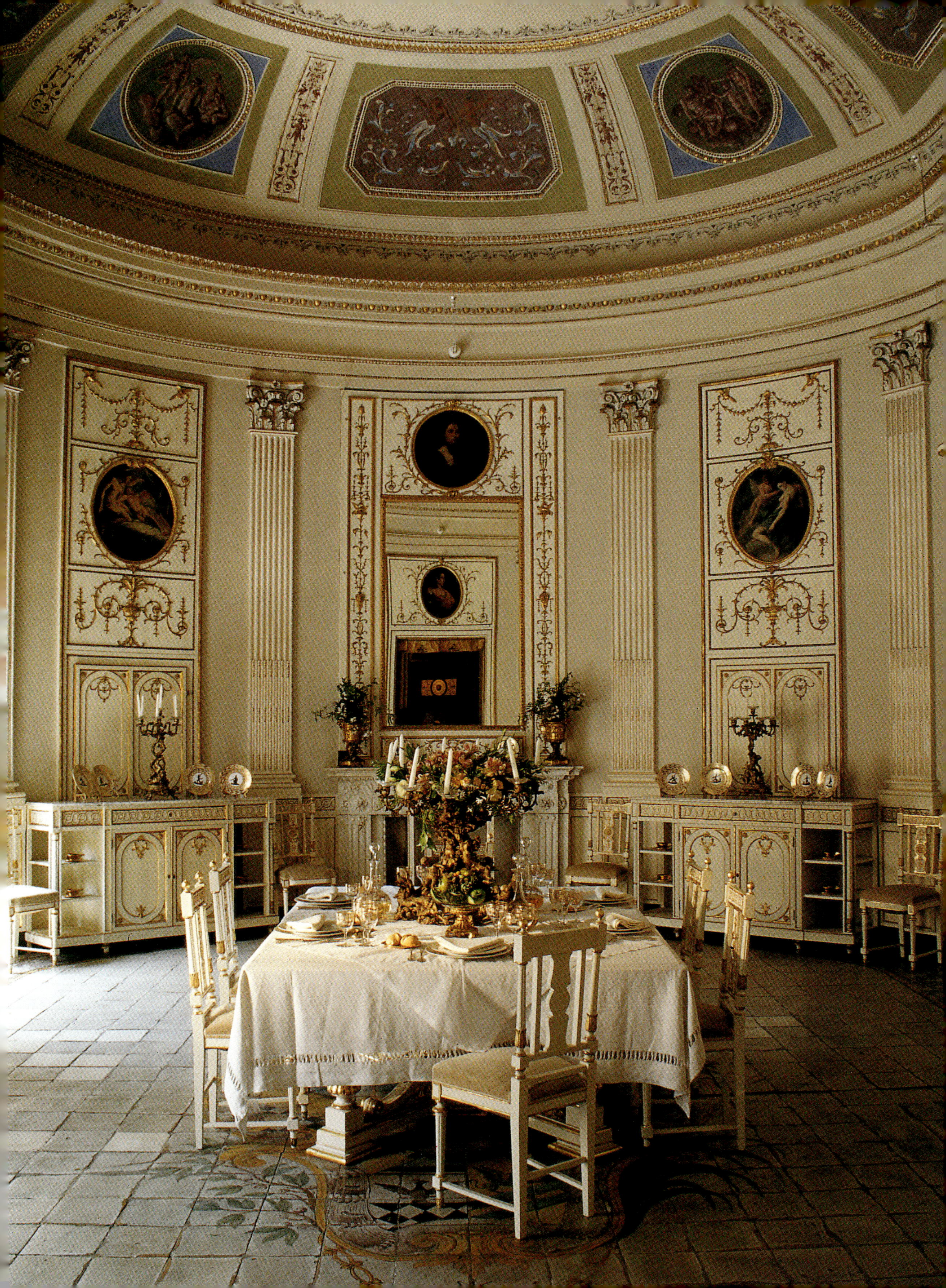

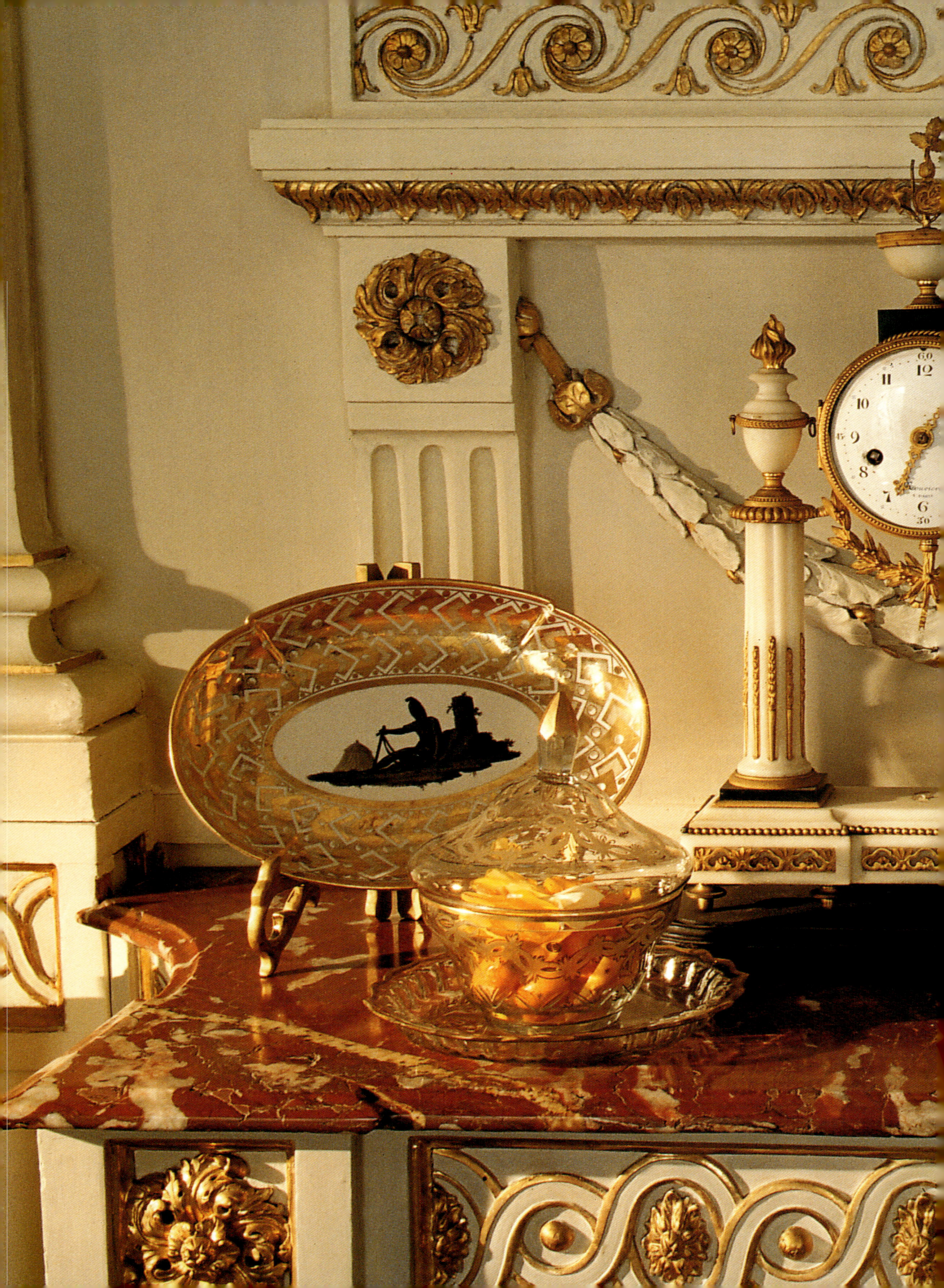

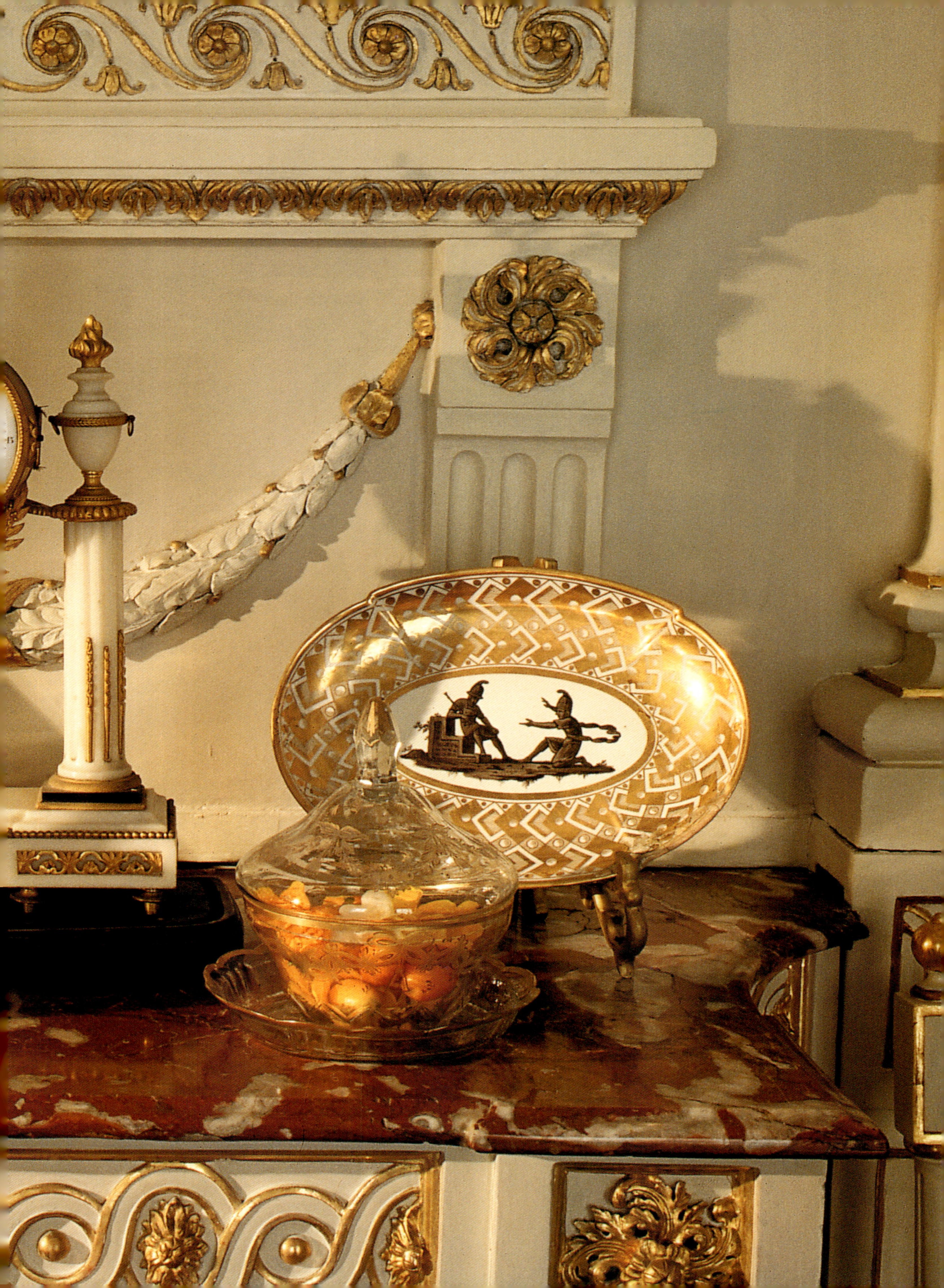

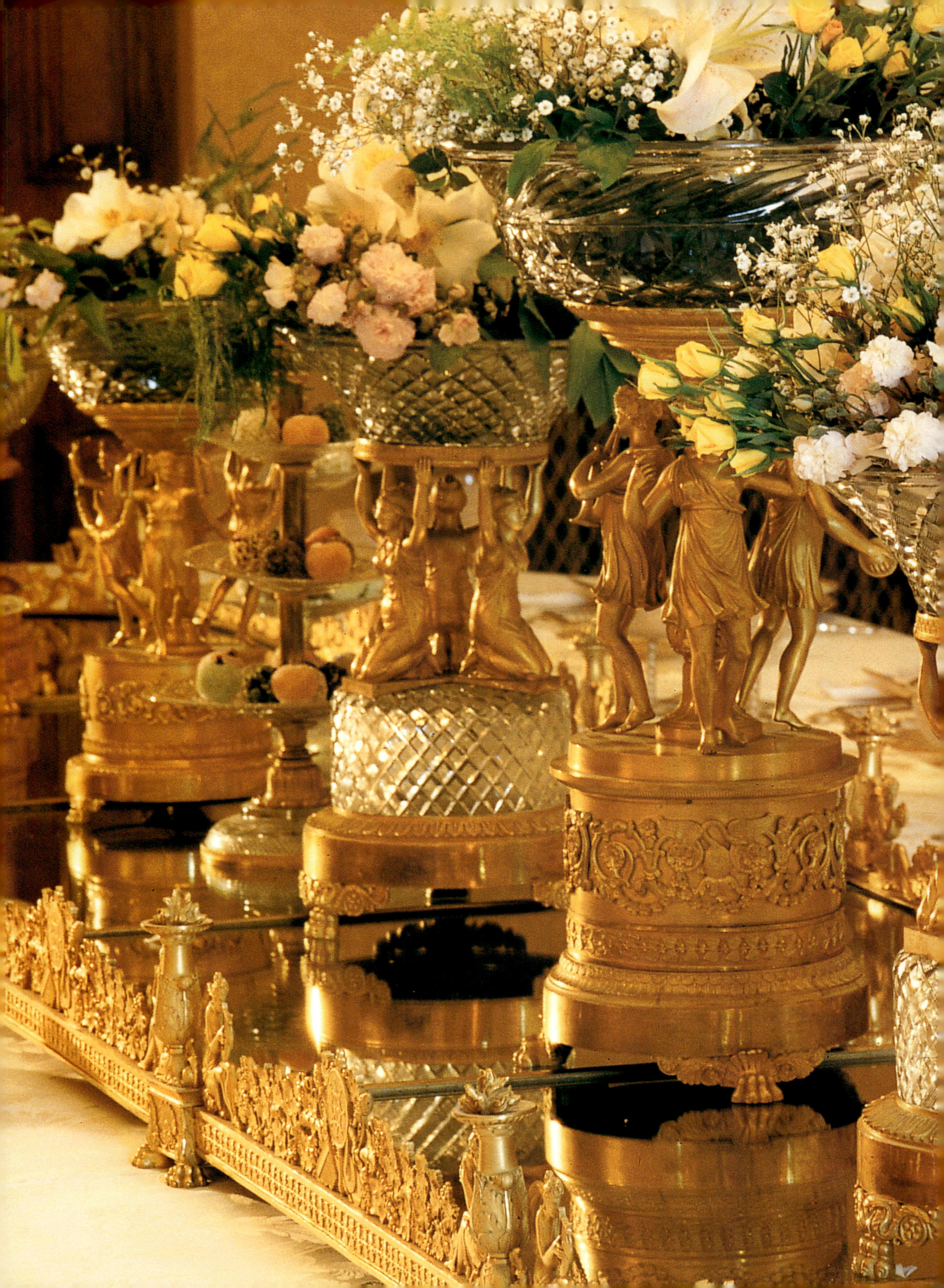

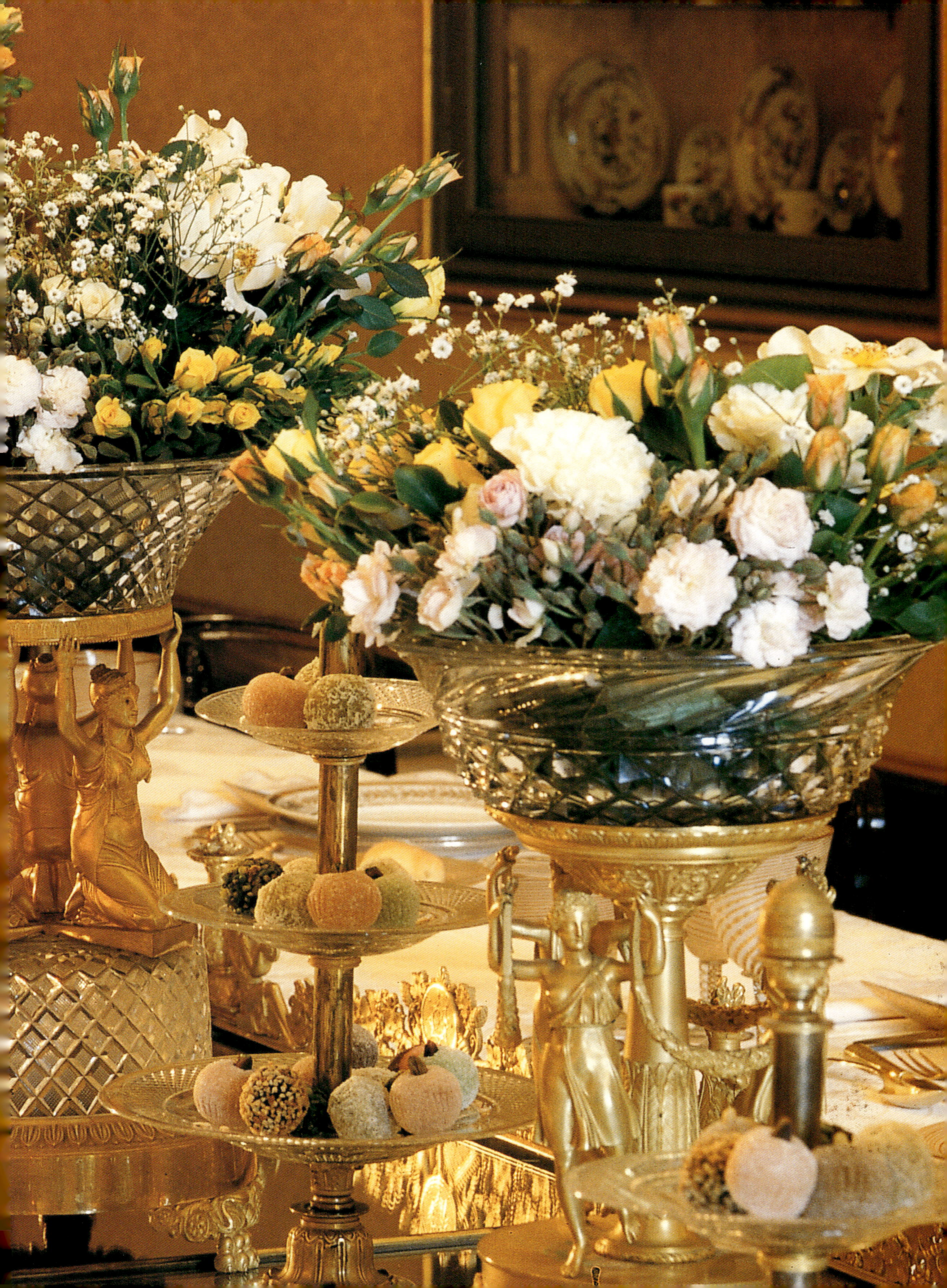

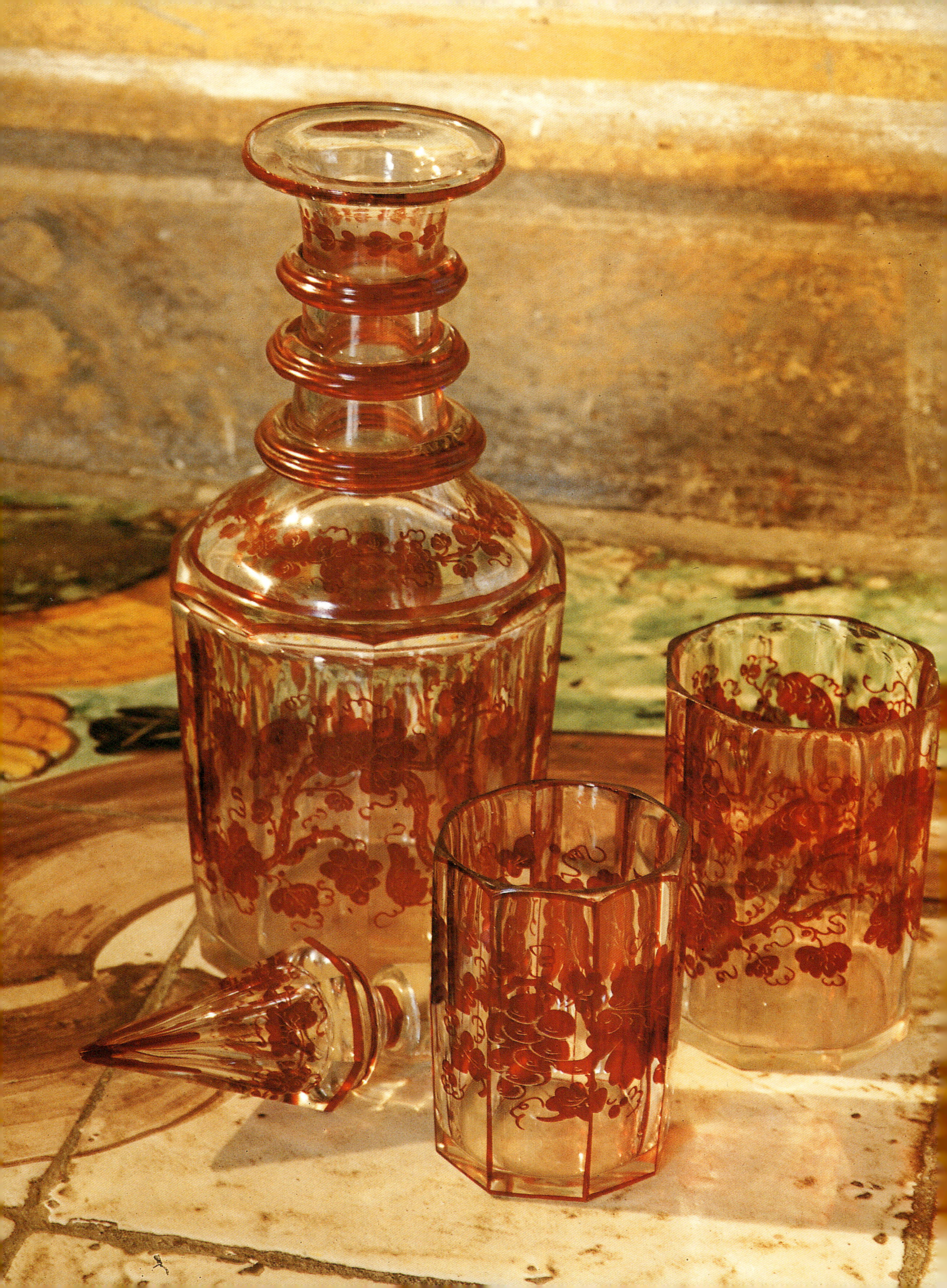

Doppia pagina precedente:
Striscia da tavola Impero in cristallo e bronzo dorato attribuita a Philippe Tomir (Les Grâces). *Ne esiste un altro esemplare a La Malmaison (palazzo Ugo).*
Pagina di sinistra:
Servizio in cristallo di Saint-Louis, 1800 (villa Alliata Pietratagliata).

Qui sopra: *Servizio in vetro di Murano policromo detto «del cane da muta» composto da ottanta pezzi; piccoli oggetti in vetro di Murano usati per indicare il posto a tavola di ciascun commensale.*

Doppia pagina seguente:
Centritavola in porcellana di Meissen (palazzo Malvagna, Palermo).

La giornata di un Gattopardo 95

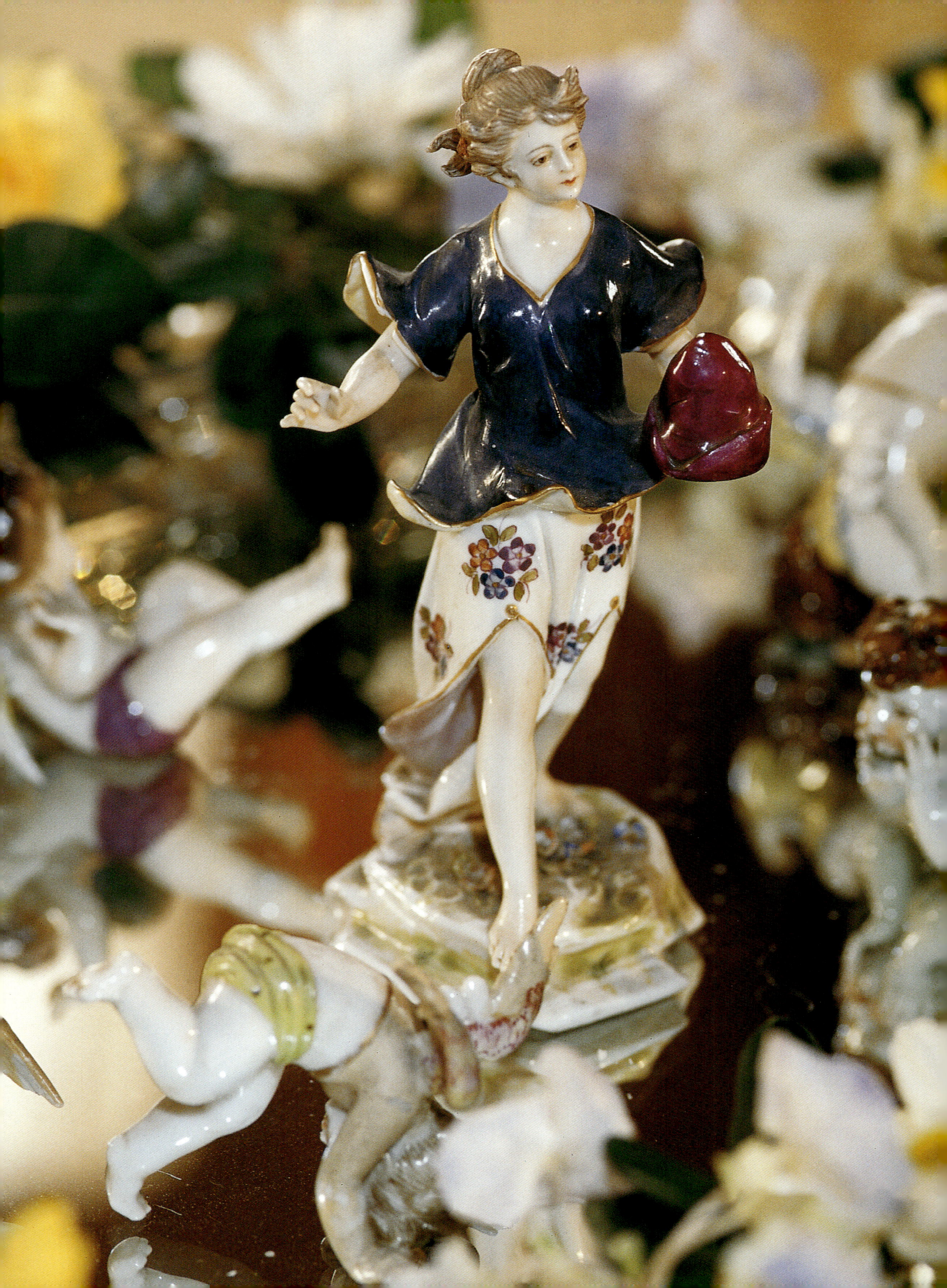

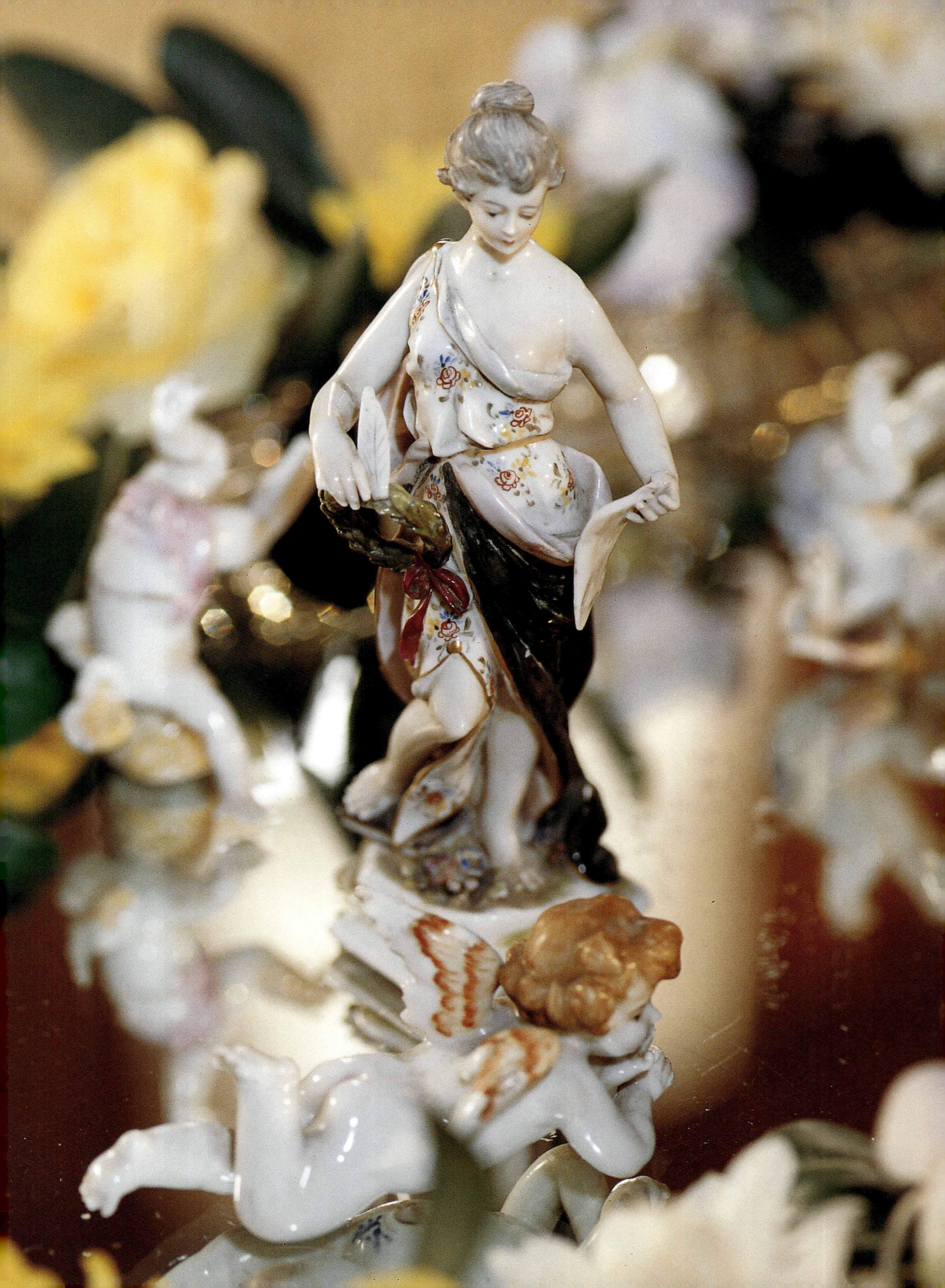

La sala da ballo era tutta oro: liscio sui cornicioni cincischiato nelle inquadrature delle porte, damaschinato chiaro quasi argenteo su meno chiaro nelle porte stesse e nelle imposte che chiudevano le finestre e le annullavano conferendo così all'ambiente un significato orgoglioso di scrigno escludente qualsiasi riferimento all'esterno non degno. Non era la doratura sfacciata che adesso i decoratori sfoggiano, ma un oro consunto, pallido come i capelli di certe bambine del Nord, impegnato a nascondere il proprio valore sotto una pudicizia ormai perduta di materia preziosa che voleva mostrare la propria bellezza e far dimenticare il proprio costo; qua e là sui pannelli nodi di fiori rococò di un colore tanto svanito da non sembrare altro che un effimero rossore dovuto al riflesso dei lampadari.
Tomasi di Lampedusa, *Il Gattopardo*

Giulia Alliata di Montereale, principessa di Gangi, in abito da ballo.

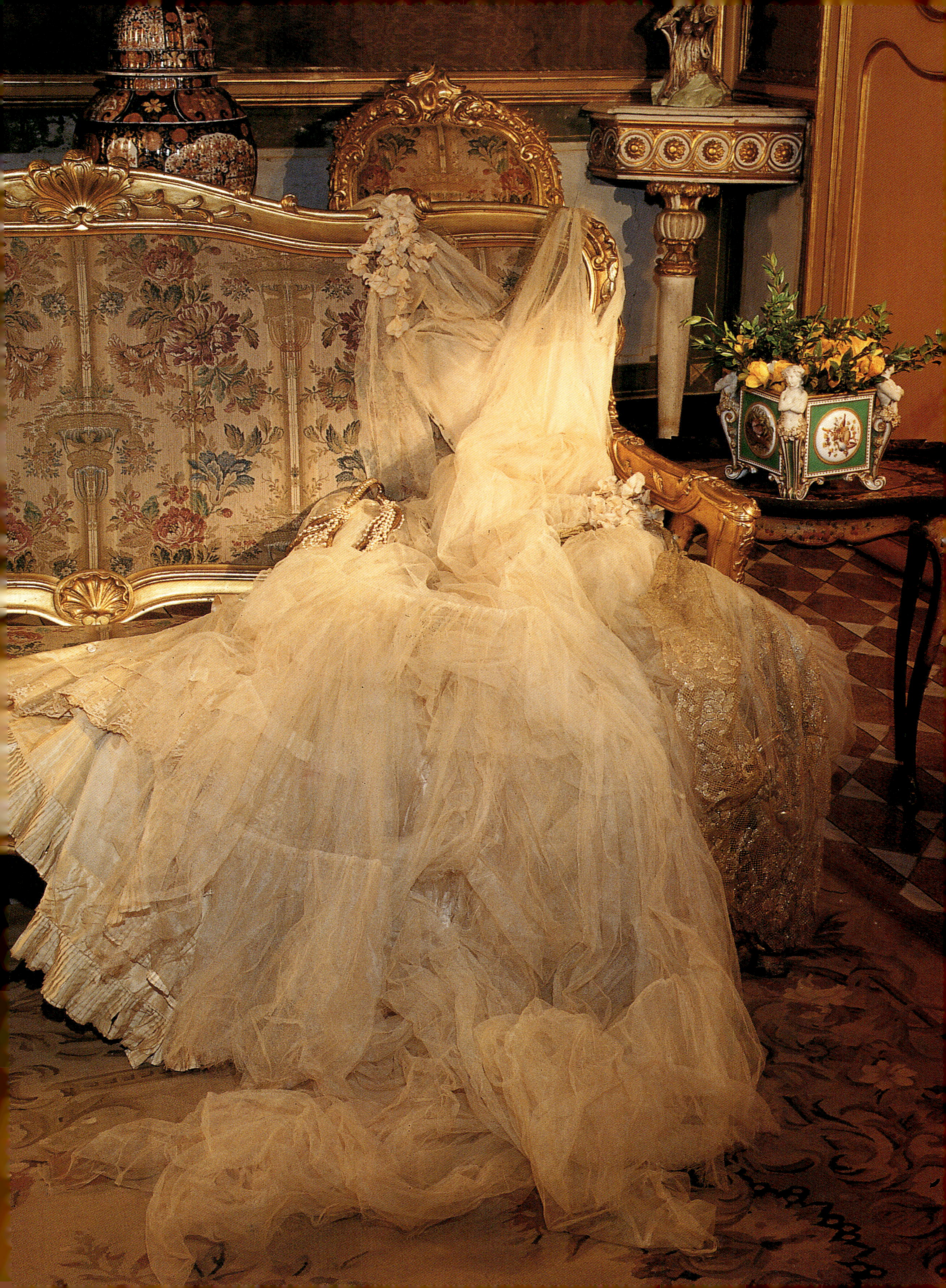

Doppia pagina seguente:
A destra, *La marchesa
Giulia Paternò di Spedalotto
al ballo «Maria Antonietta»
posa nel gabinetto cinese
di palazzo Gangi, Palermo.*
A sinistra: *divanetto di stile
siciliano baroccheggiante ricoperto
da una tappezzeria a punto
d'Aubusson nella galleria
degli specchi di palazzo Gangi.
Minni di vergini,
dolci tradizionali
ripieni di cioccolato
e di frutta candita.*

Qui sopra: *Caterina Ugo
marchesa Delle Favare.*
Qui accanto: *Una péniche
caratteristica del
periodo Napoleone III,
in uno dei salotti del
palazzo Ajutamicristo.*
Come in Spagna,
per evidenti ragioni
climatiche, il ventaglio
non era soltanto
un accessorio di moda.
Strumento indispensabile,
si prestava a una gamma
infinita di variazioni.

100 *La Sicilia al tempo dei Gattopardi*

Pagina 104: *Costume
in stile Rinascimento
(collezione Malvagna).*

La giornata di un Gattopardo 101

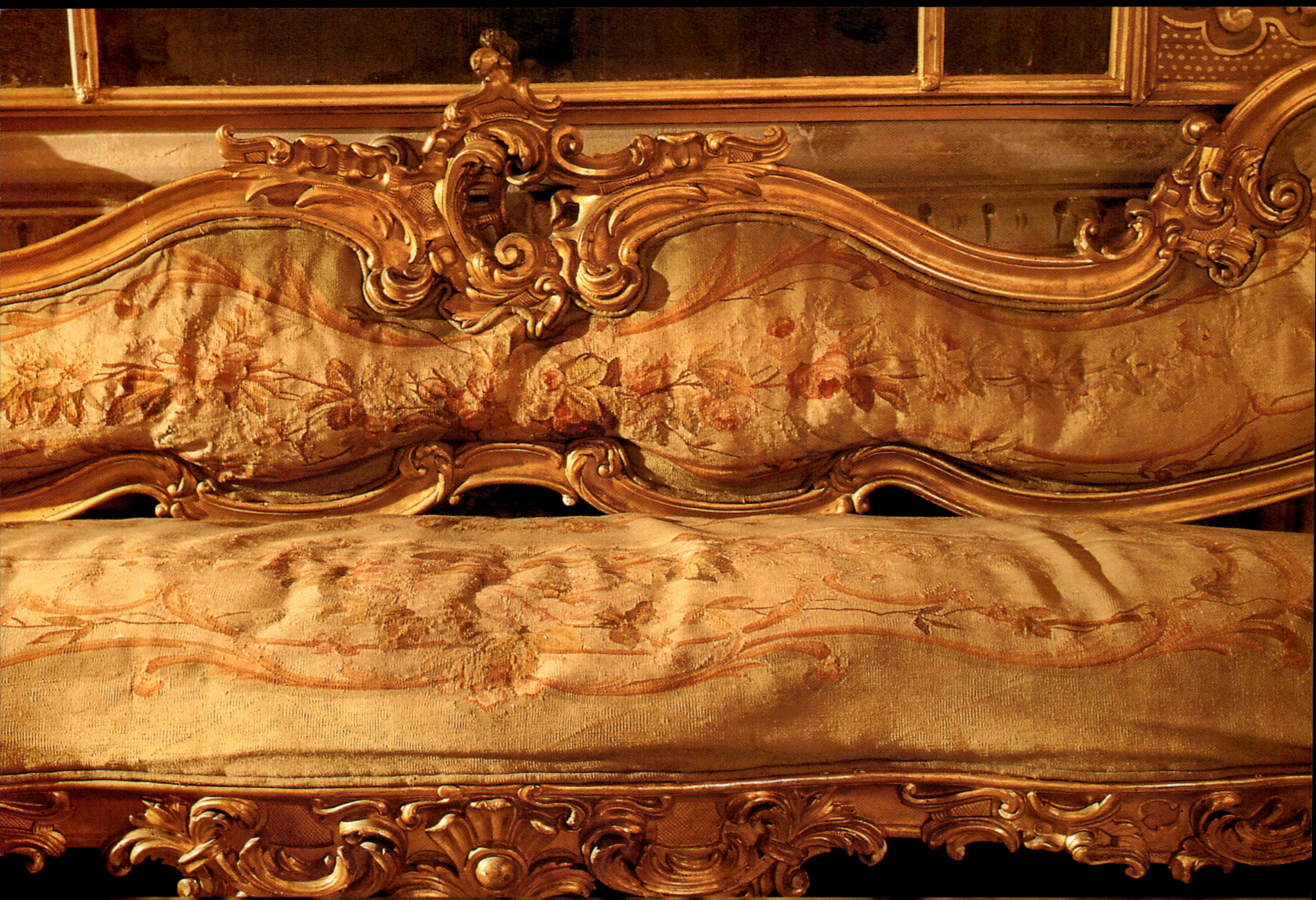

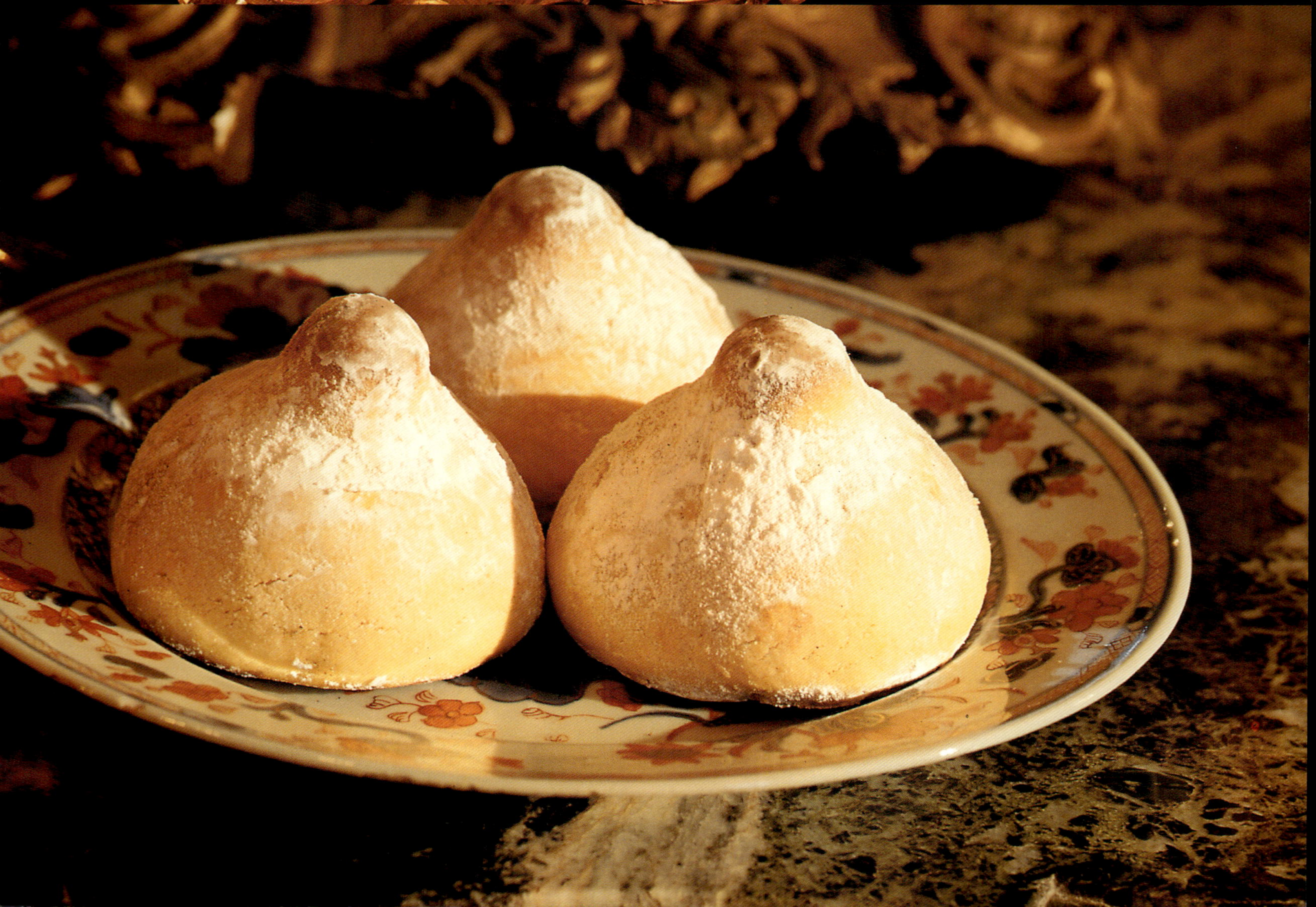

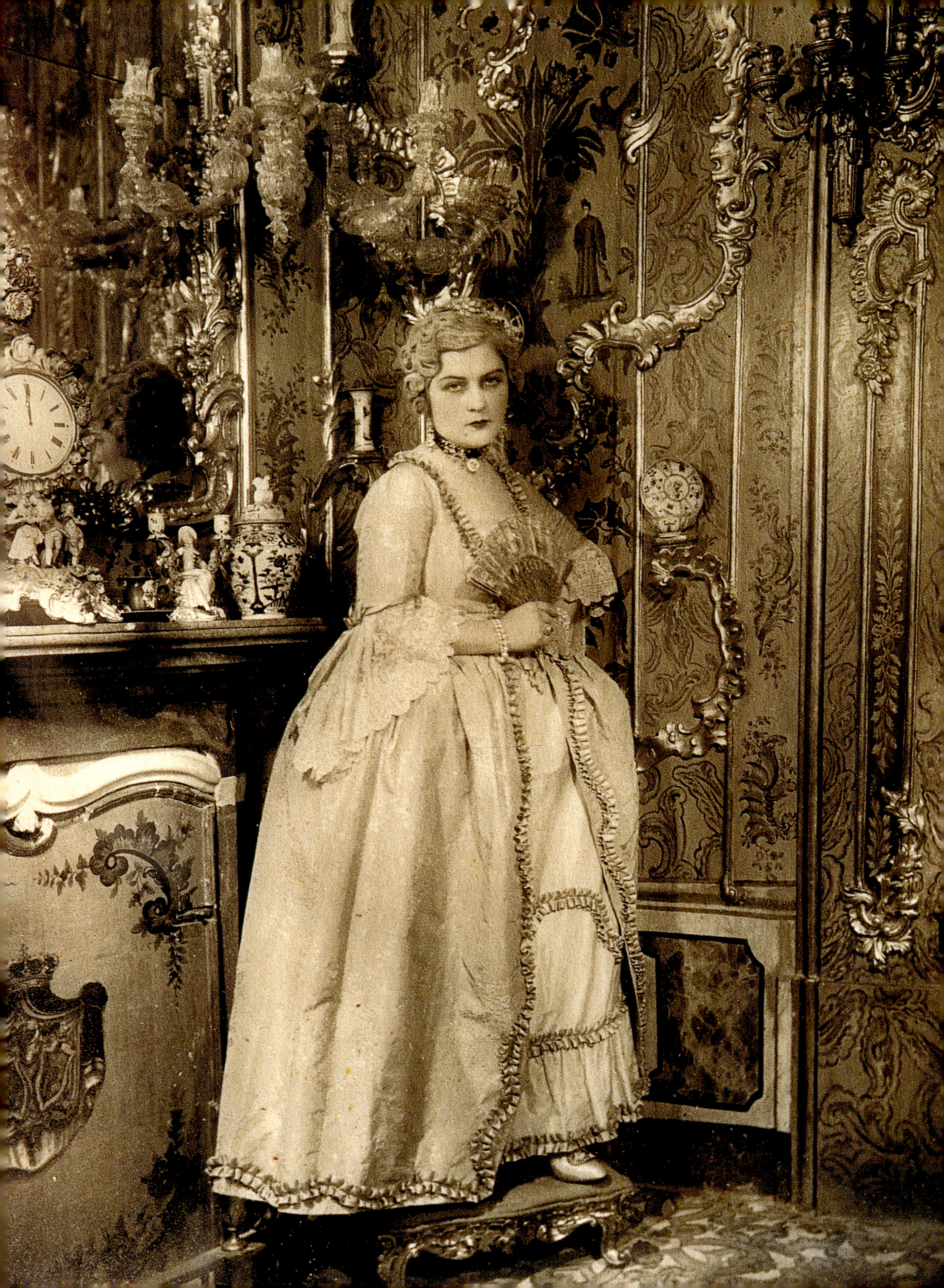

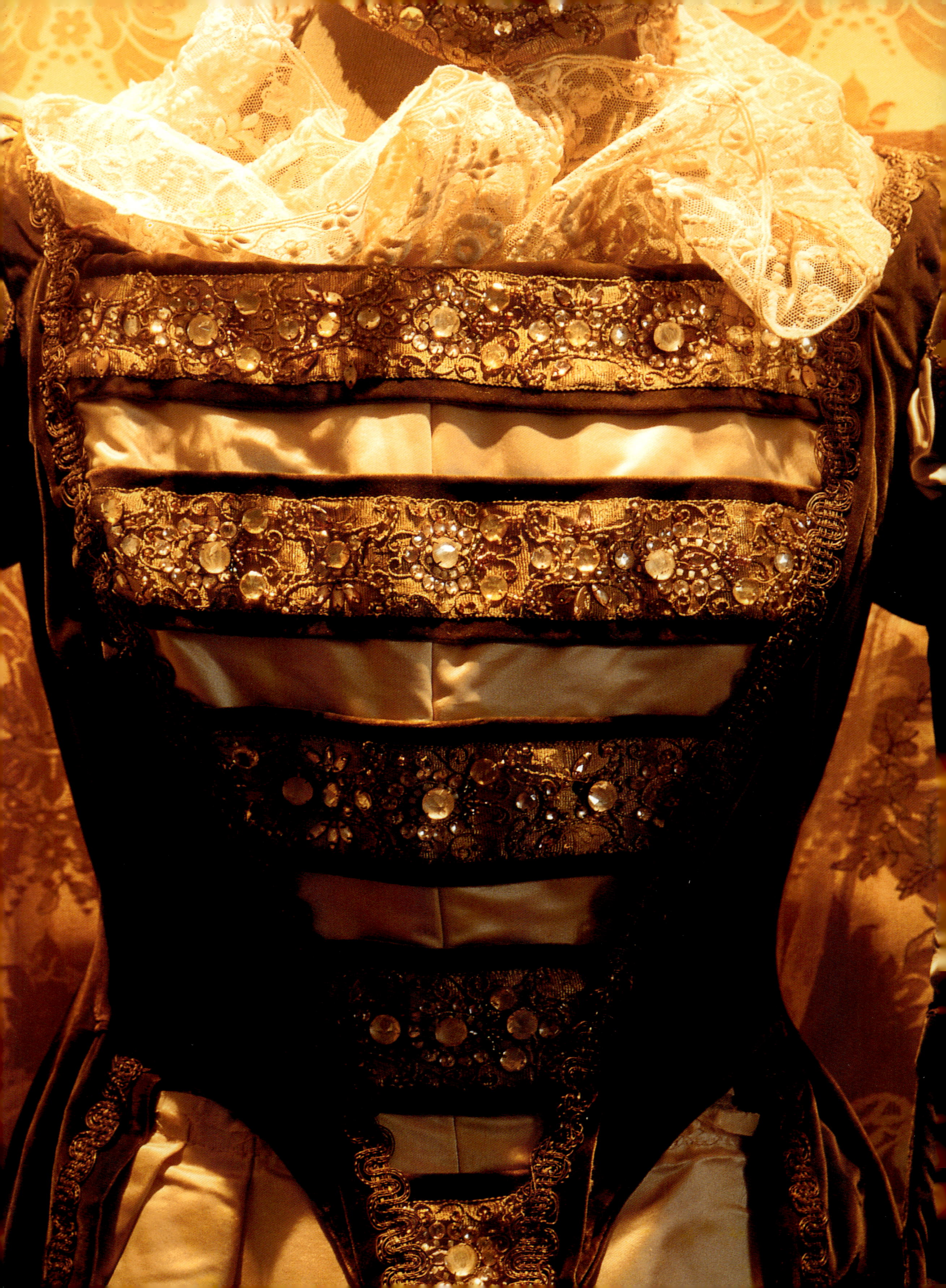

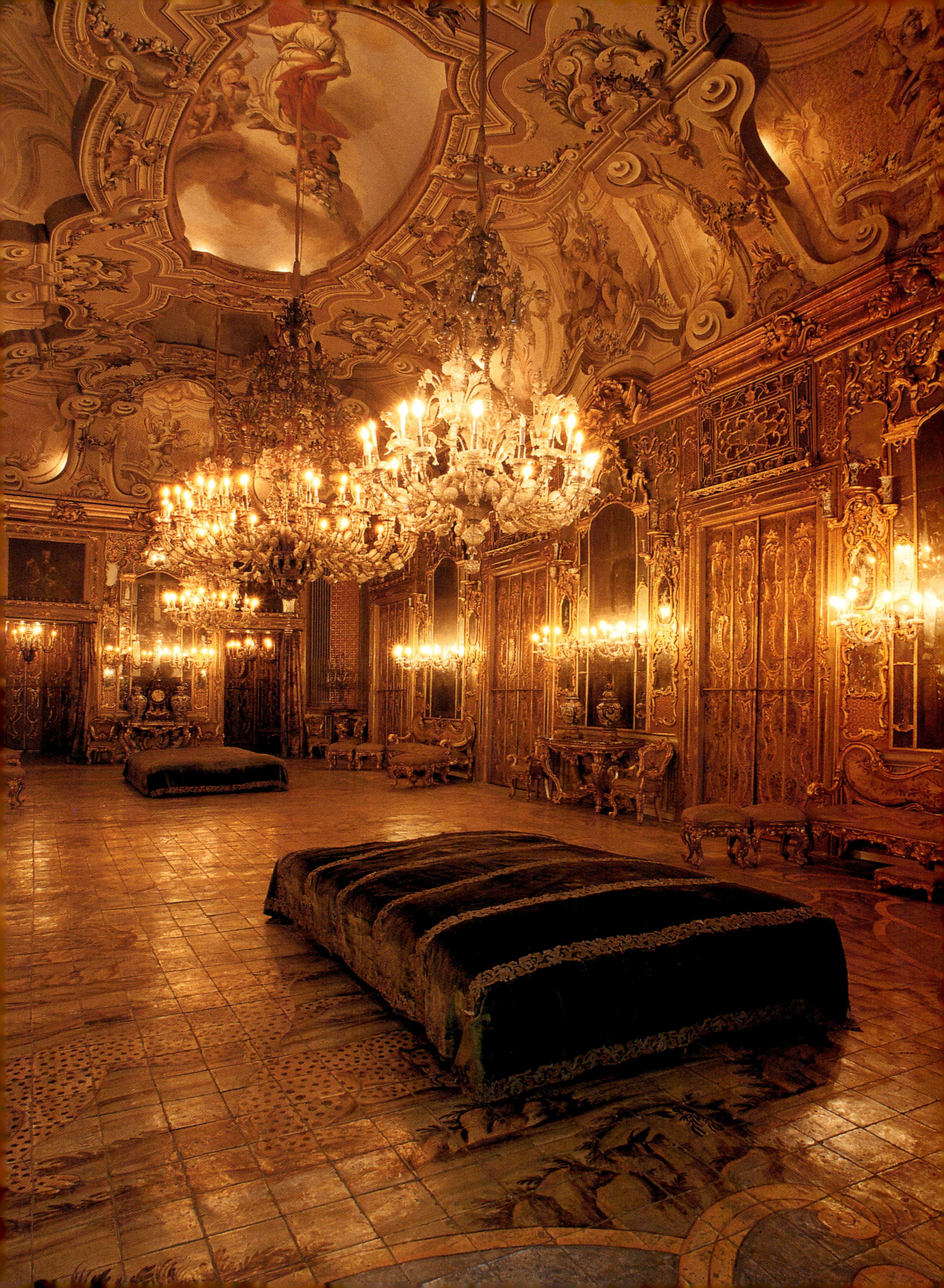

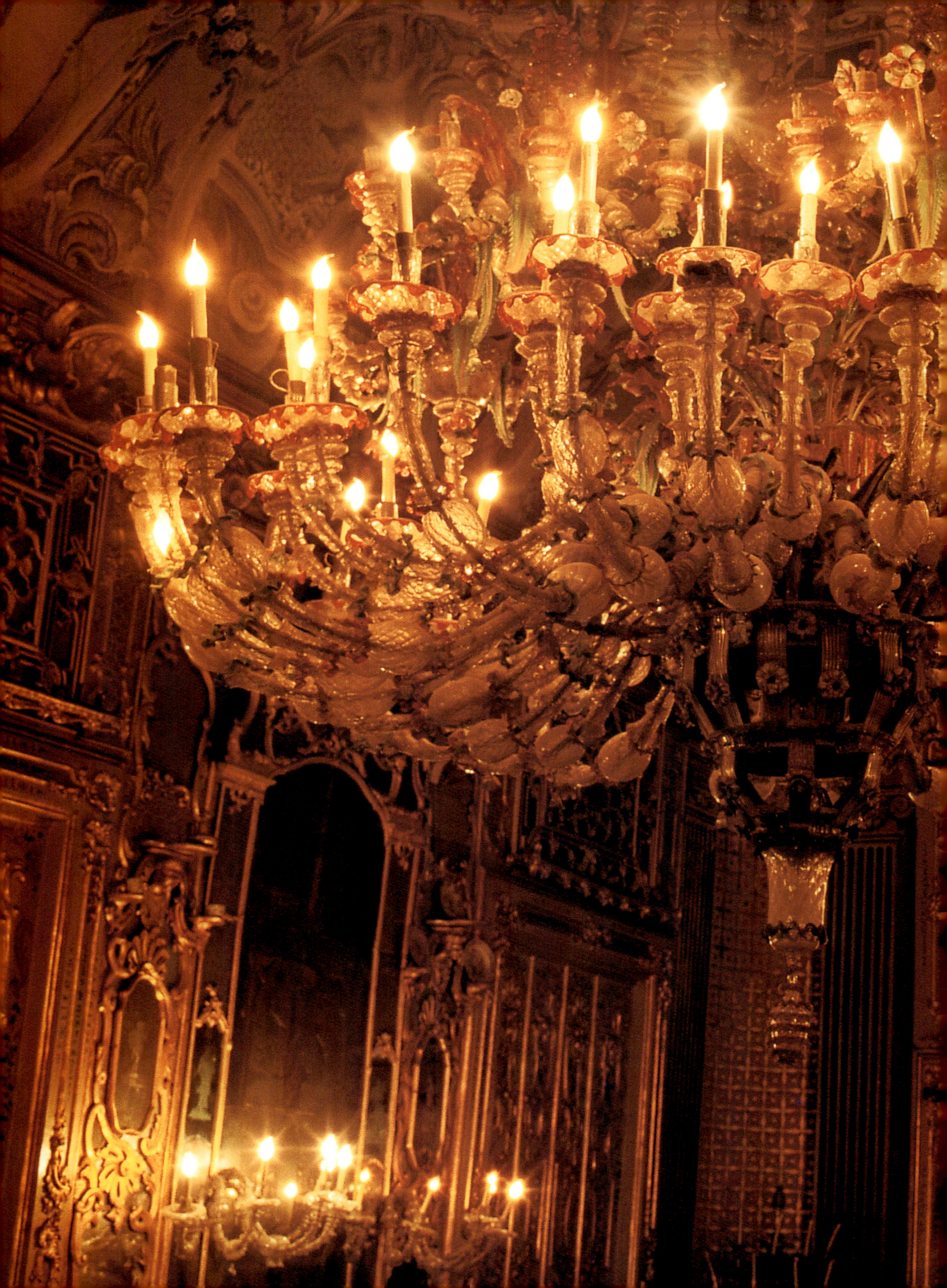

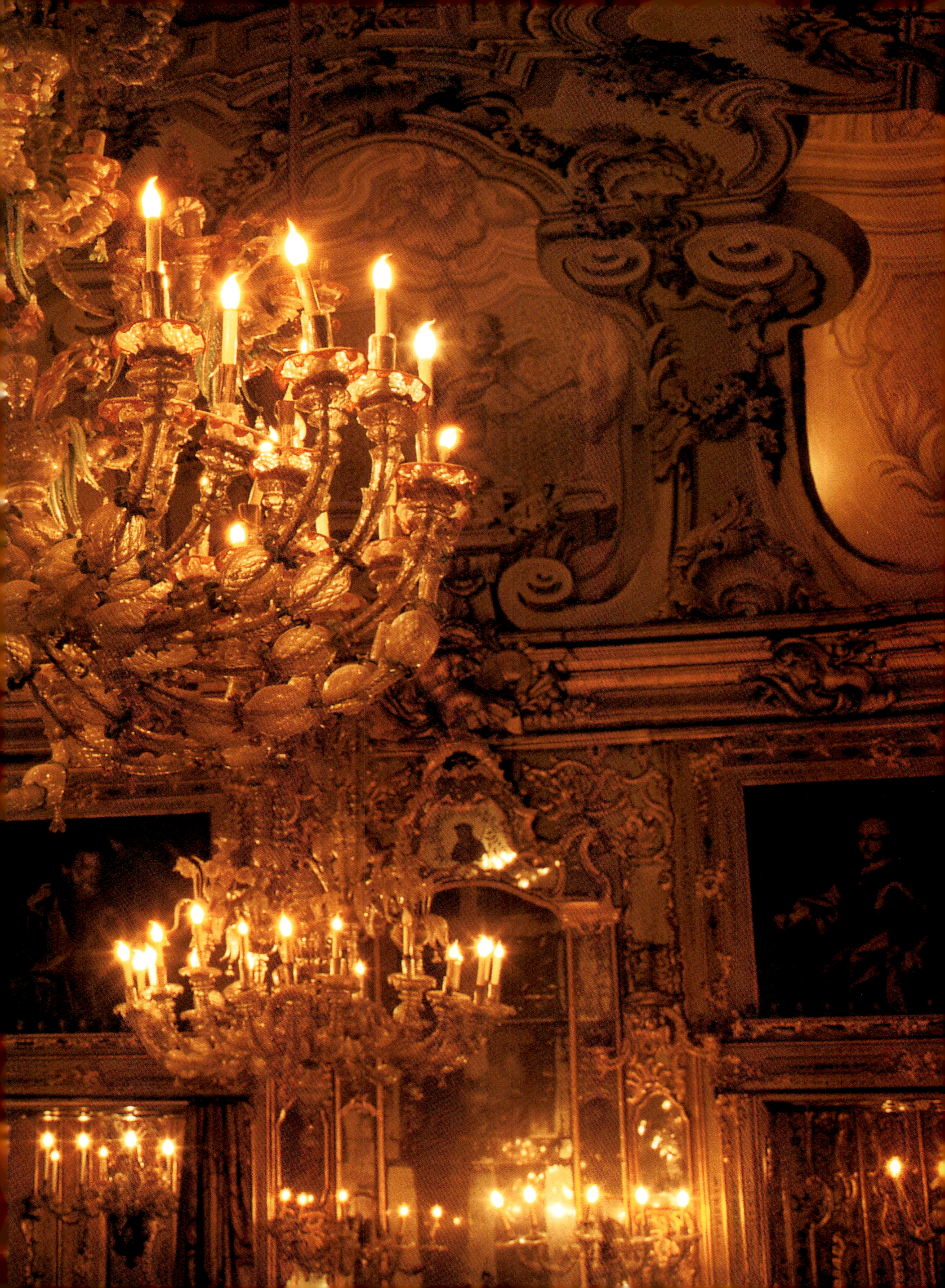

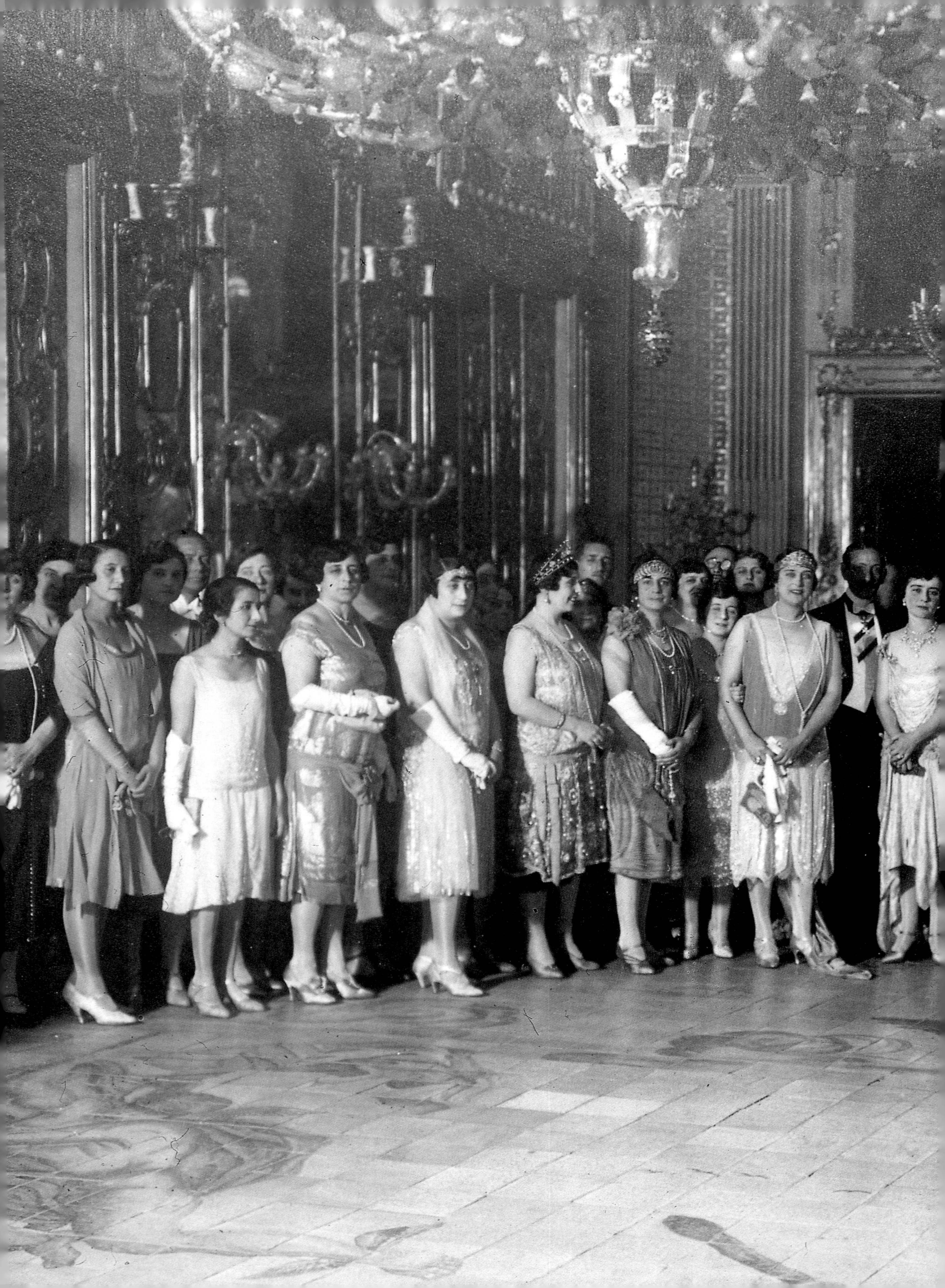

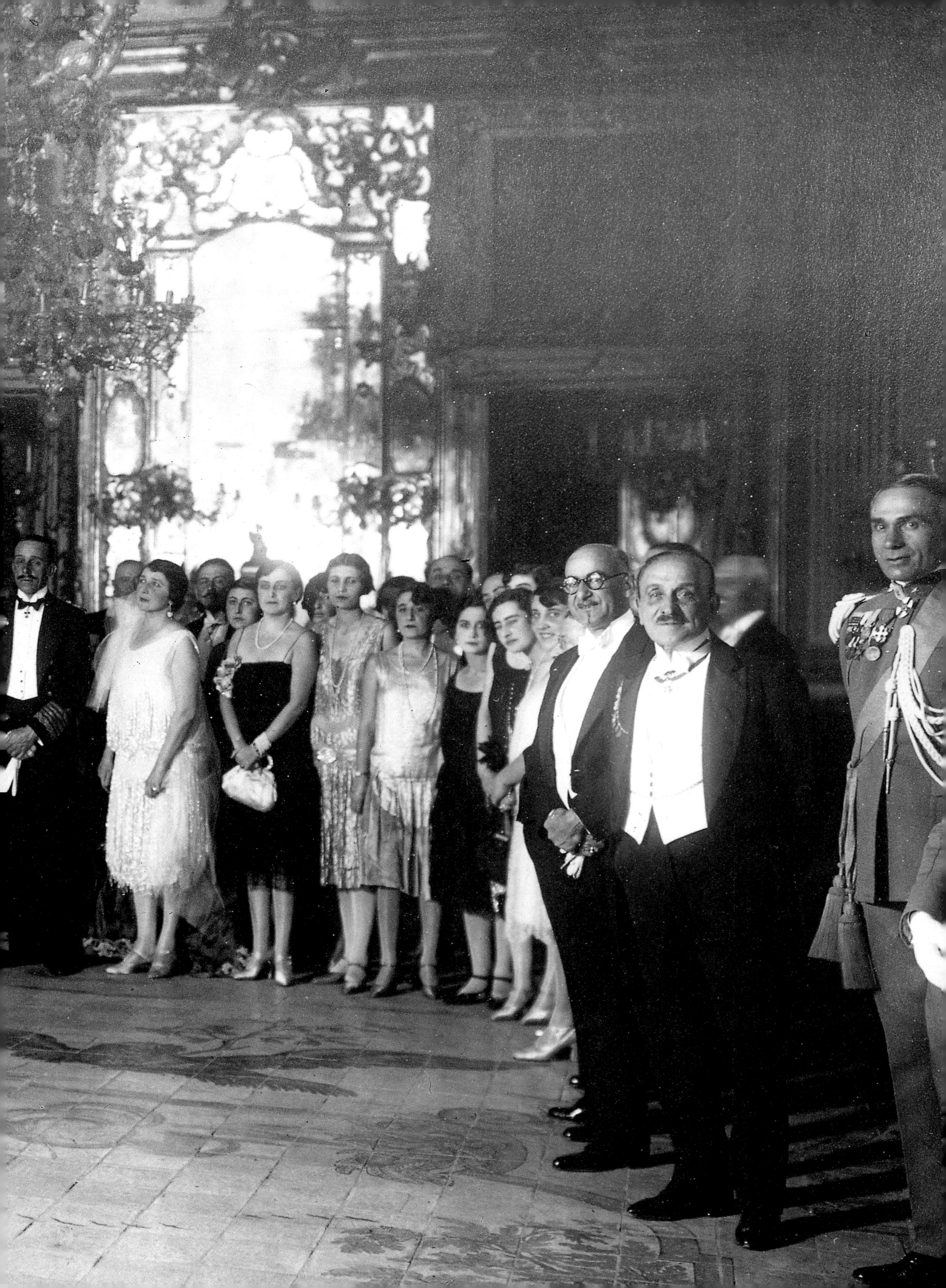

Pagine 105-109:
La galleria degli specchi di palazzo Gangi (Palermo) in cui sono fotografati gli invitati ad un ballo dato negli anni Trenta. Tre lampadari in vetro di Murano del Settecento, ognuno a cento bracci, illuminano questa sontuosa infilata di sale il cui doppio soffitto è opera di Gaspare Fumagalli.

Qui sopra: «*La pasticceria siciliana dispone di un'estesa gamma di materie prime, di una grande varietà di zuccheri, di aromi e di sapori – polpa e succhi di frutta, semi, foglie, radici –, farine di frumento di qualità superiore, miele, vini, uova e latte in abbondanza. Di qui una produzione eccellente e varia, giustamente famosa in Italia e all'estero.*

I prodotti più caratteristiche sono i torroni, i canditi, le cassate, i cannoli, i gelati, i sorbetti». Guida gastronomica d'Italia, *1931*.
Sotto: *Concetta Lanza di Scalea fotografata in occasione di un ballo sul tema dell'incenso (1911).*
Pagina di destra: *Particolare della galleria degli specchi di palazzo Gangi.*

110 *La Sicilia al tempo dei Gattopardi*

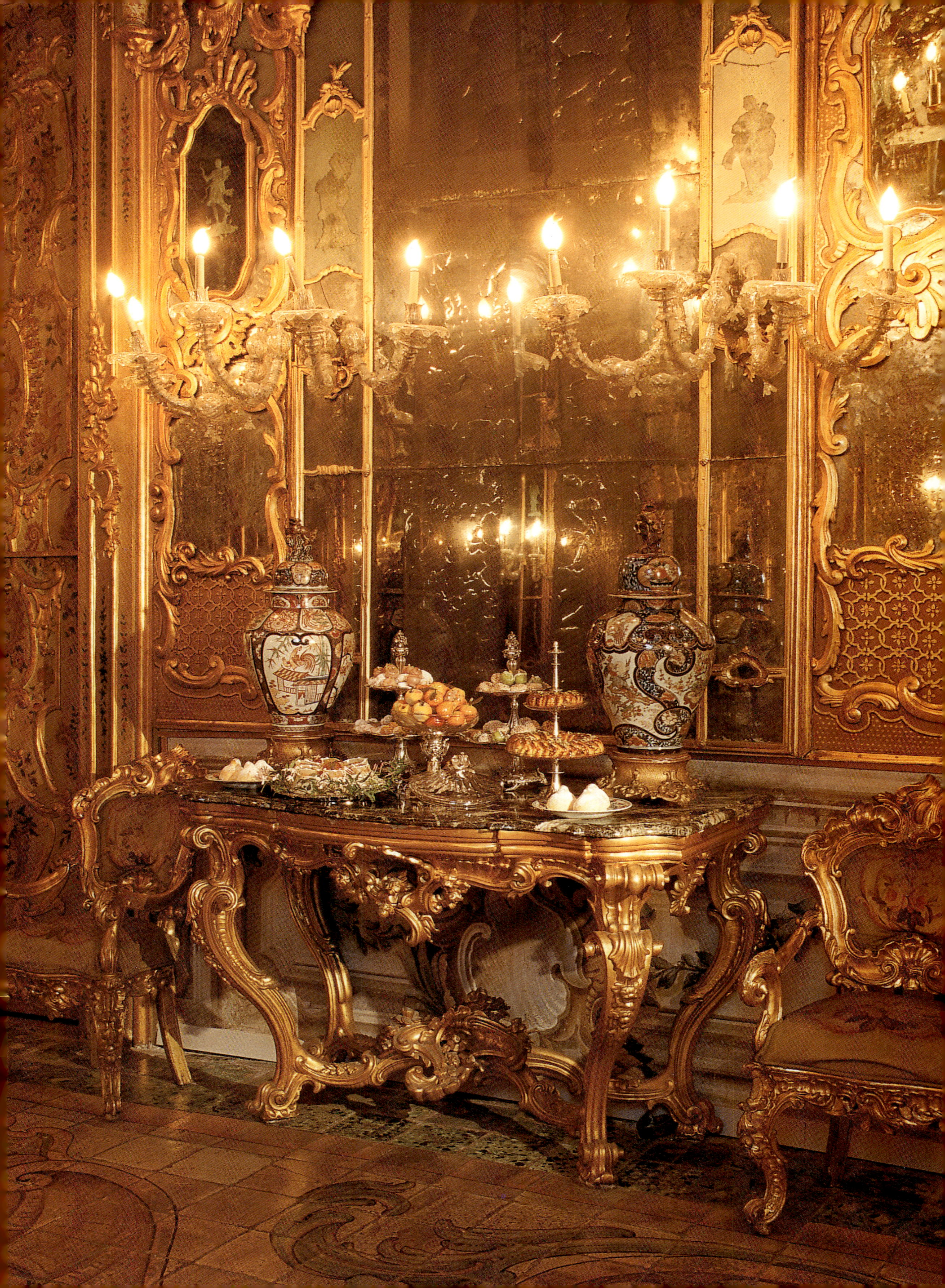

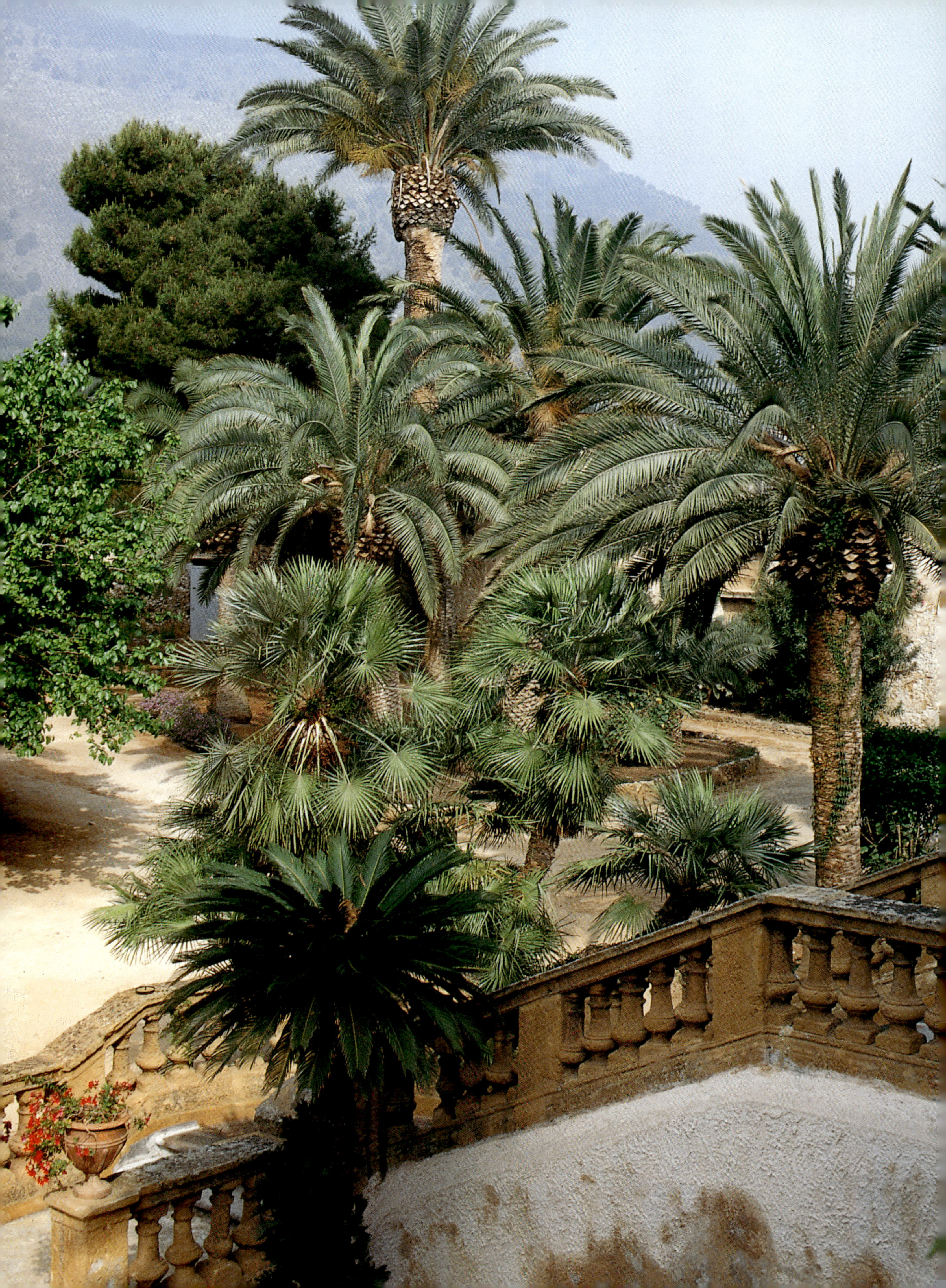

La villeggiatura

Pagina di sinistra: *Giardini della villa Boscogrande, Palermo.*
Qui sotto:
Una statua della villa Palagonia a Bagheria.

Dietro Palermo, informa la *Guide Hachette* 1877, si stende una bella pianura che, per la sua fertilità e il gran numero di case di campagna, ha meritato il poetico nome di «Conca d'oro». Se si ricorda che la parola «villa» designa una «casa di campagna» assai più vasta e lussuosa del suo equivalente francese, si sarà trovato il senso originale del termine villeggiatura. A dire il vero, nel caso della Sicilia in generale e di Palermo in particolare, se l'etimologia della parola è latina, l'origine della cosa è araba. Furono gli arabi, intorno all'anno mille, a introdurre nella Conca d'oro parchi, giardini e frutteti, piantandovi agrumi, canne da zucchero, carrubi, pistacchi e palme da dattero. La dominazione angioina e aragonese portò con sé un lungo periodo di abbandono e decadenza, che durò fino al XVII secolo. Fu in quel periodo che molti Gattopardi dell'epoca imitarono il principe Giuseppe Branciforti di Pietraperzia che, anche se non fu il primo in senso stretto, si fece costruire nel 1658 a Bagheria una magnifica residenza, la villa Butera. Le ville andarono moltiplicandosi fino ai primi decenni del XIX secolo, e perfino più tardi, come testimoniano diversi esempi in stile *liberty* palermitano, in voga alla fine del XIX secolo e all'inizio del XX. Ne furono edificate in tutta la Conca d'oro, ma gli aristocratici preferivano generalmente la Piana dei colli, a nord, e la cittadina di Bagheria, a sud di Palermo. A dispetto dell'anarchia urbanistica degli anni Cinquanta e dell'onnipotenza mafiosa dei suoi promotori, ne rimangono ancora quasi duecento,

«Bagheria (Bagaria), 10000 ab., luogo popolato di ville dei ricchi abitanti di Palermo. Si possono visitare diverse ville: la villa Valguarnera; [...] la villa del principe di Butera, notevole per la vista dei giardini».

Villa San Marco, portale di accesso al frutteto.

alcune delle quali ormai completamente inghiottite dalla città. Come dappertutto in Sicilia, due pilastri incorniciano l'ingresso della proprietà; la loro altezza e la loro decorazione dipendono dal gusto, dalla fortuna o dalle pretese dei proprietari. In origine, i giardini di diletto, sempre vastissimi – l'inutile è segno di potere – sono tracciati «all'antica», con parterres a disegni geometrici e raffinate bordure, disposti in modo da formare una prospettiva maestosa da e verso il corpo dell'edificio. All'epoca del *Gattopardo*, tuttavia, uno stile più libero, più «inglese», più esotico, subentra talvolta alle simmetrie classiche.

Molte ville sono caratterizzate da un doppio e monumentale scalone esterno, che mette in comunicazione il piano del giardino con il piano nobile. Esse hanno del resto, di solito, un piano solo, molto raramente più di due. Tra le due rampe di scale si apre una volta larga e alta che permette alle vetture o ai carri di accedere alla corte posteriore e alle dipendenze. La struttura di alcune ville, in particolare nella Piana dei Colli, lascia indovinare che in origine si trattava di vere e proprie case di campagna, oppure di fortificazioni, trasformate in palazzi. Altre, al contrario, soprattutto a Bagheria, sono pure creazioni barocche o neoclassiche. Alcune, infine, come i *«parcs aux cerfs»* dei ricchi sudditi di Luigi XIV, di Luigi XV e di Luigi XVI, meriterebbero il nome di «capriccio», a condizione che ciò sia inteso più nel senso del costo e delle fantasie dell'architetto che della condotta che vi si menava. La più famosa rimane la villa edificata a Bagheria nel 1715 dal principe di Palagonia, e che il nipote di costui, Ferdinando Gravina, decorò un poco più tardi in modo estremamente insolito. Tra altre stravaganze, vi collocò seicento figure di mostri, sessantadue delle quali sono sfuggite, bene o male, alle devasta-

Qui sopra: «La bizzarria del gusto è ancora più marcata nella villa del Principe Palagonia».
Guide Hachette, 1877.

114 *La Sicilia al tempo dei Gattopardi*

zioni del tempo e al furore atterrito dei Bagheresi. Le bizzarrie del principe di Palagonia non mancano di affascinare i viaggiatori, sia che esse riempiano di orrore i saggi spiriti del secolo dei Lumi, come Goethe, che visitò la villa nel 1787, sia che suscitino la gioia dei nostri contemporanei, analisti dei cupi misteri dell'inconscio. Si sa tuttavia con certezza che il principe di Palagonia non fu affatto un emulo del marchese de Sade. Colto, pio e caritatevole, spingeva semplicemente all'estremo lo spirito barocco, in nessun luogo coltivato come in Sicilia.

La bellezza dei giardini e le gioie della natura erano le principali, ma non sempre le uniche, giustificazioni della villeggiatura. Poteva accadere che una villa fosse il risultato della disgrazia o del risentimento di un gran signore, come la villa Butera, in cui una torre, sulla facciata orientata verso Palermo, recava l'iscrizione «O Corte a Dio!». La proprietà di una residenza vicina a Palermo, come la villa Niscemi, al limitare del parco della Favorita, in cui Fulco di Verdura trascorse la sua infanzia, permetteva di limitare gli inconvenienti dovuti a dissapori di coppia. Altre ville, circondate da possedimenti agricoli, conservavano anche il loro ruolo tradizionale di residenza del proprietario terriero.

Villa Spedalotto, scalone che permette l'accesso alla terrazza sovrastante i giardini.

La dolce villa

Oggi si potrebbe pensare che i nobili palermitani abitassero le loro ville in estate, quando la crudeltà del sole siciliano raggiunge il parossismo. Niente affatto. Il momento opportuno per recarsi alla villa – o in campagna - era la primavera, o l'autunno. Del resto, quasi tutte le ville erano situate lontano dal mare e, all'epoca del *Gattopardo*, i medici dell'isola non consigliavano ancora i bagni di mare, tranne che in caso di gravi malattie nervose. All'inizio del XX secolo, ricorda Fulco di Verdura, Mondello, la grande stazione balneare alle porte di Palermo, era ancora un luogo pressoché deserto. L'alta società vi si assicurava l'esclusiva di una «fila di cabine di legno su palafitte e di una terrazza». All'interno di «ogni cabina, c'era una botola con una scala a pioli che permetteva alle signore di non farsi vedere in costume da bagno entrando e uscendo dall'acqua».

Nel 1860, in Sicilia non esisteva neanche un metro di strada ferrata – mentre la rete britannica contava allora diciassettemila chilometri e quella francese diecimila. A dispetto delle promesse di Garibaldi, i primi chilometri furono disponibili solo dopo il 1870. Inizio della linea destinata a collegare Palermo a Catania, permettevano almeno di superare in una mezz'ora i quindici chilometri fino a Bagheria. C'erano tre treni al giorno; il tragitto in prima classe (di sola andata) costava all'incirca l'equivalente di dieci euro. È possibile che questo nuovo mezzo di trasporto incitasse ad andare più spesso in villeggiatura, e in altri periodi rispetto a quelli usuali? È lecito dubitarne: ancora quarant'anni più tardi, per Fulco di Verdura, «andare a Bagheria era un vero viaggio».

Per alcuni aspetti, tuttavia, la vita in villeggiatura non differiva molto da quella che i Gattopardi conducevano a Palermo. La decorazione e il mobilio delle ville, del resto, non facevano proprio pensare che si era circondati da una natura esuberante e quasi tropicale. Le fotografie d'epoca degli interni della villa Tasca, ad esempio, sulla strada che conduce a Monreale e di proprietà del conte Mastrogiovanni Tasca-Lanza, più volte sindaco di Palermo, mostrano, su spessi tappeti che ricoprono per intero i pavimenti, un cumulo di mobili Luigi XV, pesanti poltrone e ampi sofà guarniti di cuscini e arricchiti da trine... l'arredamento parigino di madame Verdurin.

La tavola era apparecchiata con altrettanta cura. La scrittrice Dacia Maraini, appartenente all'illustre famiglia Alliata, proprietaria della villa Valguarnera, la più bella di Bagheria, riporta le istruzioni fornite a riguardo dal suo trisavolo, il principe Giuseppe: «La tavola doveva essere vasta tanto da poter essere ornata al centro da un tempietto di stile dorico [...] con colonnati, balaustre, scale, tripodi e statue che si ripetevano in tempietti – specie di chioschi – più piccoli alle estremità della lunga tavola. [...] Tali monumenti pare fossero affollati di figurine di biscotto di Capodimonte: pastorelle, damine, non più alla Watteau ma piuttosto alla Reynolds, per l'influenza inglese che dominava lo stile dell'epoca in Sicilia».

Alzatisi, pare, un po' prima che in città, i Gattopardi in villeggiatura si rendevano visita, andavano a passeggio, fermandosi qua o là per assaporare una granita nelle *coffé-house* [sic] dei loro ospiti. Per *coffé-house*, grafia siciliana del termine britannico, si intendevano dei piccoli chioschi, disseminati nei giardini, in cui servitori dislocati all'uopo servivano dei rinfreschi. Si assisteva ai servizi religiosi nella cappella privata; come in città, si davano ricevimenti e balli – ai quali gli spazi dei giardini permettevano di aggiungere i bagliori di fuochi d'artificio; come in città, si passava il tempo a spettegolare, a leggere le riviste e a giocare a carte o a biliardo. Eccezionale sembra il caso del principe Giulio Tomasi di Lampedusa che aveva installato un osservatorio astronomico nella sua villa, situata tra San Lorenzo e Pallavicino, nella Piana dei Colli. Dal

Se Vietri e Capodimonte appartenevano al Regno di Napoli, Caltagirone, in provincia di Catania, è chiamata «la Faenza siciliana». Dall'epoca degli arabi, vi si producono infatti ceramiche molto apprezzate per i colori e il realismo.

Dall'alto in basso: *Vetri e porcellane di Vietri (1820 circa), Caltagirone (XVI secolo) e Meissen. Pagina di destra: Zuppiera in vecchio Ginori con le cifre del principe di Gangi.*

116 *La Sicilia al tempo dei Gattopardi*

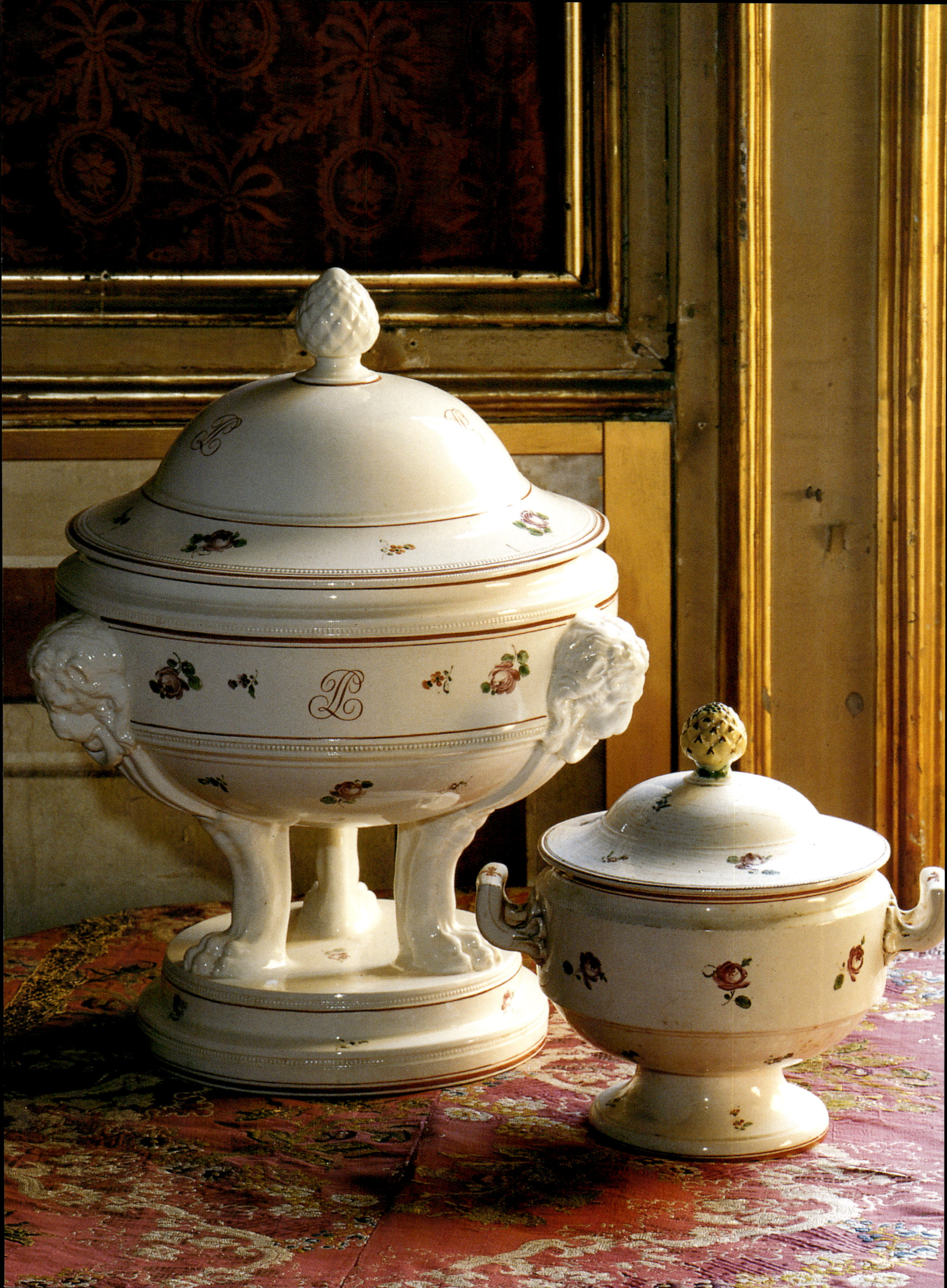

nonno paterno l'autore del *Gattopardo* ha preso in prestito l'interesse del suo eroe per la cosmografia e la meteorologia.

La villeggiatura offriva comunque ai bambini la possibilità di giochi infinitamente più vari che i palazzi palermitani. In particolare, essa permetteva un contatto più diretto e frequente con gli animali domestici, cani, gatti, asini, muli, cavalli, e anche con un serraglio più insolito: le bisce tra le siepi, i ramarri nelle macchie, ovvero la coppia di babbuini che, secondo Fulco di Verdura, ogni villa degna di questo nome era tenuta a mantenere – per ragioni ignote o dimenticate, ma imperative. In compenso, sempre secondo il suo racconto, l'episodio dell'arrivo a villa Niscemi di un cammello, che mise in agitazione tutta la popolazione dei dintorni, sembra non avere equivalenti nella cronaca…

Donnafugata

Se si considera il tracciato della ferrovia che collega Siracusa ad Agrigento, si constata che tra le due belle città barocche di Ragusa e Comiso, distanti una quindicina di chilometri, la linea ferrata svolta bruscamente a gomito verso sud-ovest e, senza motivo apparente, compie un'ampia deviazione che raddoppia largamente la lunghezza del tragitto. Una attenta osservazione mostra che questo lungo giro serve a raggiungere una stazione, o più precisamente una fermata, chiamata Donnafugata.

I lettori del *Gattopardo* penseranno subito al paese in cui si svolge gran parte del romanzo. Ma non è così. Del resto, Giuseppe Tomasi di Lampedusa, se ne prese in prestito il nome, non si recò mai a Donnafugata, dove non aveva interessi. Di fatto, Donnafugata non è né una città né un paese, ma una semplice località. Essa ospita tuttavia la dimora di uno degli aristocratici siciliani più vulcanici del XIX secolo, il marchese Corrado Arezzo, conte di Celano e barone di Pescina, vissuto dal 1824 al 1895. Un Gattopardo di provincia, certo, al contrario di quelli che abbiamo già frequentato, ma uno dei più ricchi della sua regione. Incaricato di diversi mandati elettorali, trascorreva d'altronde più tempo a Palermo, a Torino o a Roma che nella sua circoscrizione. Non si può tuttavia dubitare che fu solo per venire incontro ai desideri di questo influente personaggio che la ferrovia siciliana consentì a deviare il suo già tortuoso percorso.

Vasca nei giardini della villa Palagonia, a Bagheria.

118 *La Sicilia al tempo dei Gattopardi*

Silvia Paternò di Spedalotto con i figli Rosalia, Silvia, Achille, Ettore, Ignazio, Costanza nel 1910 a villa Spedalotto.

Donnafugata – si capisce come questo nome abbia affascinato Lampedusa – risale al periodo arabo della Sicilia. Gli Arezzo, la cui origine risale al XIV secolo, vi stabilirono una residenza che Corrado fece ricostruire in stile gotico-veneziano. Essa è composta da almeno centoventidue stanze, circondate da un magnifico parco di sette ettari. Il luogo comprende anche una pinacoteca, dalle attribuzioni più ambiziose che realistiche. Vi si può anche vedere una sala degli stemmi in cui sono esposti i settecentotrentaquattro stemmi dell'aristocrazia siciliana. Settecentotrentaquattro? Ma il Libro d'oro ufficiale non contava soltanto duecentoquarantacinque famiglie, più altre due centinaia di case estinte o di secondo rango? In realtà, allontanandosi da Palermo, le cose sembrano un po' complicarsi. Così, Donnafugata è una villa o un castello, una residenza stabile o di villeggiatura? Non esiste anche, a Ragusa, un palazzo (curiosamente denominato Donnafugata e non Arezzo), i cui quadri, ancora segnalati nel 1968 nelle guide ufficiali, si ritrovano oggi a Donnafugata? E il marchese Corrado, che lottò contro i Borboni di Napoli, che divenne senatore del Regno d'Italia, uomo prospero e industrioso, che ricavava le sue entrate dalla produzione locale dell'asfalto e dall'estrazione, un po' più lontano, dello zolfo di Caltanissetta, era davvero un Gattopardo alla maniera di Fabrizio Salina, l'eroe di Lampedusa, sottile, cinico, scettico e rassegnato, esponente di una specie già in via di estinzione?

Non trinciamo giudizi. Come scrive in modo assai fine e giusto Dominique Fernandez, a proposito della discussa origine del nome Donnafugata (si trattava di una dama fuggita, di una dama rapita – il che, persino in Sicilia, non è la stessa cosa – o semplicemente della corruzione di un appellativo arabo che significava «fonte della salute»?): «Nell'isola di Pirandello, pretendere di stabilire anche una sola verità sarebbe dimostrazione di follia».

Statue nascoste nella bignonia del castello di Solanto.

La villeggiatura

La villa del principe di Campofranco è, senza dubbio alcuno, soprattutto per la sua posizione, una tra le più incantevoli che sia dato vedere: le quattro finestre della sala da pranzo si aprono su quattro prospettive diverse, una sul mare, una sulla montagna, una sulla pianura e una sul bosco. Dopo cena il caffè ci fu servito su una terrazza coperta di fiori: dalla terrazza si scorgeva tutto il golfo, una parte di Palermo, il monte Pellegrino e infine, in mezzo al mare, al largo, come in un velo di nebbia all'orizzonte, l'isola di Alciuri. L'ora che trascorremmo su questa terrazza, durante la quale vedemmo il sole tramontare e il paesaggio attraversare tutte le gradazioni di luce, dall'oro acceso al blu scuro, è una di quelle ore indescrivibili che si ritrovano nella memoria, chiudendo gli occhi, ma che non si possono far comprendere con la penna né dipingere con il pennello.
Alexandre Dumas, *Le Speronare*

Sopra: *Ettore Paternò di Spedalotto, nel 1930.*
A fianco: *Euphorbia canariensis.*
Pagina di destra: *Busto settecentesco nei giardini del castello di Solanto.*

Doppia pagina seguente: *Villa Boscogrande (tra Cardillo e Sferracavallo, alla periferia settentrionale di Palermo). Costruita, ma lasciata incompiuta, da Giovanni Maria Sammartino, duca di Montalbo, a metà del XVII secolo nello stile Luigi XVI. I Sammartino, stabilitisi in Sicilia dal tempo di Pietro d'Aragona, erano di origine catalana o guascona. La contessa Marta Airoldi con i figli Pietro e Maria, villa Airoldi nel 1910.*

La Sicilia al tempo dei Gattopardi

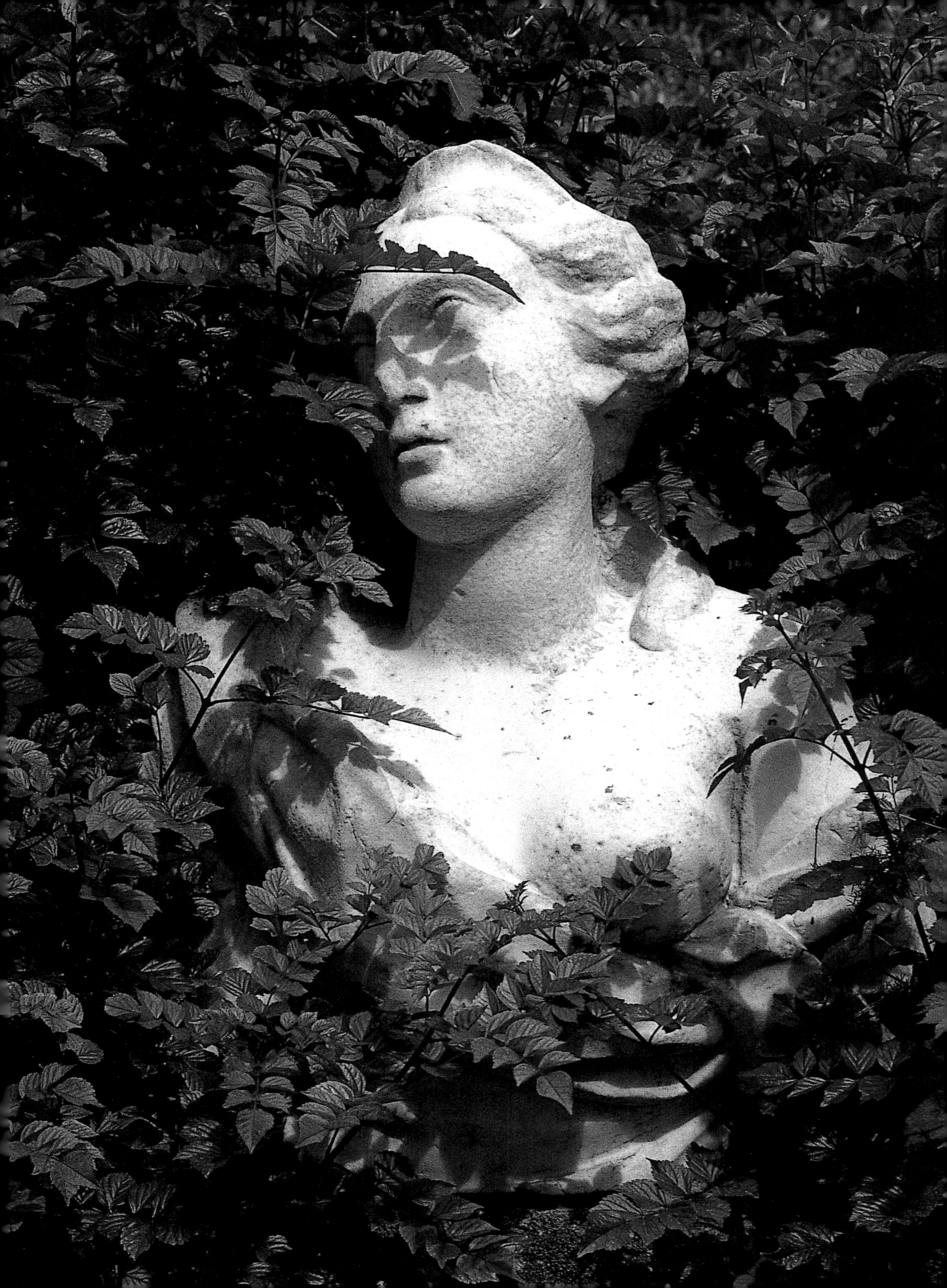

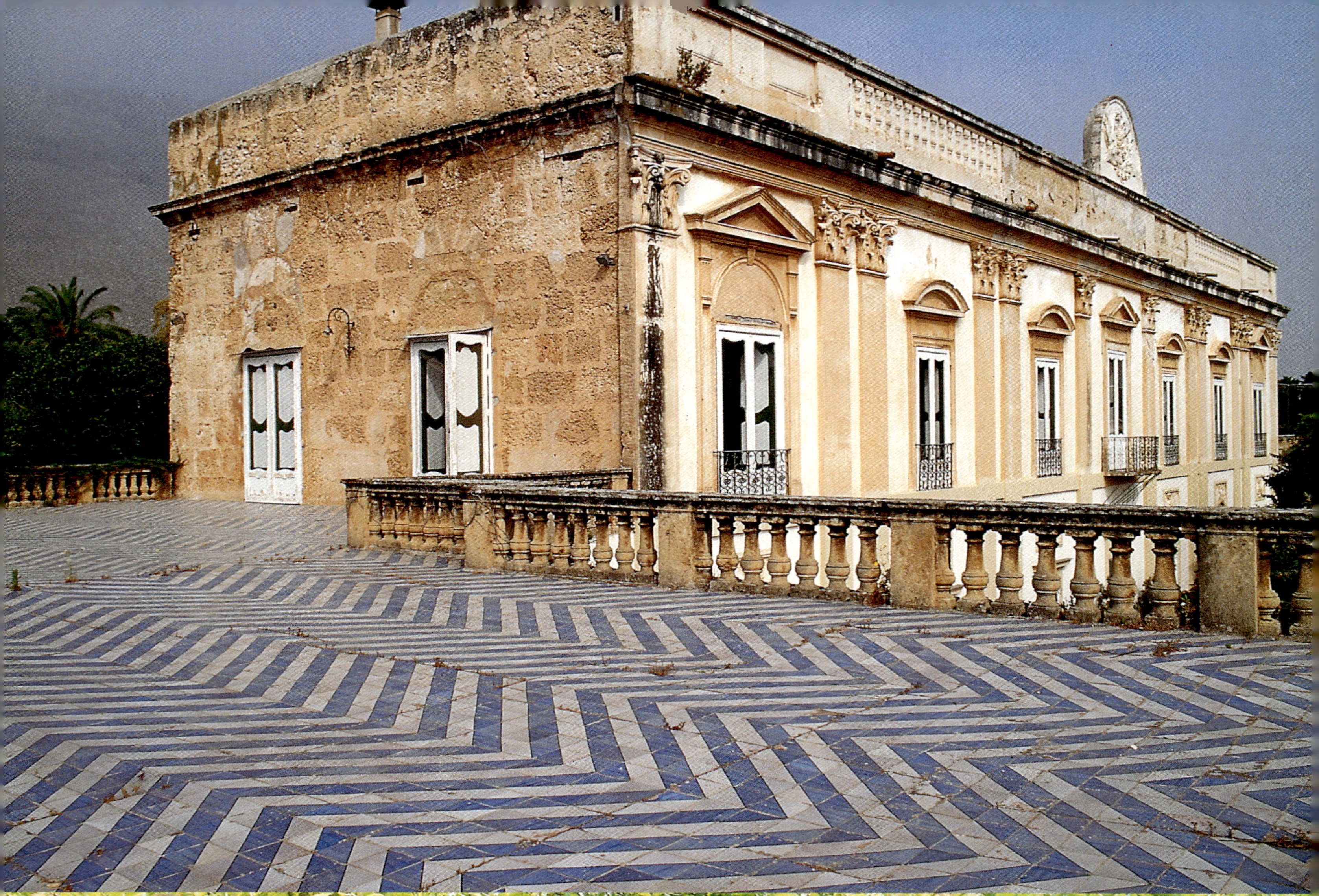
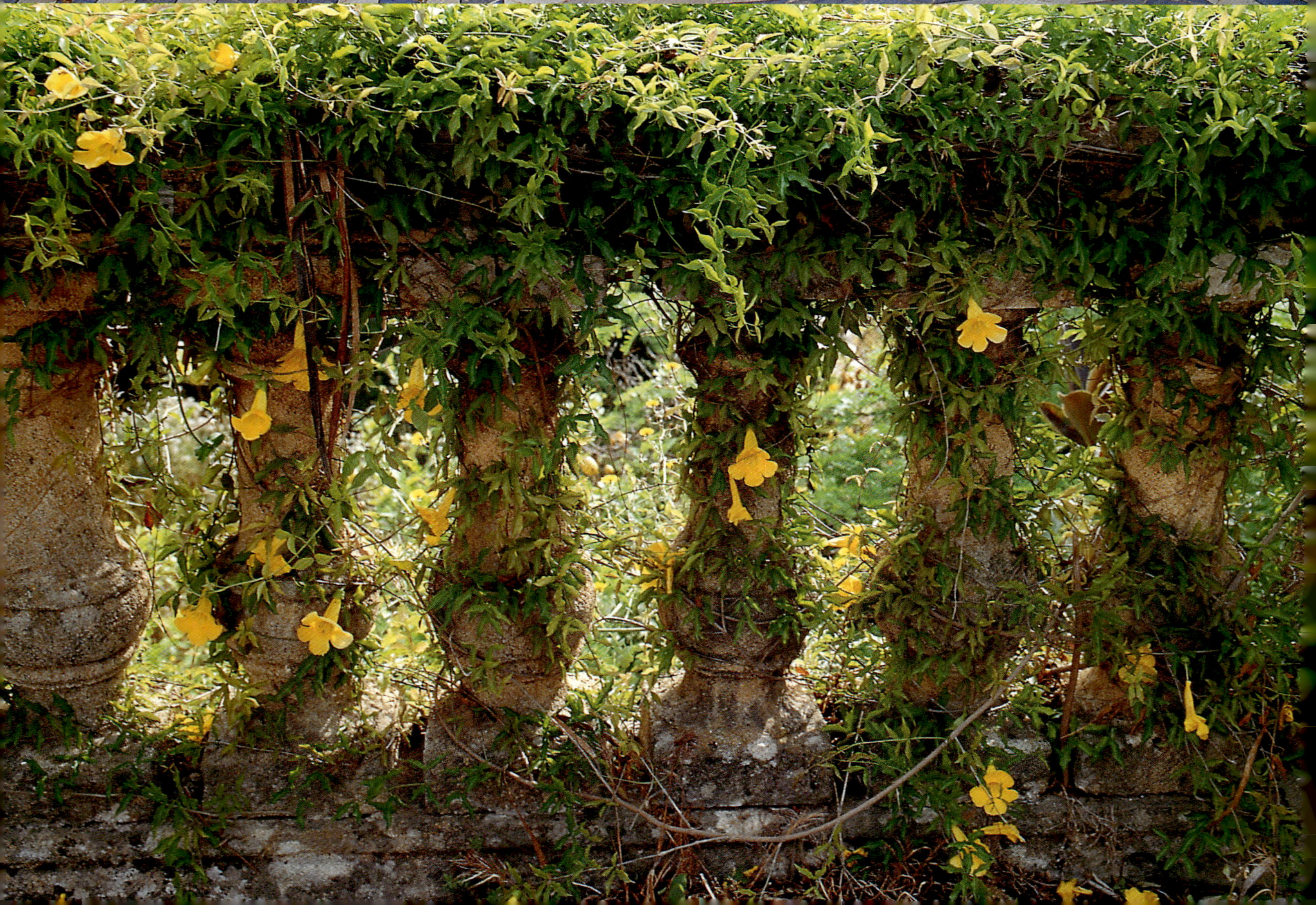

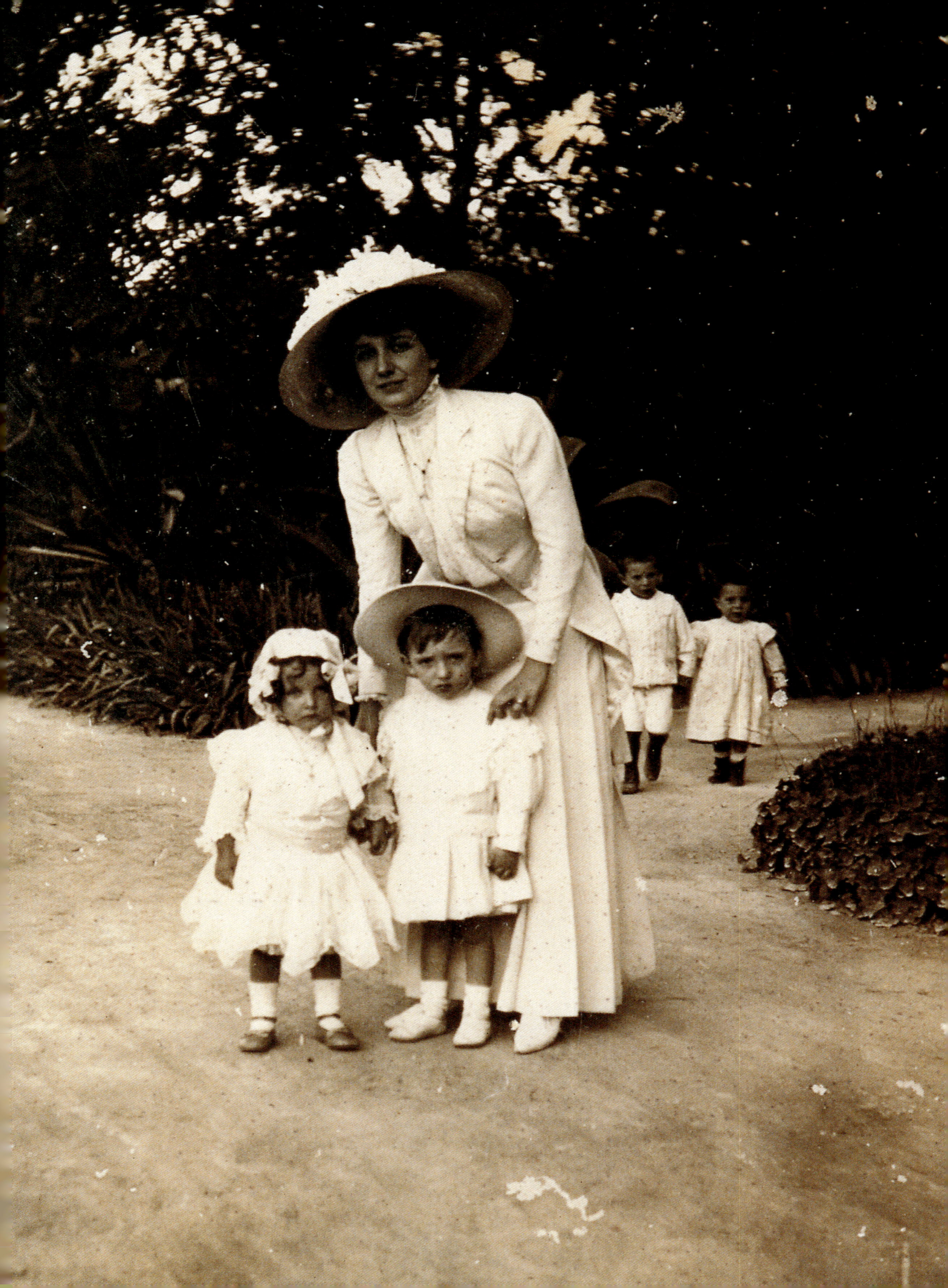

Villa Wirz, Mondello. Nella loro configurazione attuale, la maggior parte dei giardini aristocratici furono piantati nel XVIII secolo. Il loro carattere raffinato e ameno risponde al gusto palermitano della passeggiata, altrove pubblica, qui privata, che risale alla conquista araba. Ma essi traducono altresì il nuovo interesse del secolo dei Lumi per la botanica, che il clima e il terreno siciliani permetterano di soddisfare generosamente.

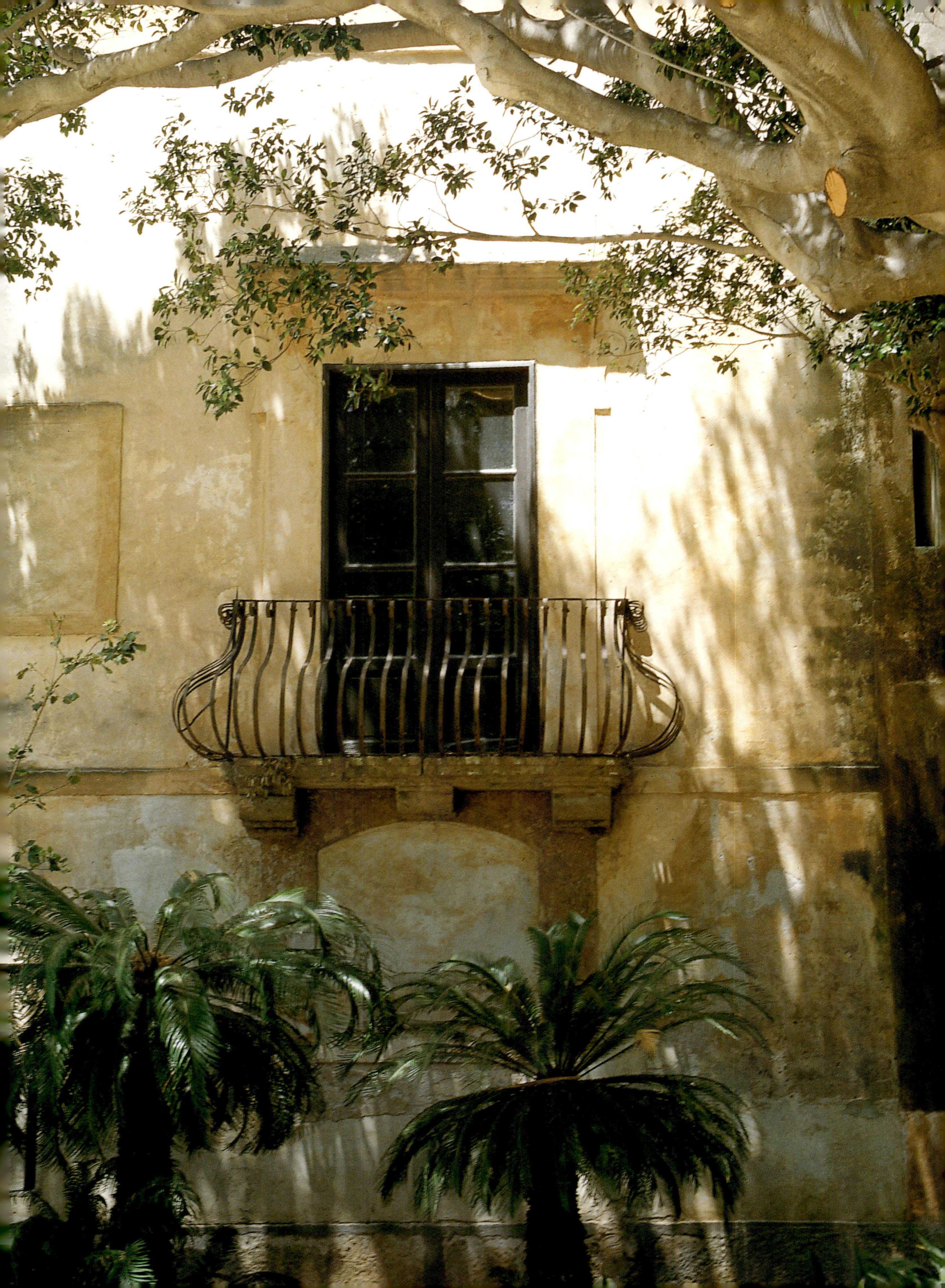

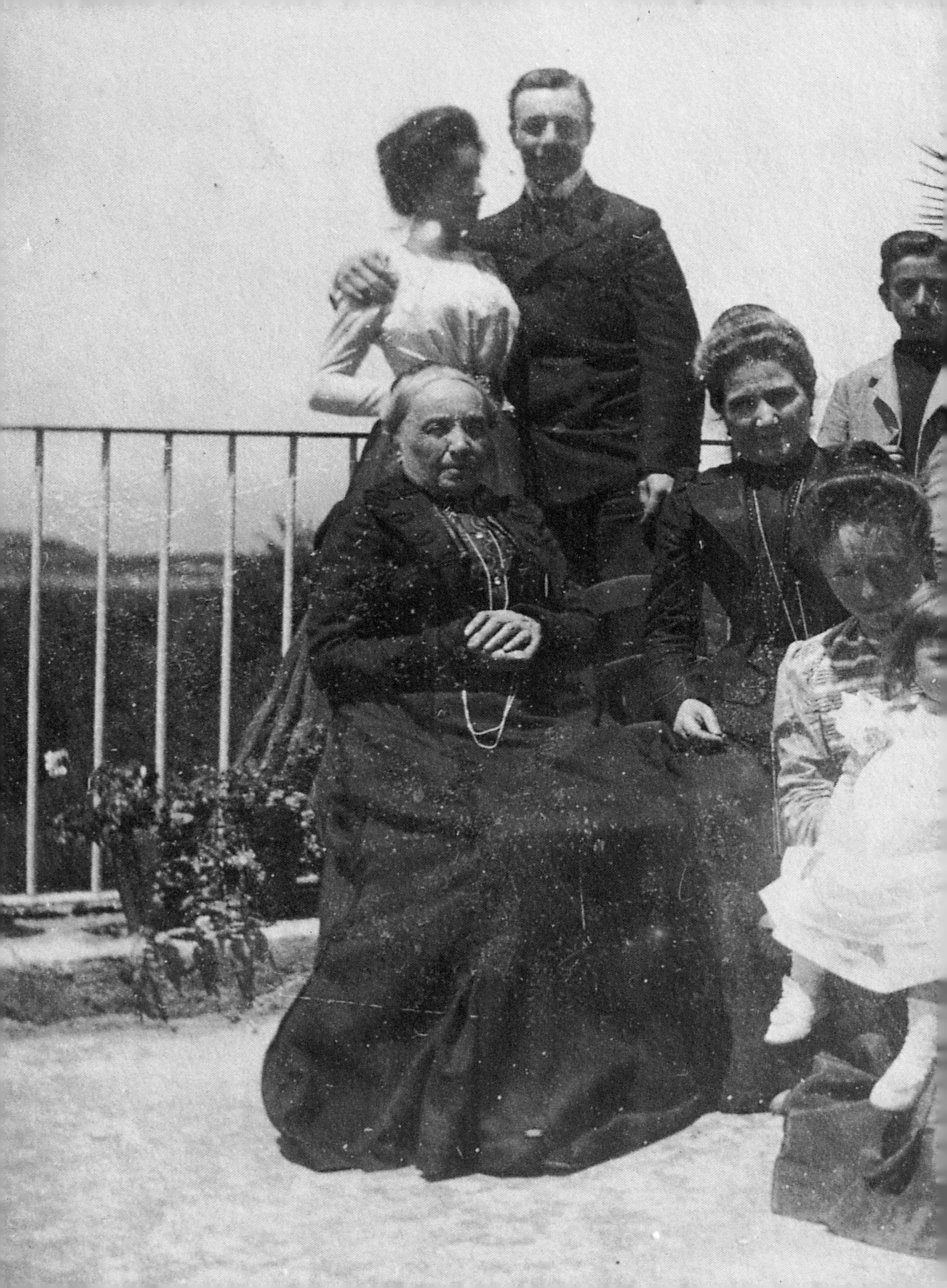

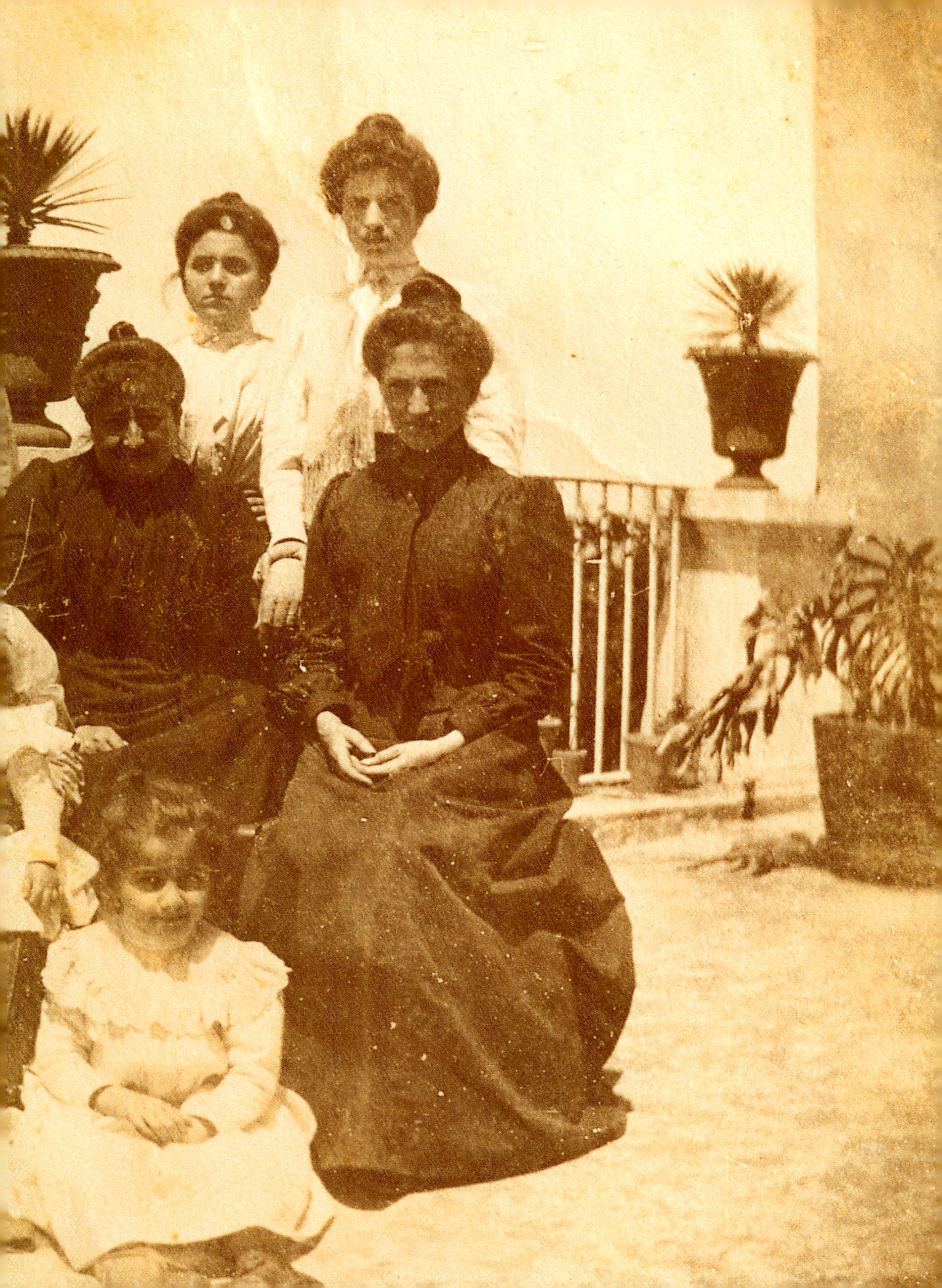

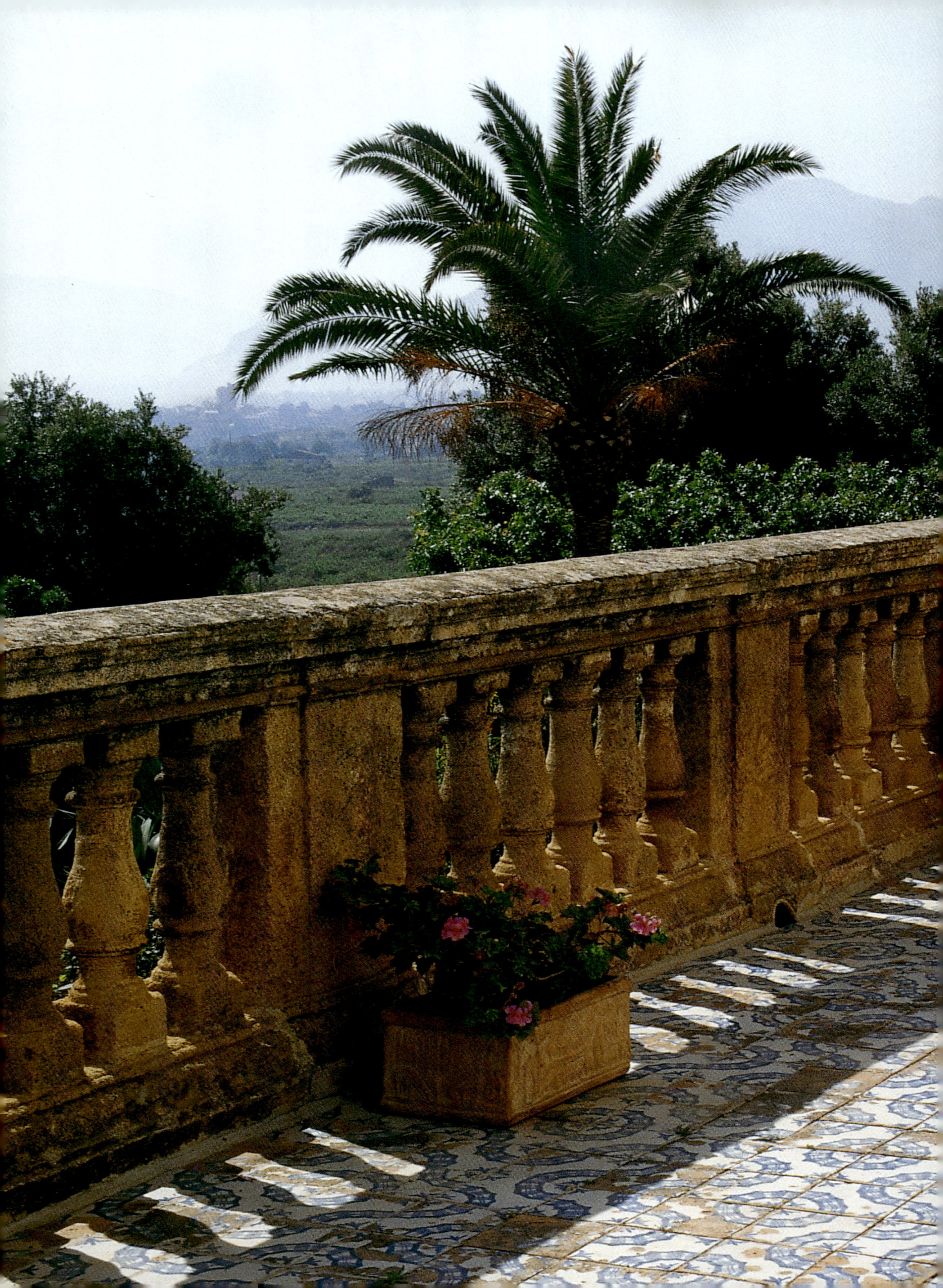

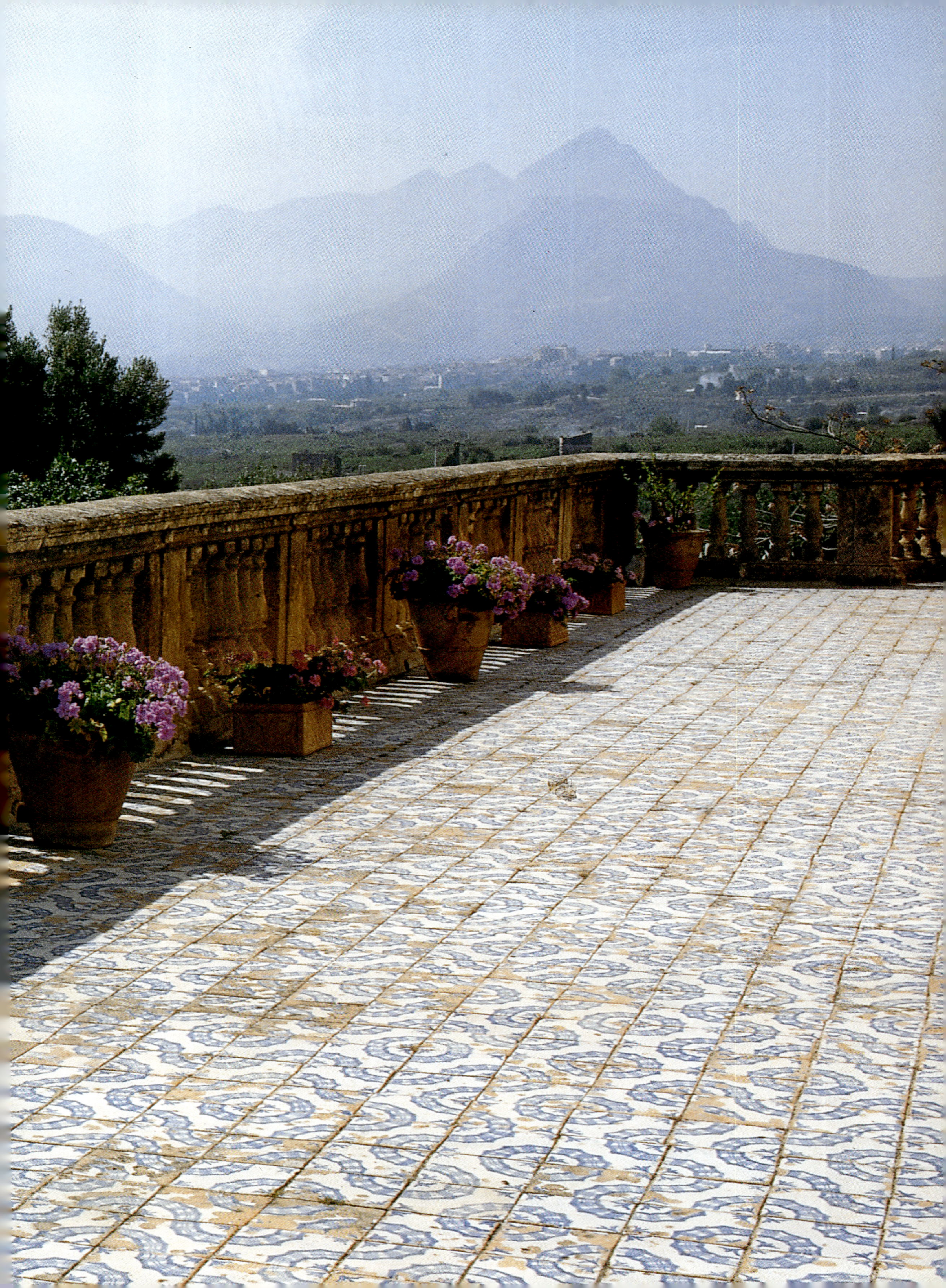

Doppia pagina precedente:
Villa Spedalotto, Bagheria.
Qui sopra: *Villa Boscogrande,
Palermo.*
A fianco: *Foto di famiglia
scattata intorno al 1903
(collezione Alliata
Pietratagliata).*
Pagina di destra: *Villa Wirz a
Mondello.* «D'estate, nella luce
delicata dei tardi pomeriggi
palermitani, la tavola era
apparecchiata in giardino –
imperversava l'estetismo inglese
e il gusto dei
garden-parties si era diffuso
in Sicilia come altrove.
Nulla mi sembrava più
affascinante del tè preso
in giardino, non lontano
dal viale dove cadevano,
aprendosi, melagrane
color sangue».
Fulco di Verdura,
Une enfance sicilienne

La Sicilia al tempo dei Gattopardi

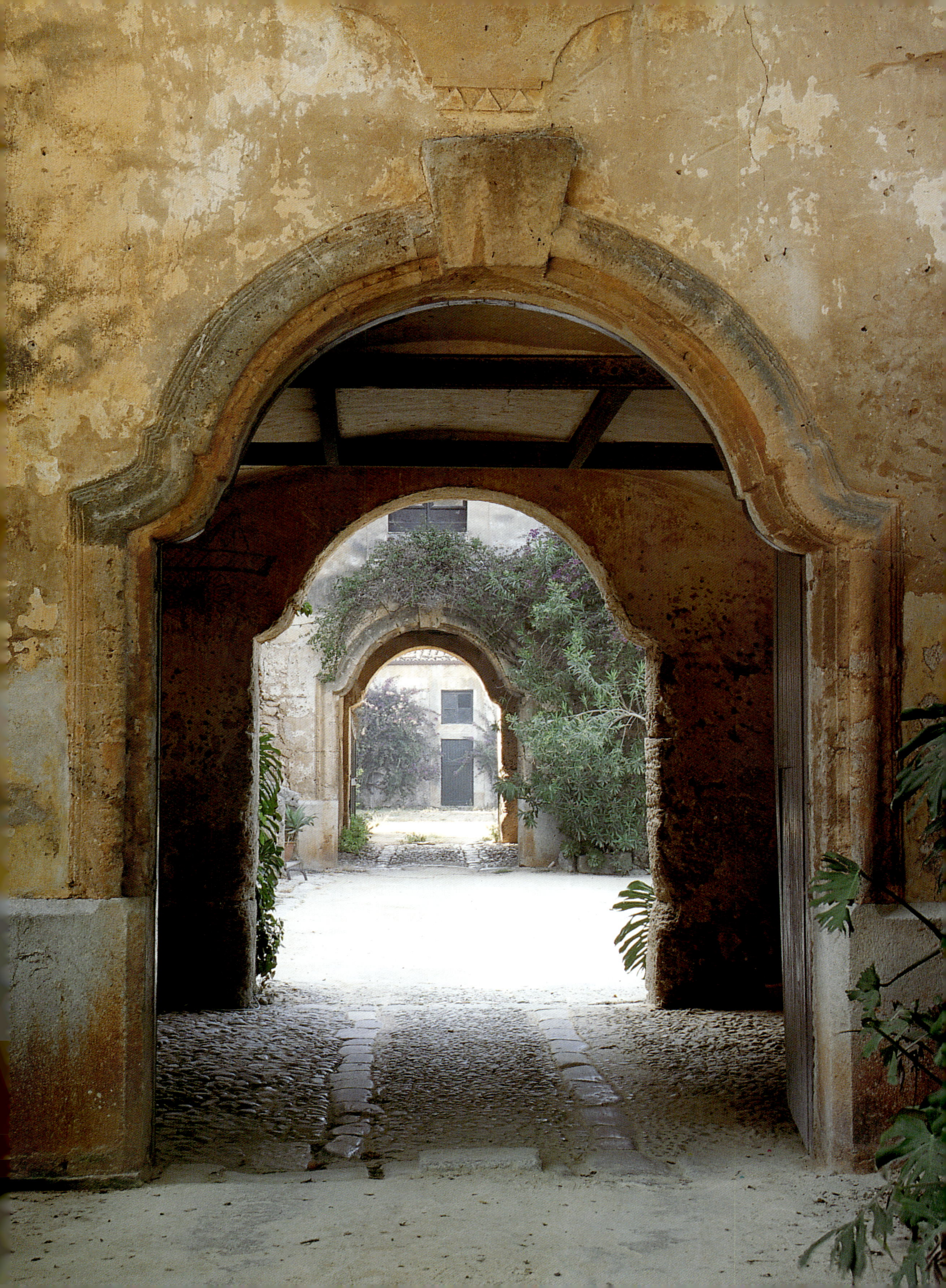

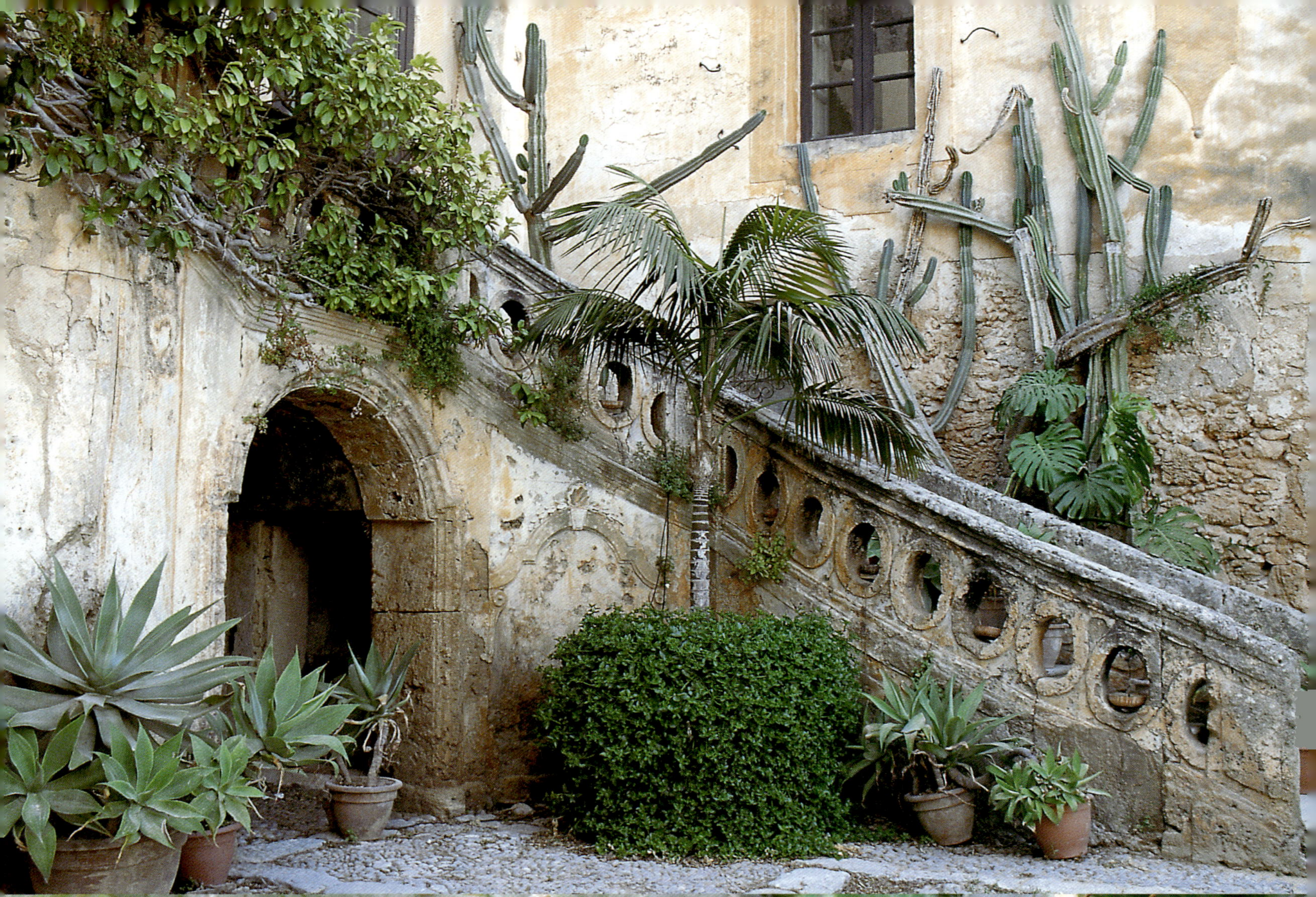

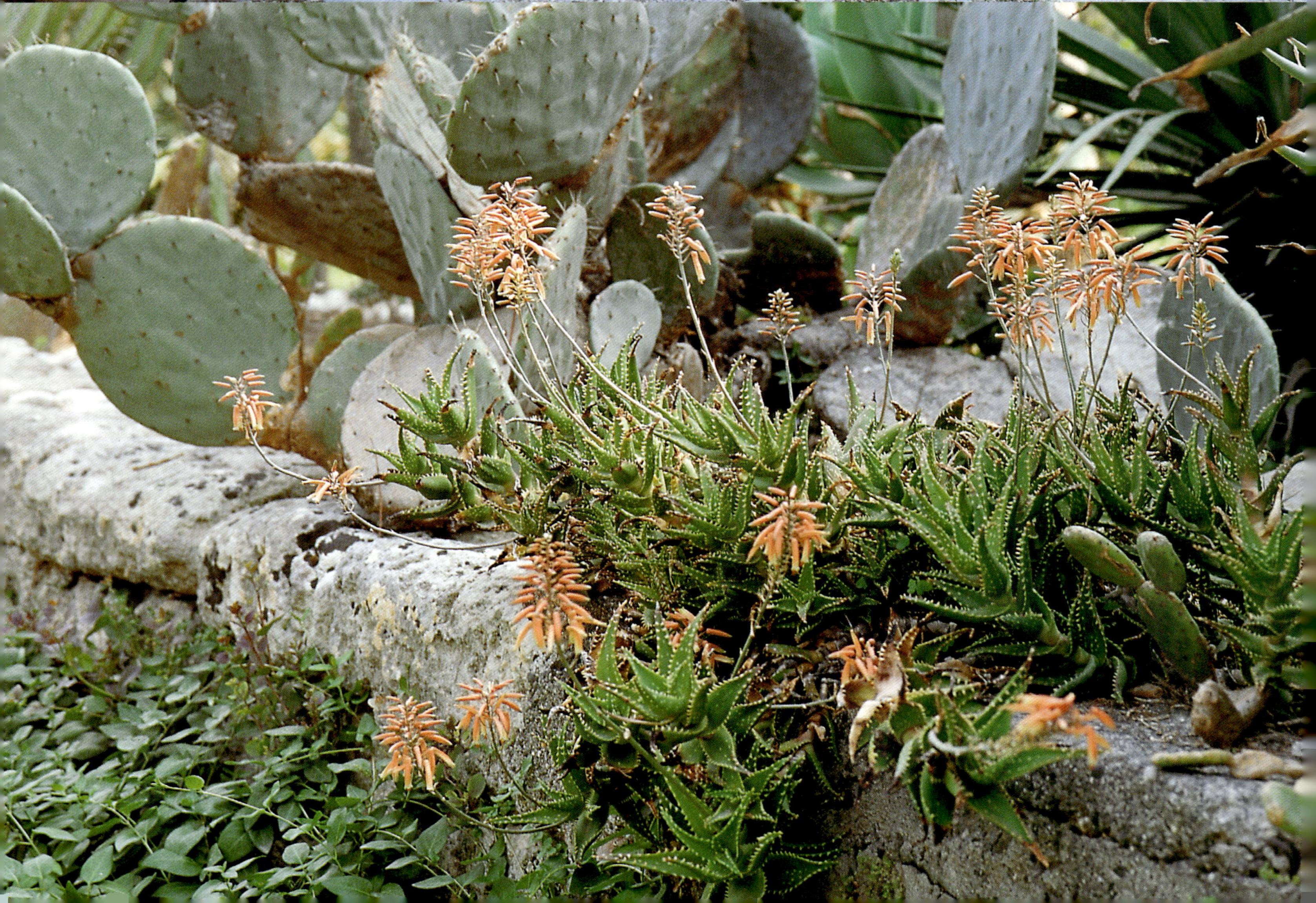

Pagina di sinistra in alto:
piante grasse nel giardino botanico della villa Wirz.
In basso: Opunzia robusta e Haloe et Humvir *su uno dei moli dell'antico porto (Case Del Biviere).*
Qui a lato: *Giulia Mantegna di Gangi.*
«Ma so che ancora una volta si tratta di teatro. Sono di fronte alla solita affatturazione fra ambigua e divertita di un secolo che amava le metamorfosi profonde accompagnate dalla ironica caricatura di sé».
Dacia Maraini, Bagheria.
Doppia pagina seguente: *Castello di Solanto. Il nome di Solanto, a est di Bagheria, è di fatto una corruzione di quello di Solunto, la città greca le cui rovine sono molto vicine. I Borboni venivano volentieri a soggiornarvi d'estate.*

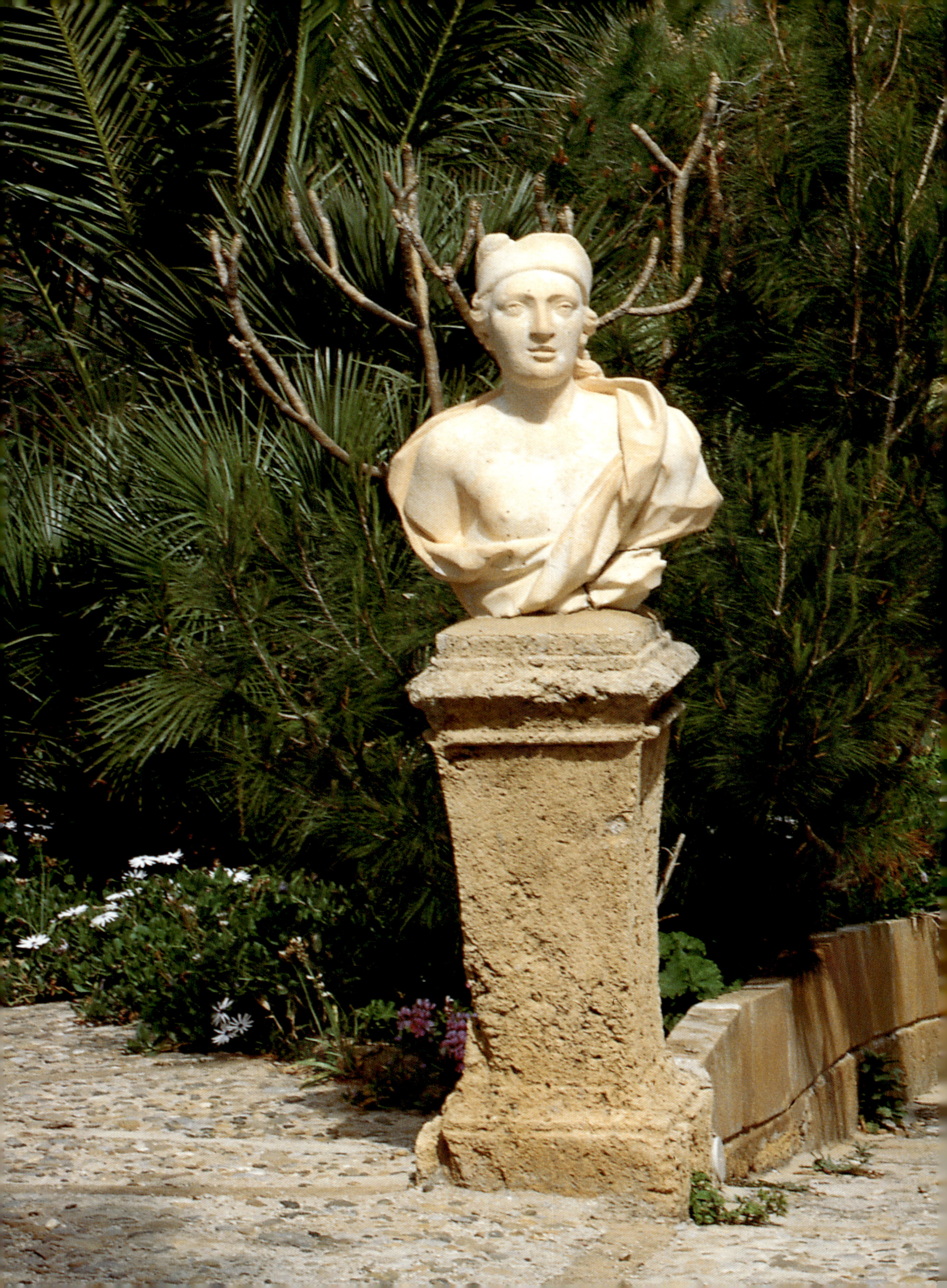

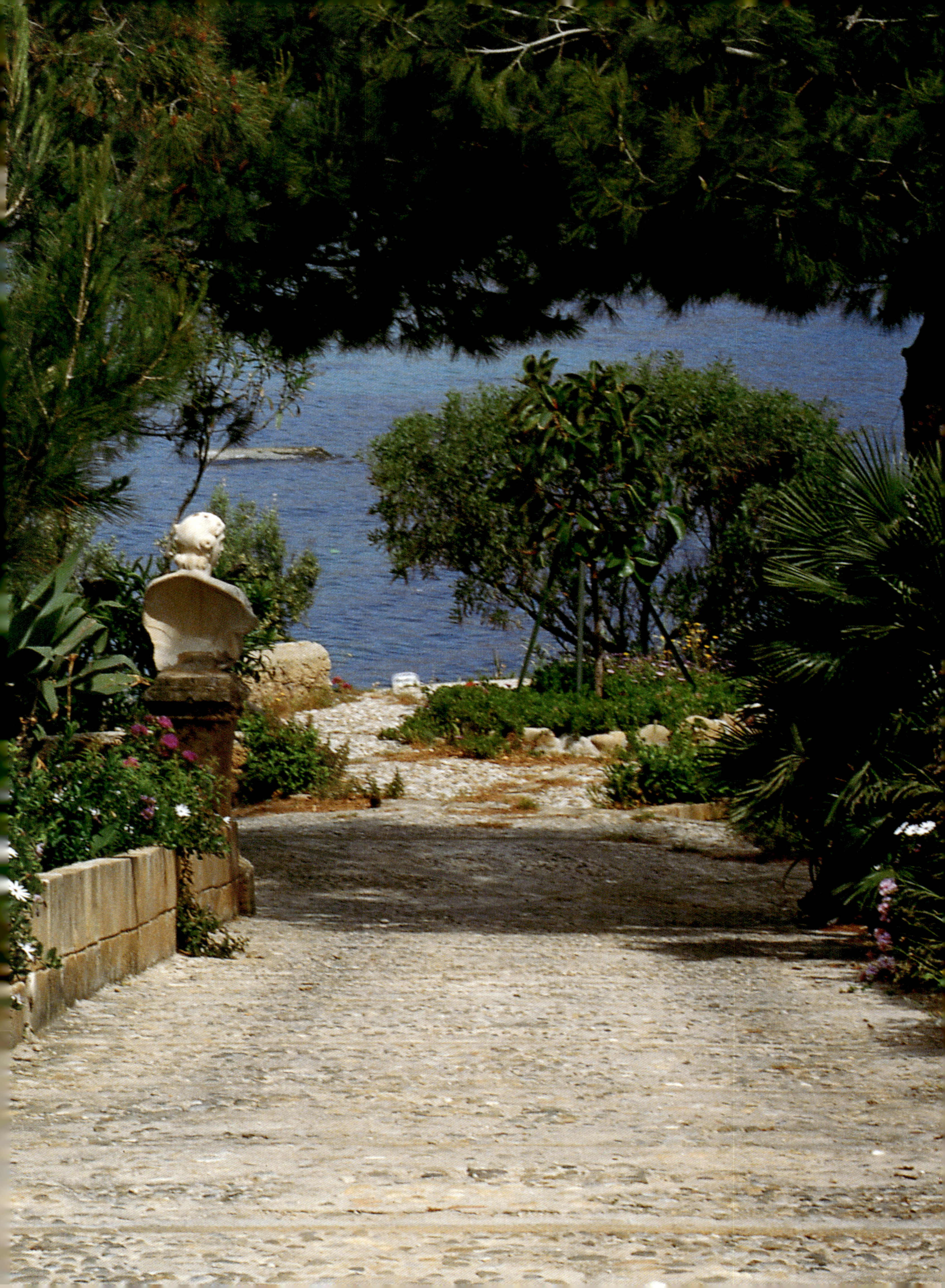

...entriamo nella Stanza Verde. Perché venne mai chiamata così è un mistero, dato che di verde c'era proprio poco o nulla. È vero che c'erano sei pannelli di tappezzeria in stile reggenza con snelle pergole coperte di vigne verdognole, ma il resto delle pareti era ricoperto di velluto rosso sangue. Questa era la sala da ballo, ammobiliata soltanto con lunghi e stretti divani lungo le pareti. Per raggiungere le nostre stanze dovevo attraversare questo allarmante spazio vuoto, che era quasi sempre al buio. A metà via c'era un pianoforte e qualcuno mi aveva detto che dietro questo strumento abitava un grosso orso in agguato per acciuffarmi. Io affrontavo questo pericolo al galoppo, ma quando c'era gente in salone, vergognandomi della mia vigliaccheria, dovevo prendere una andatura più tranquilla per non arrivare come una catapulta con il cuore in bocca. Che bella età, quando si teme solo un orso inesistente!

Fulco di Verdura, *Estati felici. Un'infanzia in Sicilia*

In alto:
Giovanni De Simone.
Qui a lato:
particolare del pavimento.
Pagina di destra: *porta
in legno dipinto policromo,
decoro a grottesche,
parete affrescata.*

«*Missina 'ncignusa,
Palermu pumpusa;
Missina la ricca,
Palermu la licca*».
«Messina l'ingegnosa,
Palermo la pomposa;
Messina la ricca,
Palermo l'avida».
Proverbio siciliano.

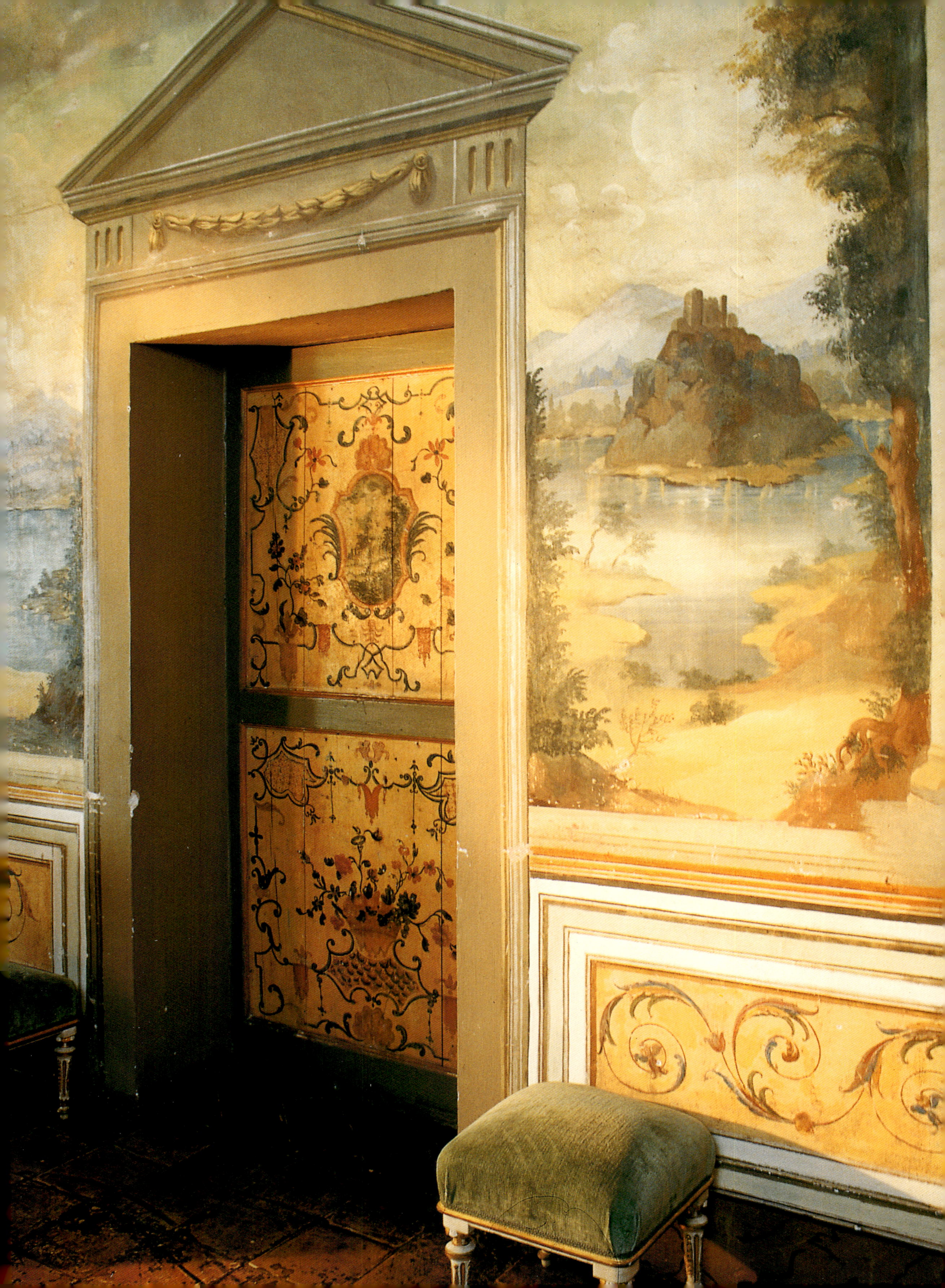

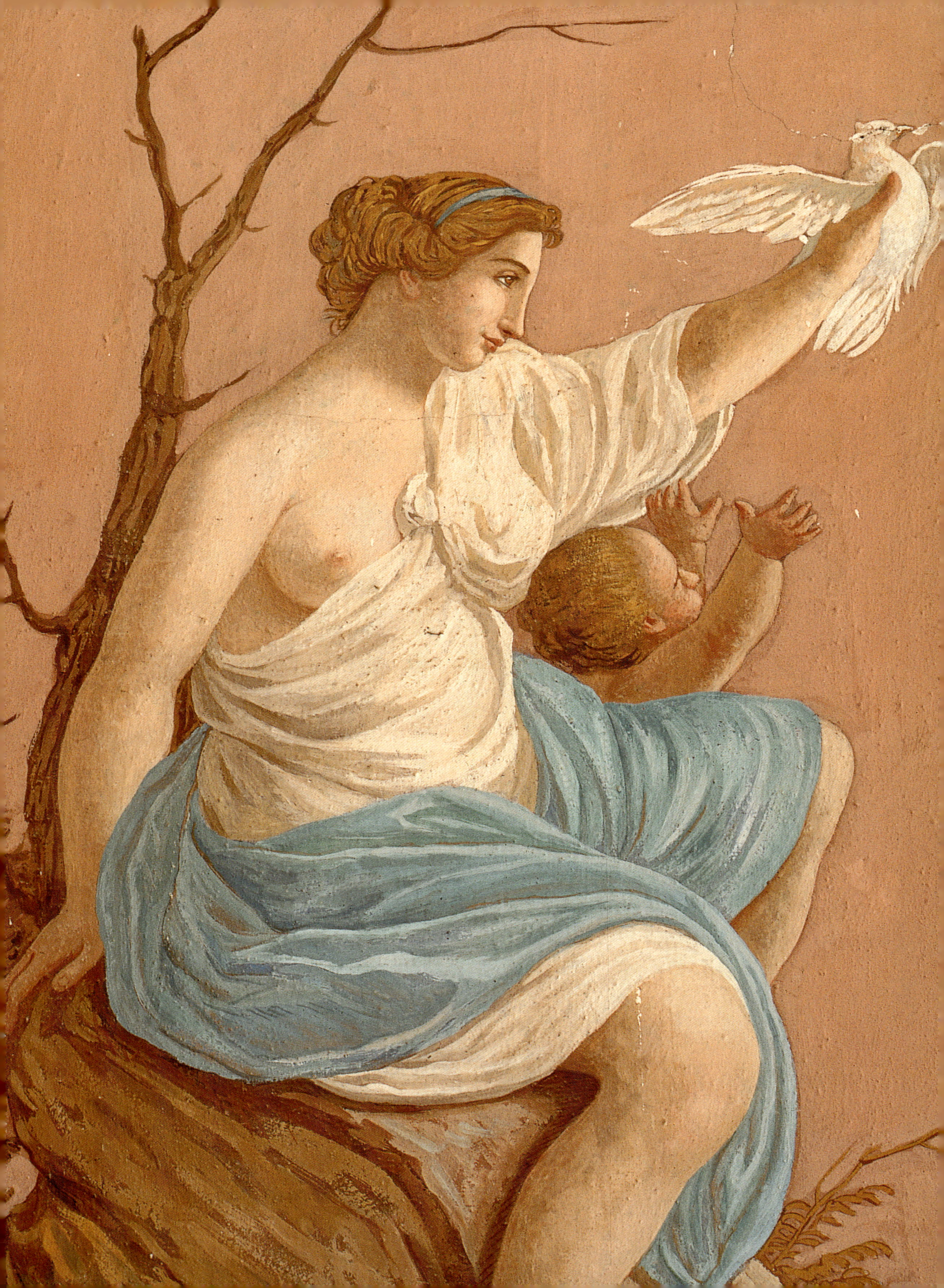

A sinistra: *particolare di affresco murale*, e a destra *fuga di saloni (villa Spedalotto, Bagheria)*. Doppia pagina seguente: *Villa Boscogrande, Palermo*. Pagine 142-143: *La sala da pranzo della villa Wirz, rinnovata nel XVIII secolo. Mobilio in noce di stile seicentesco. Soffitto a cassettoni.*

La villeggiatura 139

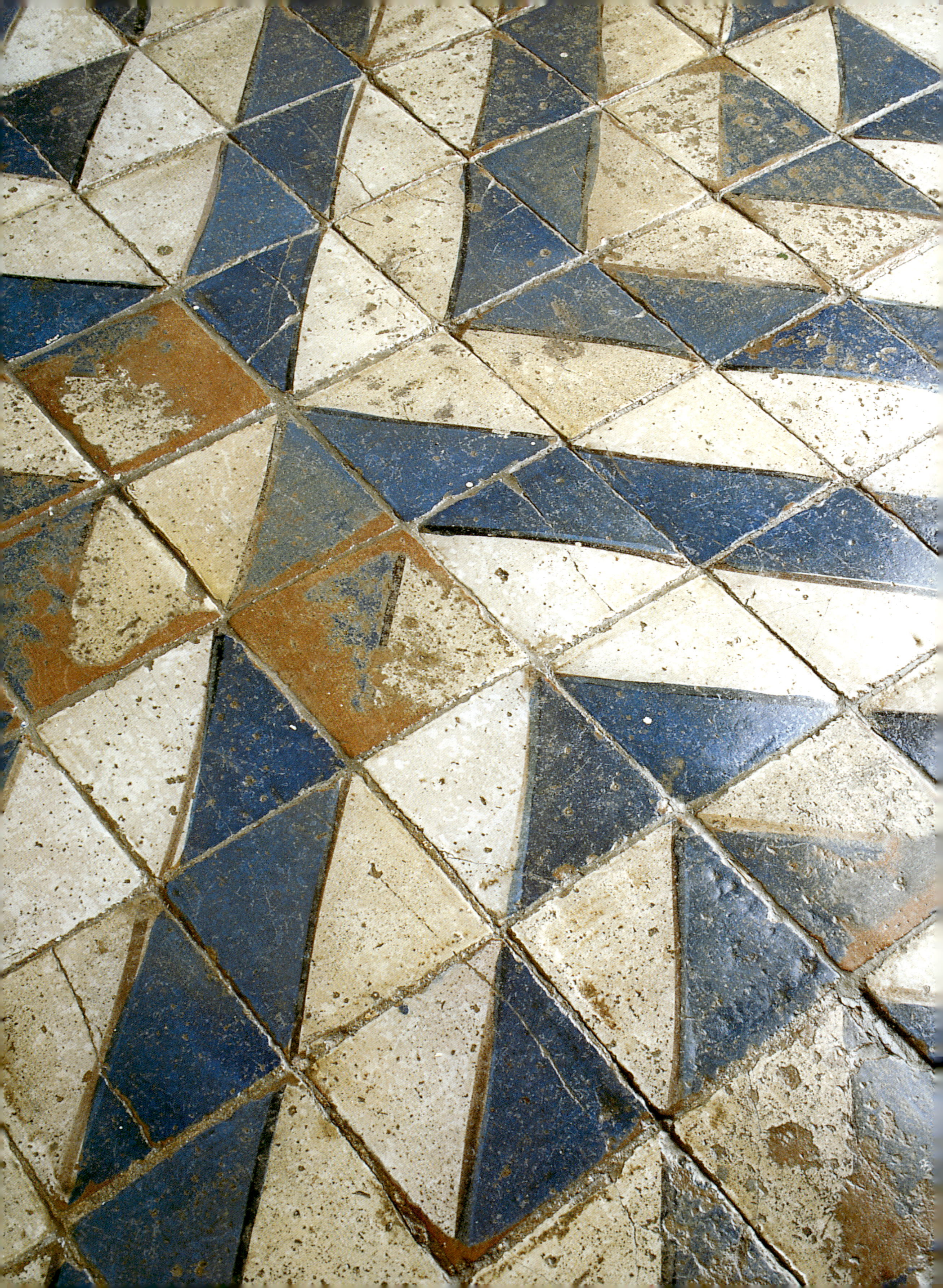

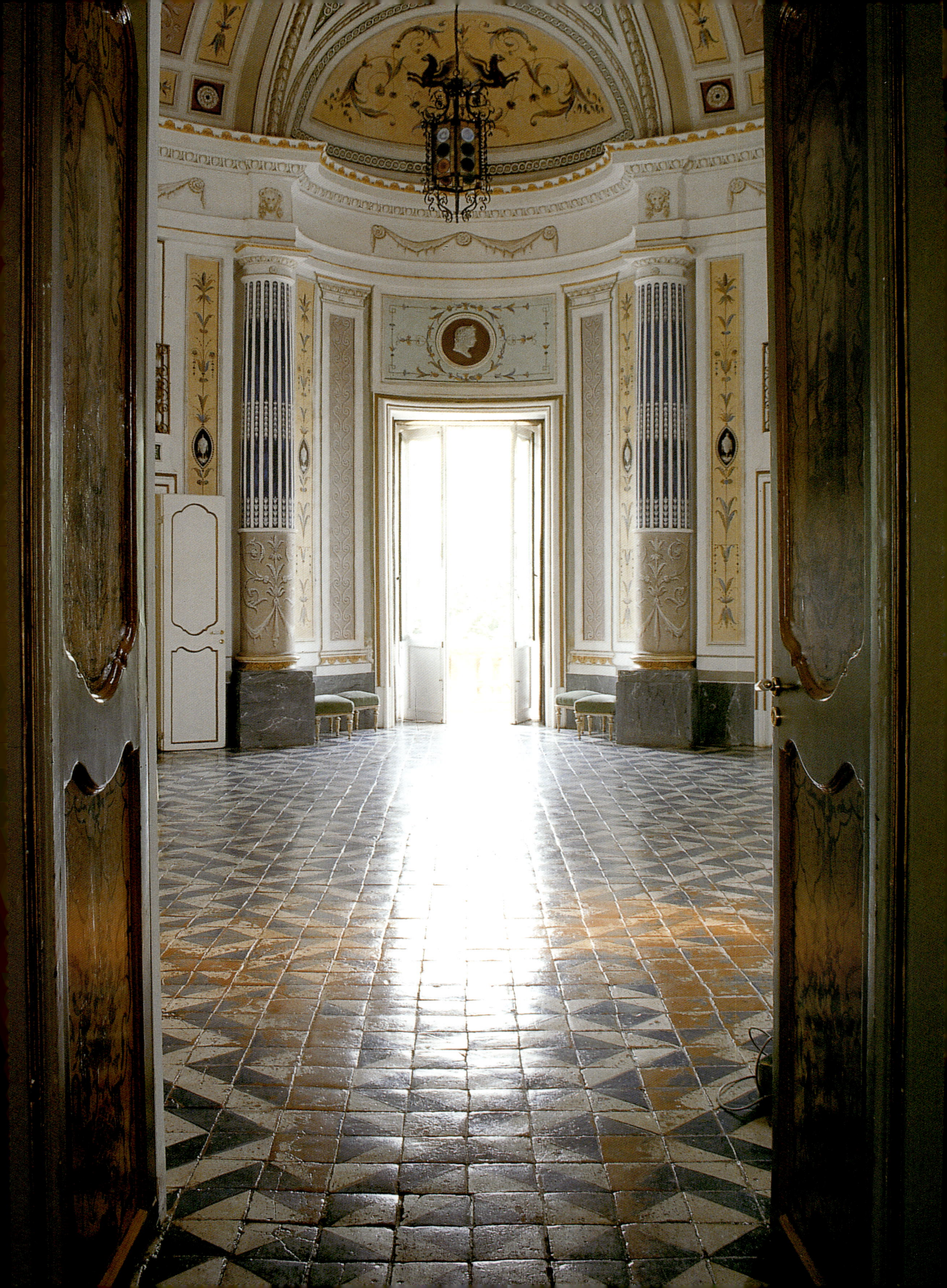

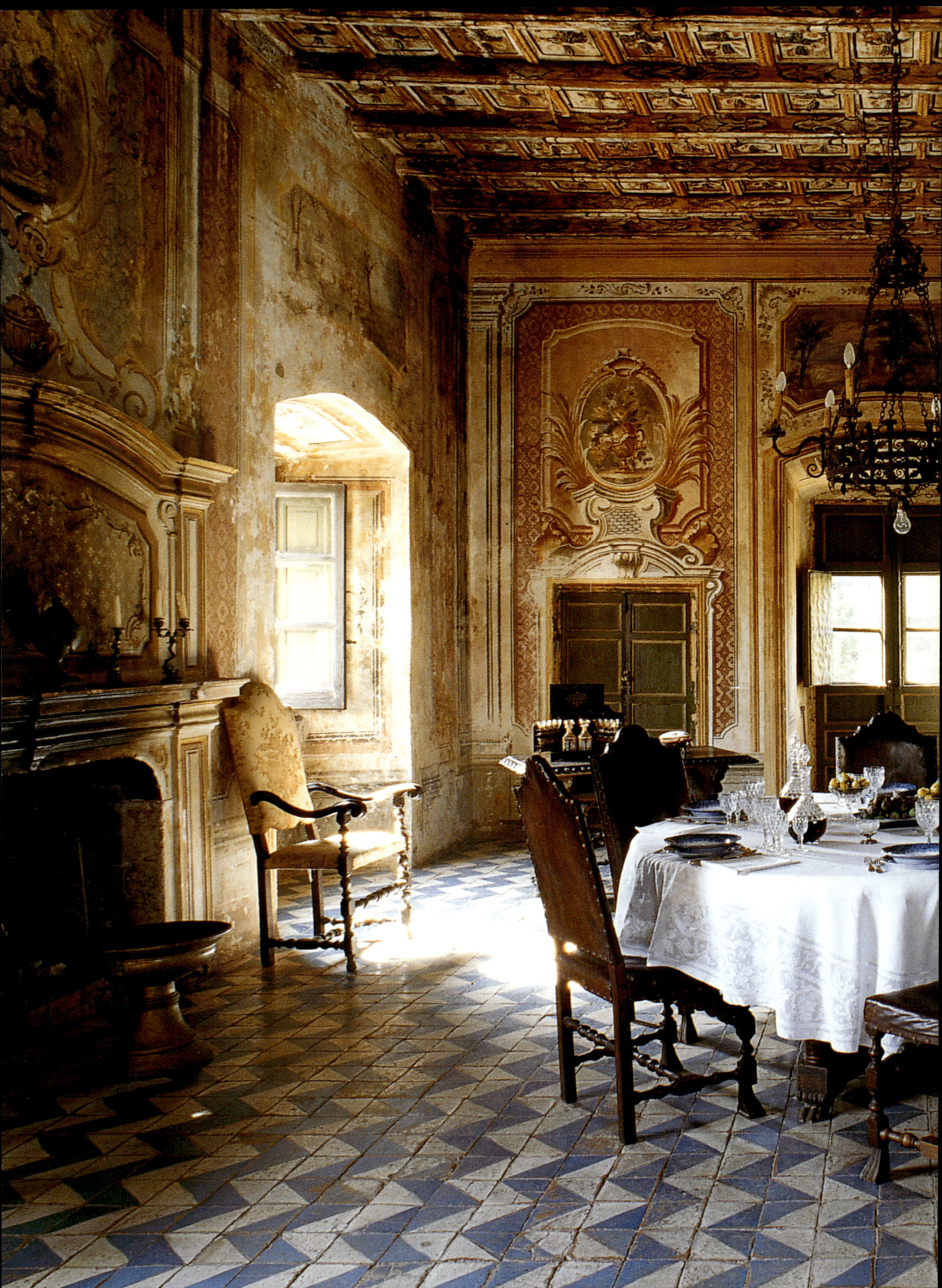

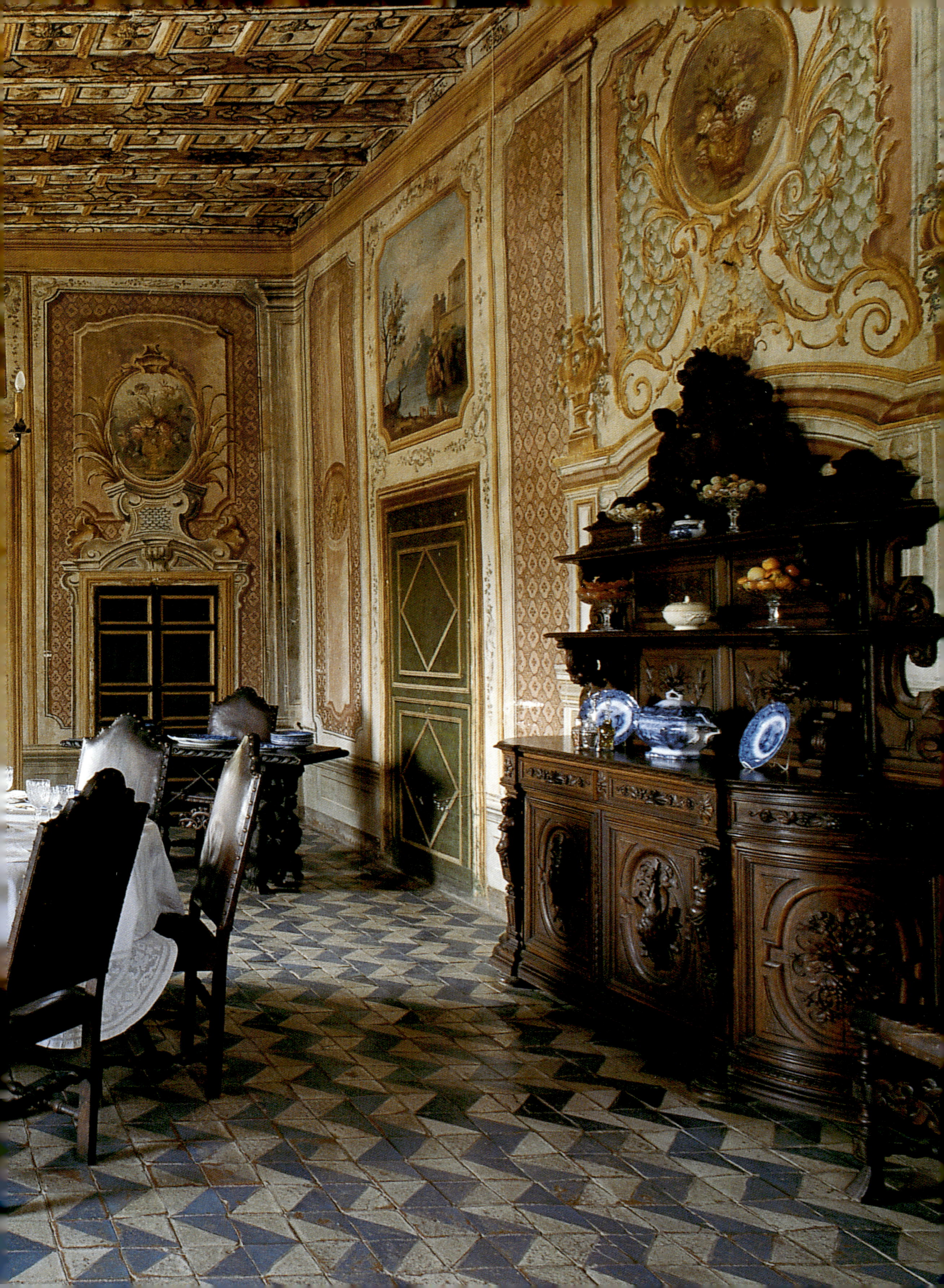

Il nettare più tipicamente
siciliano fu inventato da un
inglese che voleva imitare un
vino spagnolo. Fu infatti
John Woodhouse che, alla fine
del XVIII secolo, creò
il marsala, quale sostituto
dello xeres, il cui successo
fu assicurato dal blocco
continentale e
dall'ammiraglio Nelson.
Come Woodhouse,
molti grandi imprenditori
dell'isola erano inglesi.
Ma, grazie alla loro fortuna
e al prestigio della loro razza,
intrattennero prestissimo strette
relazioni con l'aristocrazia dei
Gattopardi.
Pagina di destra: «Piatto di
sostanza», il piatto
più calorico e corroborante
della cucina siciliana.

Dettaglio del tavolo scolpito
in noce e ferro battuto.
A fianco: Statuetta votiva
in ceramica di Collesano
(1850) destinata alla
protezione dei raccolti
(palazzo Malvagna).

144 *La Sicilia al tempo dei Gattopardi*

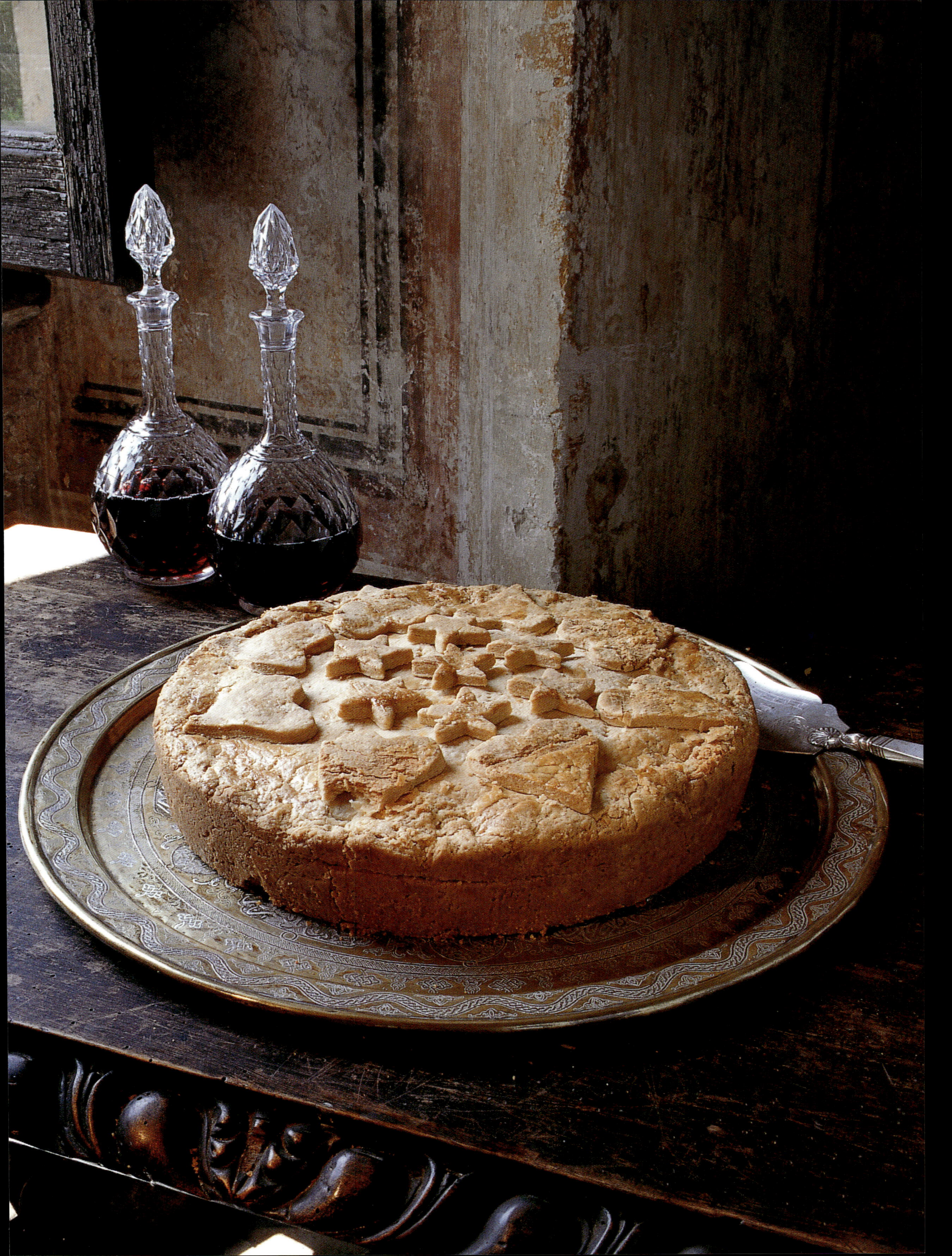

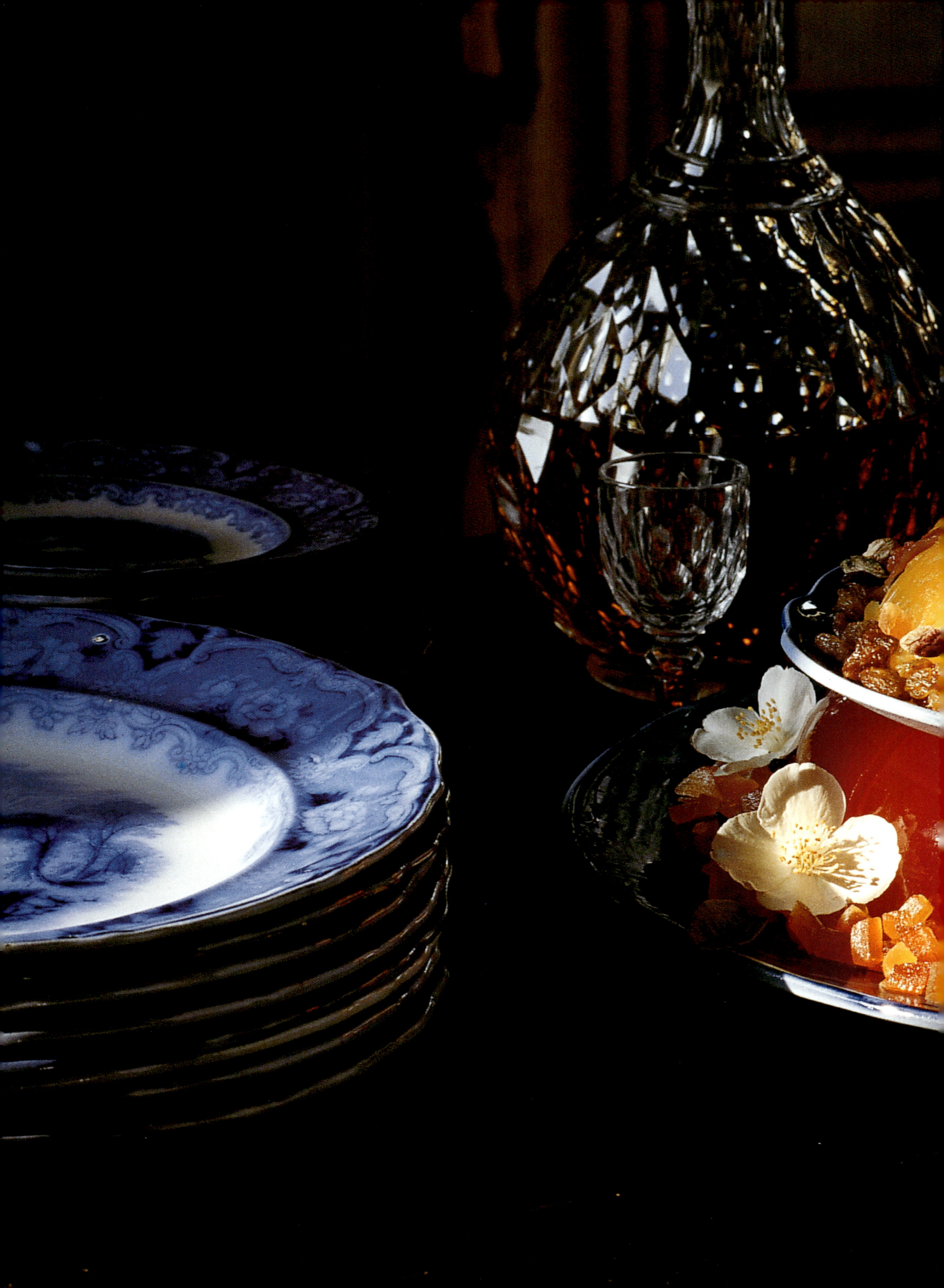

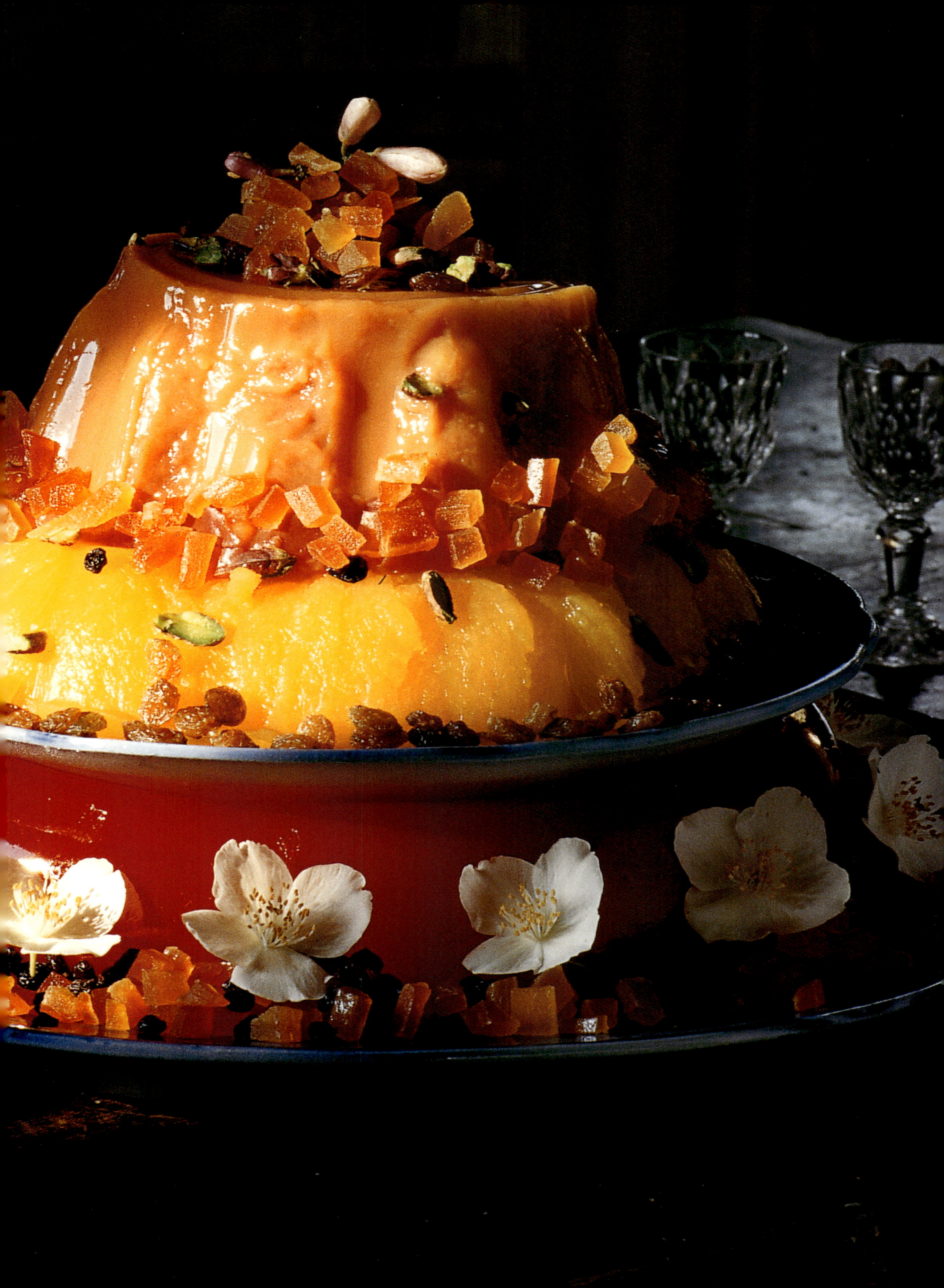

Villa Wirz (Mondello): consolle della sala da pranzo inizio '800, dotata di una ribalta che, sollevata, permette di posare i piatti sul marmo. Nespole e acanto selvatico.

Doppia pagina precedente:
La gelatina di frutta non è un'esclusiva degli inglesi. A Palermo, il gelu di mulùni, a base di polpa di anguria arricchita di fiori e acqua di gelsomino, è tradizionalmente servito in occasione dei festeggiamenti di Santa Rosalia.

La Sicilia al tempo dei Gattopardi

Zuppiera e piatto in ceramica di Cerreto, decorati con figurine policrome del XVIII secolo (collezione castello di Solanto). In secondo piano: piatto in ceramica di Faenza (collezione Alliata Pietratagliata).

La villeggiatura

Credenza (palazzo Gangi, Palermo). Tutti i viaggiatori si lamentavano – e talvolta si lamentano ancora – dell'insufficiente riscaldamento in Sicilia, dove l'inverno è breve e relativamente poco rigido, ma il legno raro e il carbone inesistente. La maggior parte delle stanze non prevedeva caminetti né stufe, e questi piccoli scaldini in porcellana di Caltagirone servivano a scaldare le mani.
Pagina di destra: Biancheria *dei conti Wirz, ricamata con lo stemma di famiglia.*

La Sicilia al tempo dei Gattopardi

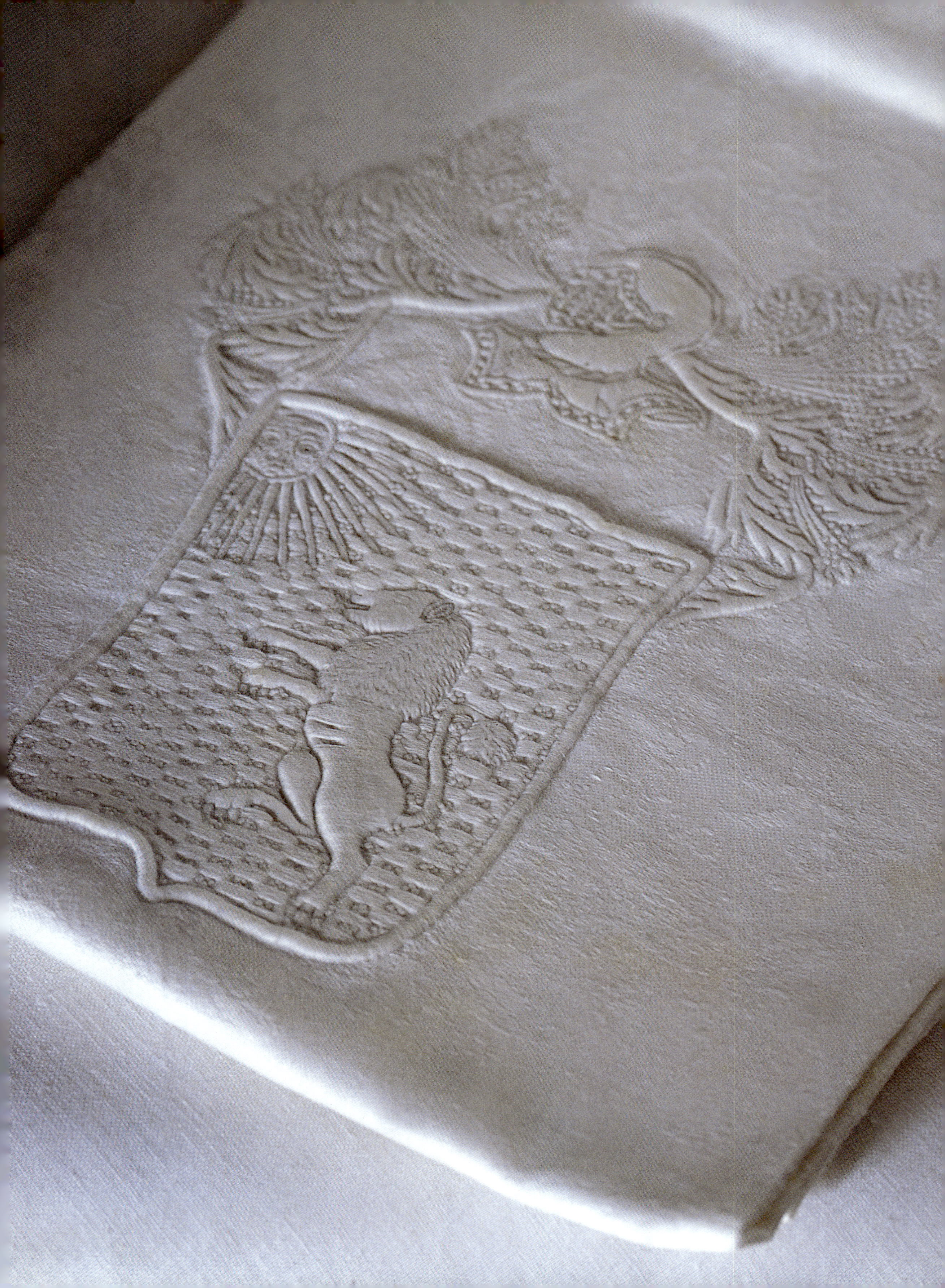

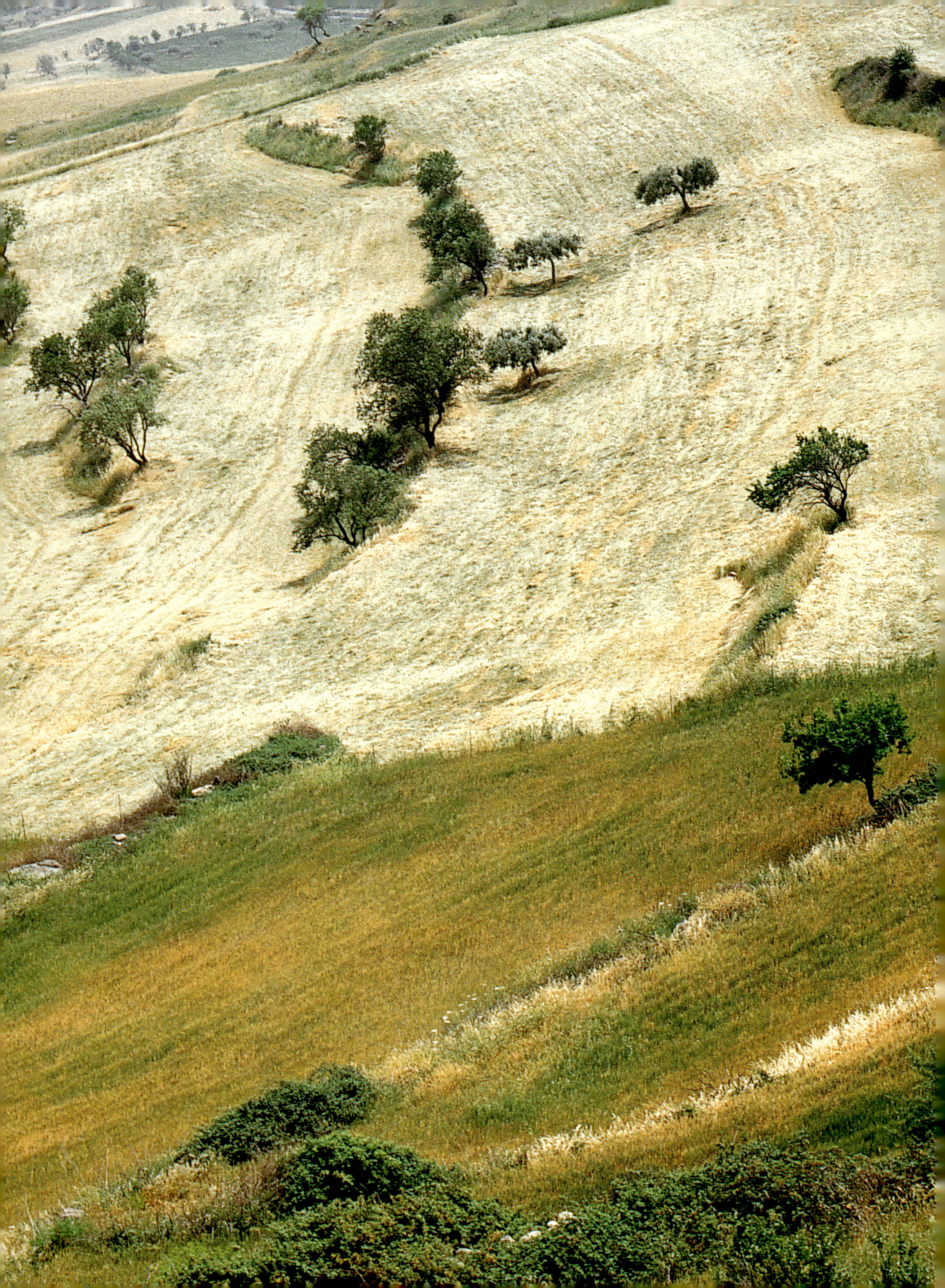

La campagna

Pagina di sinistra:
Paesaggio del centro
della Sicilia, verso Enna.
Qui sotto:
Fiscella e provola
di caciocavallo siciliano.

La Donnafugata immaginaria del principe Salina, così come la Santa Margherita di Belice reale del principe di Lampedusa, sono dei grossi borghi[1]. Raffigurarsi le dimore di campagna dei Gattopardi alla maniera francese, inglese o toscana, come castelli o manieri sperduti, isolati nei boschi, in fondo alle valli o sul fianco delle colline, sarebbe un errore; in Sicilia, terra in cui la popolazione è prevalentemente concentrata, gli stessi contadini abitano in città e percorrono ogni giorno diversi chilometri per recarsi sui loro campi e ritornare la sera. Ci si limiterà quindi a una definizione un po' alla buona: «La campagna, è quando è lontano».

Così, per i Gattopardi, raggiungere le loro terre una o due volte all'anno costituiva una spedizione lunga e penosa. Prima di partire, del resto, si faceva sempre testamento; nel 1905, un'opera assai diffusa, *L'Italie pittoresque* di Jules Gourdault, affermava a proposito della Sicilia: «Oggi, sebbene la banda del famoso Leone, ucciso nel 1887, sia sciolta, la regione è ben lontana dall'essere del tutto sicura». La ferocia dei banditi siciliani rimaneva comunque un soggetto controverso. Nel XVIII secolo, quasi tutti i viaggiatori degni di fede ne negavano addirittura l'esistenza. I banditi rifecero la loro comparsa durante il XIX secolo, ma ci si può chiedere se ciò non fosse un effetto del romanticismo.

In realtà, i disagi dei viaggi erano di gran lunga superiori ai pericoli: «Mon Dieu, mon Dieu!, esclama la governante francese che era stata a servizio presso la famiglia del maresciallo Bugeaud, c'est pire qu'en Afrique!». Si è già detto del ritardo della ferrovia in Sicilia. La rete stradale, la cui costruzione inizia davvero solo a partire dal 1838, non era molto più avanzata. Al di fuori dei due assi che collegavano Palermo a Messina e a Trapani, bisognava spesso affrontare vie molto sassose e malagevoli che, in mancanza di ponti, oltrepassavano i torrenti attraverso guadi pericolosi. Appena possibile, i viaggiatori approfittavano della leggendaria ospitalità siciliana, in un convento, presso amici, o anche presso sconosciuti, pur di evitare le rare e abominevoli locande. Spesso, quando il loro itinerario lo permetteva, i viaggiatori e i turisti utilizzavano la via marittima, come Alexandre Dumas sulla sua «speronara». La *Guide Hachette* del 1877 riconosce che «il modo di viaggiare più in uso è a cavallo o, molto spesso, a dorso di mulo», ma segnala: «Di quando in quando, nella bella stagione, un battello a vapore fa il giro della Sicilia, approdando nelle località principali, il che lascia ai viaggiatori il tempo di vedere le curiosità».

All'inizio del XX secolo, il giovane Lampedusa impiegava ancora dodici ore per coprire gli ottanta chilometri da Palermo a Santa Margherita di Belice. Al tempo di suo nonno, l'arrivo del Gattopardo comportava solennità pari alle fatiche del viaggio. Le autorità locali e la banda del paese salutavano i viaggiatori, quindi, prima ancora che questi mettessero piede nel palazzo, tutti si recavano alla cattedrale, per ascoltare un *Te Deum* accompagnato da Don Ciccio, l'organista, che attaccava «con impeto *Amami, Alfredo*». A dire la verità, l'utilizzo sacro di piccole romanze o arie di operetta non costituiva una peculiarità siciliana: a Parigi, nella stessa epoca, quasi tutti i curati si sforzavano di elevare le anime delle loro pecorelle tramite le musiche da *boulevards*.

La famiglia del barone del Bosco in villeggiatura. «Verso il 1905, la sola automobile che circolasse a Palermo era l'"électrique" della vecchia signora Giovanna Florio».

Un Vaticano siciliano

Non saremo così ingenui da immaginare la casa di campagna dell'aristocratico siciliano come una semplice residenza signorile campestre. La chiesa madre di Santa Margherita di Belice non era altro che la cappella privata dei Lampedusa, messa con benevolenza a disposizione della popolazione. L'immenso palazzo dei Filangeri di Cutò, antenati materni dell'autore del *Gattopardo*, «dava l'idea di una sorta di complesso chiuso e autosufficiente, di una specie di Vaticano»; edificato nel XVII seco-

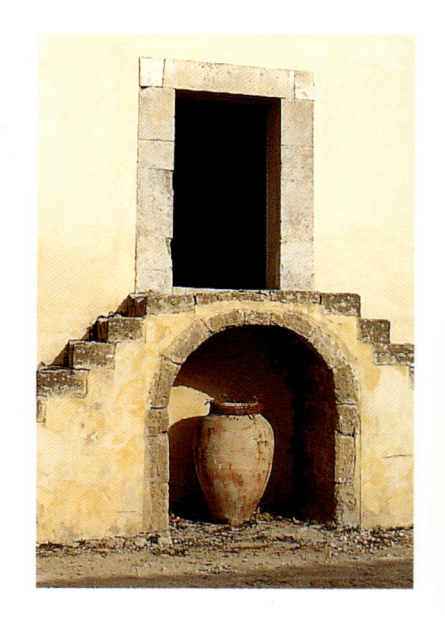

Scala di accesso al locale per la pigiatura, dove i vendemmiatori scaricavano i panieri colmi di grappoli. Edificio agricolo (e agrituristico).

lo, rifatto nel secolo successivo, era composto da quasi trecento stanze, una trentina delle quali destinate agli invitati (la foresteria), saloni di rappresentanza, un teatro, immensi cortili, scuderie e rimesse, e «un enorme e bellissimo giardino e un grande orto».

Ma gli antenati dei Gattopardi non avevano costruito le loro Donnafugata, reali o immaginarie, perché servissero loro da residenze secondarie. Questi enormi palazzi, che esistono ancora, variamente in rovina, in molte cittadine o paesi siciliani, testimoniano del tempo in cui i grandi feudatari vivevano effettivamente sulle loro terre, prima di abbandonarne lo sfruttamento a intendenti onnipotenti, di ipotecarle o venderle, e di scialacquare il loro capitale alle corti di Palermo o Napoli. E, per questo motivo, il viaggio al feudo una o due volte all'anno, se permetteva di godere dei piaceri della campagna, si spiegava però innanzitutto con il dovere che obbligava il signore a risiedere per qualche tempo presso i suoi vassalli, e con la necessità che costringe ogni proprietario a regolare i conti dei suoi possedimenti. Si capiscono meglio dunque le sofferenze sopportate, la banda, il *Te Deum* e questo autentico protocollo da «visita di Stato».

Prima ancora di immergersi in un bagno di una rusticità appena più accentuata che a Palermo, il principe Salina riceve Onofrio Rotolo, l'intendente dei feudi. Il rendiconto si chiudeva con un beneficio netto annuale di tremiladuecentosessantacinque onze, ovvero circa duecentocinquantamila euro. Per un Gattopardo, sostegno di una numerosa famiglia, con decine di domestici alle proprie dipendenze, che manteneva palazzi in città, in villeggiatura e in campagna, era troppo poco, infinitamente troppo poco, anche aggiungendovi i «carnaggi» o compensi in natura, anche costringendosi a una strettissima economia.

Coloro che disponevano di redditi al di fuori delle loro terre erano poco numerosi. Alcuni avevano interessi nelle miniere di zolfo siciliane, allora estremamente prospere, che fornivano i tre quarti dello zolfo estratto nel mondo. Altri partecipavano agli utili di una tonnara, quell'apparato immenso e complicato di reti e barche entro cui si catturavano i tonni prima di condurli alla «camera della morte», dove venivano uccisi con una ferocia quasi rituale. Quanto alle attività commerciali o industriali, nessun Gattopardo, per paura di sminuirsi, si degnava di impegnarvisi.

L'unificazione con il Regno d'Italia comportò conseguenze disastrose per l'economia dell'Italia meridionale e della Sicilia. L'adozione del libero scambio, favorevole agli industriali del Nord, consegnò alla concorrenza del grano americano e del vino francese i produttori siciliani, i cui ren-

Giardino di Case Del Biviere: a destra, agave *attenuata del Messico e, al bordo delle scale,* Pachyveria Hagey.

La campagna

dimenti, per mancanza di lucidità o per imperizia, restavano assai magri. I Gattopardi furono costretti a intaccare i loro capitali, vendendo una ad una le loro terre ai grossi contadini, ai Mastro-Don Gesualdo, ai Calogero Sedara, del quale l'eroe di Lampedusa (che si suppone parli nel 1860), profetizza l'avvenire: deputato al parlamento di Torino, acquirente dei beni del clero, primo proprietario della provincia. Il Tancredi del romanzo, che prende partito per Garibaldi contro i Borboni, sbagliava dunque due volte quando affermava che occorre cambiare tutto perché niente cambi.

I piaceri della solitudine

In senso stretto, questo sottotitolo, ispirato a un tema caro alla classicità, si applica in modo solo figurato alle Donnafugata dei Gattopardi. Certo, la difficoltà dei viaggi impediva all'aristocrazia siciliana di farsi visita con frequenza, come invece facevano, da un castello all'altro, la nobiltà francese o la *gentry* britannica. I vasti appartamenti della foresteria di Santa Margherita di Belice rimanevano spesso vuoti. In compenso, durante il loro soggiorno, i signori ricevevano regolarmente a cena i notabili del luogo, e si giocava a carte in media due volte alla settimana. Già questo può forse essere sufficiente a caratterizzare la campagna. Mai, infatti, i Gattopardi avrebbero pensato di ricevere nei loro palazzi di Palermo o nelle ville di Bagheria una società così composta quale quella di cui Lampedusa, nei suoi ricordi, enumera qualche esemplare: un vecchio zio, molto distinto ma bastardo e caduto in miseria, possidenti del luogo, più o meno dirozzati, il maestro di scuola, un ingegnere, un intellettuale che suona Chopin al pianoforte «e tanti altri che si vedevano più raramente». Oltre che dal bisogno di combattere la noia, una simile mescolanza di classi sociali era giustificata dal senso degli obblighi signorili. Ma essa rimaneva comunque eccezionale e limitata. Soltanto i borghesi di sesso maschile partecipavano infatti a queste agapi o a questi divertimenti – riserva, del resto, meno siciliana di quanto appaia: anche presso i Guermantes si ricevevano più facilmente gli uomini di condizione inferiore che le loro mogli.
Grazie ai loro antenati, i Gattopardi della fine del XIX secolo, durante il loro soggiorno in campagna, potevano comunque andare a teatro. Molte grandi dimore siciliane ne comprendevano uno, costruito quando

Ci volle molto tempo prima che aranci, mandarini, limoni, cedri e pompelmi acquisissero un posto importante nell'economia dell'isola. La coltivazione degli agrumi, limitata alla frangia costiera e richiedente molta acqua e cure, rimase per buona parte, prima della metà dell'Ottocento, una coltura ornamentale.

l'isola dipendeva da Napoli, dove il teatro d'opera o di prosa, più che uno spettacolo o un'industria, era un autentico culto. A tre giorni o a dodici ore di distanza da Palermo, a seconda dell'epoca, la sala di Santa Margherita di Belice descritta da Lampedusa non aveva nulla del teatrino in miniatura: bianca e oro, aveva due file di dodici palchi ciascuna, in velluto azzurro, una platea, un loggione e, al centro, l'inevitabile e sontuoso palco reale, qui quello dei Filangeri-Lampedusa, ossia trecento posti in totale.

La cosa più sorprendente è che alla fine dell'era dei Gattopardi, tra gli inizi del XIX secolo e la Grande Guerra, questo teatro continuava a funzionare. Non, beninteso, con una compagnia stabile né con attori dilettanti, ma grazie a una delle molte compagnie itineranti che, di città in città, di palazzo in palazzo, presentavano il repertorio di prosa romantico, talora perfino Shakespeare e, all'occasione, «qualche "pochade" francese reputata indecente». Per tutto ciò, gli attori prendevano in prestito dai castellani mobili, accessori e, a volte, perfino gli abiti. Grazie a queste comodità, si installavano per due o tre settimane, facendo ogni sera buoni incassi grazie ai contadini del luogo, perché, è ovvio, le rigorose regole del Teatro Massimo di Palermo non si applicavano ai Filangeri di Santa Margherita di Belice[2].

Nel centro o nel nord d'Italia, in Francia, in Gran Bretagna, ovunque in Europa, il soggiorno dell'aristocratico sulle sue terre era sinonimo di caccia. Certo, tutte le mattine, con il suo fucile e il suo cane, il principe Salina batte la campagna – se possono dirsi campagna, precisa Lampedusa, luoghi così selvaggi. Ma caccia da solo, o, più esattamente, accompagnato come al solito da don Ciccio. Ben felici se riportano una coppia di pernici o un coniglio, regolarmente promosso al grado di lepre. Per il resto, il principe e l'organista non si raccontano storie di caccia, ma parlano di politica o dei fatti quotidiani.

La verità è che in Sicilia selvaggina degna di questo nome esisteva soltanto nella zona paludosa (e estremamente insalubre) di Lentini, tra Catania e Augusta, dove si trovava[3] una grande varietà di anatre, di beccacce e di altri uccelli acquatici. Niente, ad ogni modo, che si prestasse a grandi battute, a quelle cacce a cavallo che offrivano alla nobiltà europea l'occasione di raduni festosi, colorati e sonori. Ci si può chiedere del resto se, fra tutte le ragioni che spingevano principi, marchesi e conti siciliani a disertare i loro feudi nel corso del secolo precedente, non si debba annoverare l'impossibilità di dedicarvisi alle gioie aristocratiche della grande caccia.

In compenso, il soggiorno in campagna offriva ai Gattopardi dei piace-

I cereali, coltivati nei latifondi dell'aristocrazia siciliana, rimasero per secoli la base della produzione agricola siciliana.

A sinistra: *Giardino di limoni e i frutti raccolti (Siracusa). Edifici agricoli (oggi sede di agriturismo).*

La campagna 157

ri meno fastosi, ma incontestabili. Un inferno per chi viaggiava, la Sicilia offriva un paradiso a chi passeggiava, grazie alla sua straordinaria ricchezza di monumenti, di siti e di curiosità di ogni tipo. Una delle escursioni era assolutamente obbligatoria: la visita a qualche monastero dei dintorni con il quale la famiglia intratteneva relazioni particolari, sia che lo proteggesse (non più con la spada, ma con il denaro), sia che uno dei suoi vi si fosse ritirato, sia che un parente o una parente vi avesse in altri tempi vissuto in odore di santità, se non per due o tre di questi motivi insieme. Quasi tutti i conventi siciliani producevano dolci, come i «mandorlati rosa e verdognoli» che le monache del convento di Santo Spirito offrono al principe Salina. Si sono già ricordate le meravigliose paste di mandorla del convento della Martorana a Palermo, e non è certo un caso se i nomi di molti dolciumi siciliani sono in rapporto con la religione: il torrone di sant'Agata nella zona di Catania, in quella di Enna le barbe di san Paolo, rotoli di pasta all'uovo ripieni di ricotta zuccherata e cotti al forno, i chiodi di san Giuliano, dolci di pastafrolla della provincia di Trapani, per non parlare delle *minni di vergini*, degli ossi di morto, paste di mandorla a forma di ossa gustate a Catania per la festa dei Defunti, e, a Palermo, del trionfo di gola di Santa Caterina (gola nel senso sia anatomico che gastronomico del termine). Va del resto rilevato che le congregazioni non si limitavano alla preparazione di dolci: il «cùscusu»[4] delle monache dell'abbazia di Santo Spirito ad Agrigento, la cui ricetta era tenuta rigorosamente segreta, passava per essere davvero paradisiaco.

A partire dal 1866, con la nazionalizzazione e poi la vendita dei beni del clero, le possibilità di tali escursioni, religiose e gastronomiche insieme, andarono a poco a poco riducendosi. Restava, fortunatamente, il piacere del picnic. Queste scampagnate non assomigliavano tuttavia a quelle, ingenue, alla buona e piccolo-borghesi, dipinte nella stessa epoca dagli impressionisti, e nemmeno ai pretenziosi ricevimenti alla *Citizen Kane*. Per salire alla Venarìa, il vecchio padiglione di caccia a quattrocento metri di altitudine, a una lega da Santa Margherita di Belice, dove i Lampedusa erano soliti recarsi per il picnic, le dame prendevano un *dog-cart* e gli uomini cavalcavano umili asinelli. Dopo «le cadute vere, gli ammutinamenti asinini autentici e le cadute fittizie provocate per amore del pittoresco», i principi, piccoli o grandi, il loro seguito e alcuni invitati locali divoravano le pietanze preparate dai cuochi, arrivati di prima mattina. Il menù non si discostava molto da quello che sarebbe stato servito a palazzo: pesce freddo con la maionese, tacchine farcite e, soprattutto, il «pasticcio di sostanza», quel timballo di maccheroni che i

Cortile di palazzo Corvaja a Taormina.

158 *La Sicilia al tempo dei Gattopardi*

Gattopardi, conoscendo i gusti dei loro ospiti campagnoli, non mancavano mai di offrire loro. Sotto una crosta di pasta sfoglia dorata al giallo d'uovo, maccheroni, parmigiano, prosciutto crudo, fegatini, carni bianche e pomodori vi si sposavano con gli aromi dei tartufi, della cannella, della cipolla e del sedano: un autentico piatto siciliano, costruito come un palazzo barocco, arricchito da sfumature sottili e sorprendenti, pieno di echi raffinati.

In compenso, ricorda Lampedusa, non si beveva quasi. E in effetti si beve poco in Sicilia, dove pure si producono tanti vini eccellenti. I siciliani, da sempre, hanno trovato altrove le loro ebbrezze e i loro deliri.

[1] Nel 1968, poco prima del terremoto che distrusse il paese e a dispetto dell'esodo dalle campagne che, come dappertutto, colpiva anche la Sicilia, Santa Margherita di Belice contava ancora quasi ottomila abitanti.

[2] Lampedusa racconta che sua madre, fingendo di percepire un prezzo fittizio di 50 centesimi per due settimane di affitto del teatro, ci teneva però a pagare un abbonamento, vero questa volta, per l'uso del «palco reale». Era da questo genere di dettagli che si riconosceva un Gattopardo.

[3] L'uso del verbo al passato è giustificato dalla recente bonifica di queste paludi, non dalla scomparsa o dalla riapparizione della selvaggina di grossa taglia in Sicilia.

[4] Nella sua forma classica, specialità di Trapani, il *cùscusu* è una sorprendente e ammirevole sintesi del cuscus e della bouillabaisse.

I cannoli sono tra i dolci siciliani più popolari. Confezionati un tempo in occasione del Carnevale, li si trova adesso tutto l'anno. Si tratta di un dolce particolarmente ricco: la sua preparazione, piuttosto difficile, richiede zucchero e glassa, miele, farina, la scorza di un limone, strutto, cacao amaro e cacao dolce, cioccolato amaro, caffè (ristretto), marsala (secco), ricotta, ciliegie caramellate, frutta candita, cedrini, pistacchi, un uovo e, dice la ricetta, molto olio per friggere...

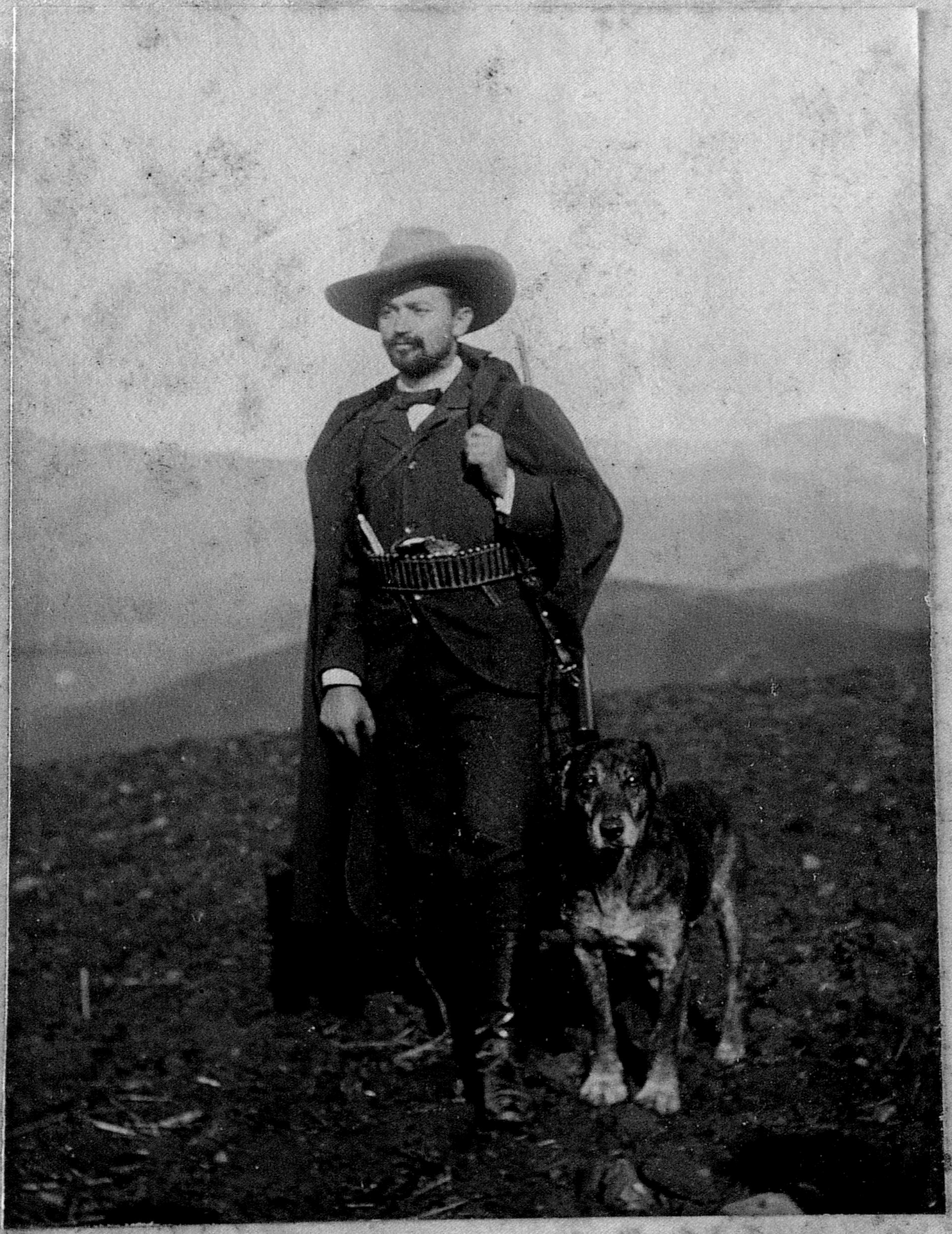

Erano le 5 di sera. Viaggiavamo da 12 ore. Sul ponte era schierata la banda municipale che attaccava con slancio una «polka». Noi abbrutiti, con le ciglia bianche di polvere e la gola riarsa, ci sforzavamo di sorridere e di ringraziare. Un breve percorso nelle strade, si sboccava nella Piazza, si vedevano le linee aggraziate della Casa, si entrava nel portone: primo cortile, androne, secondo cortile. Si era arrivati. Al basso della scala esterna il gruppetto dei «familiari» capeggiato dall'eccellente Don Nofrio, minuscolo sotto la barba bianca e fiancheggiato dalla potente moglie. «Benvenuti!» «Come siamo contenti di essere arrivati!».

Tomasi di Lampedusa, *Ricordi d'infanzia*

Pagina di sinistra: *Il barone Francesco De Simone Achates.*
«*Don Fabrizio [...] passara lunghe ore a caccia, dall'alba al pomeriggio. La fatica era fuori d'ogni proporzione con i risultati, perché anche ai più esperti tiratori riesce difficile colpire un bersaglio che non c'è quasi mai*».
Lampedusa, *Il Gattopardo*.
A destra: *Costruzione agricola (e agriturismo), Siracusa.*

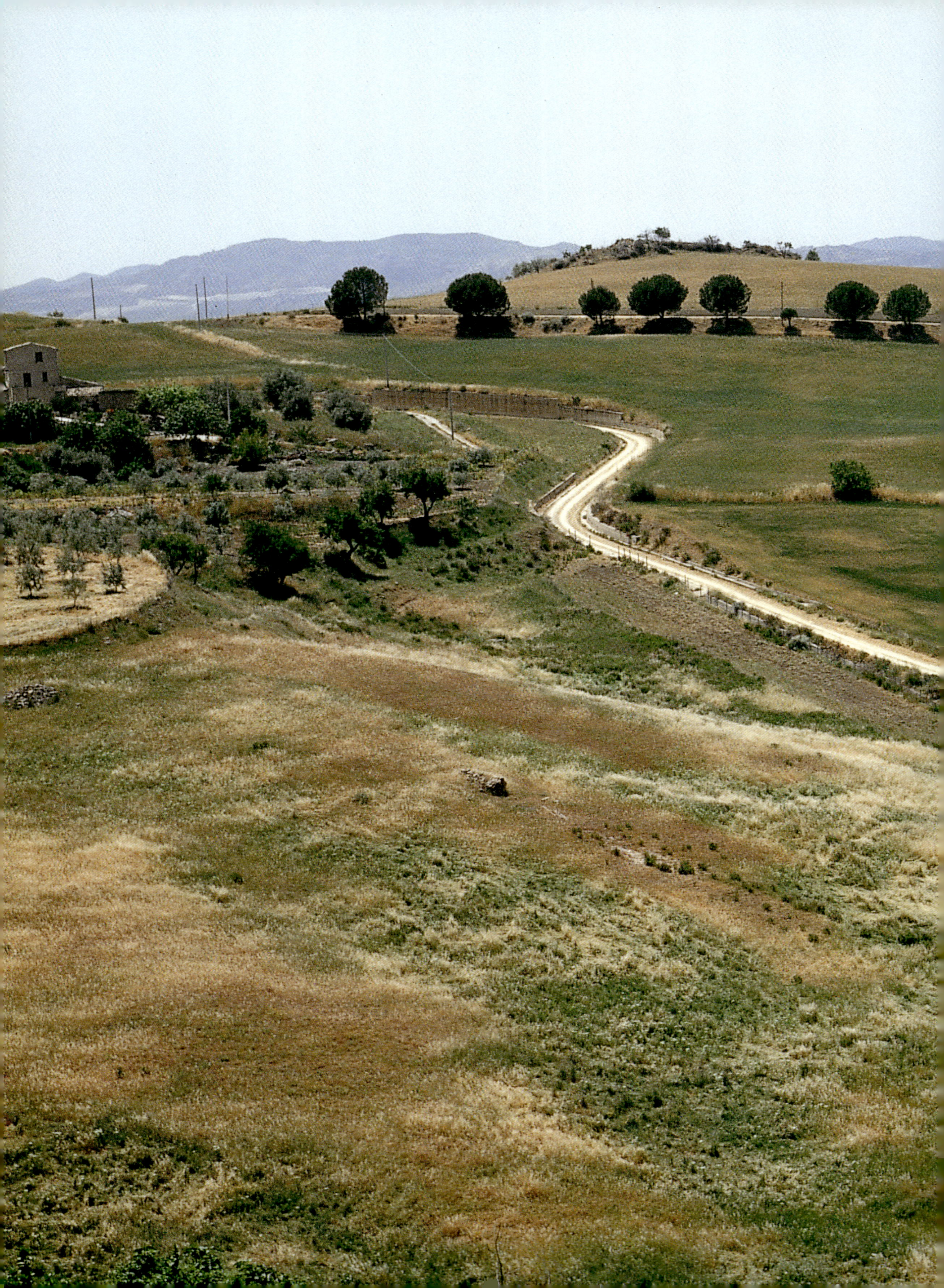

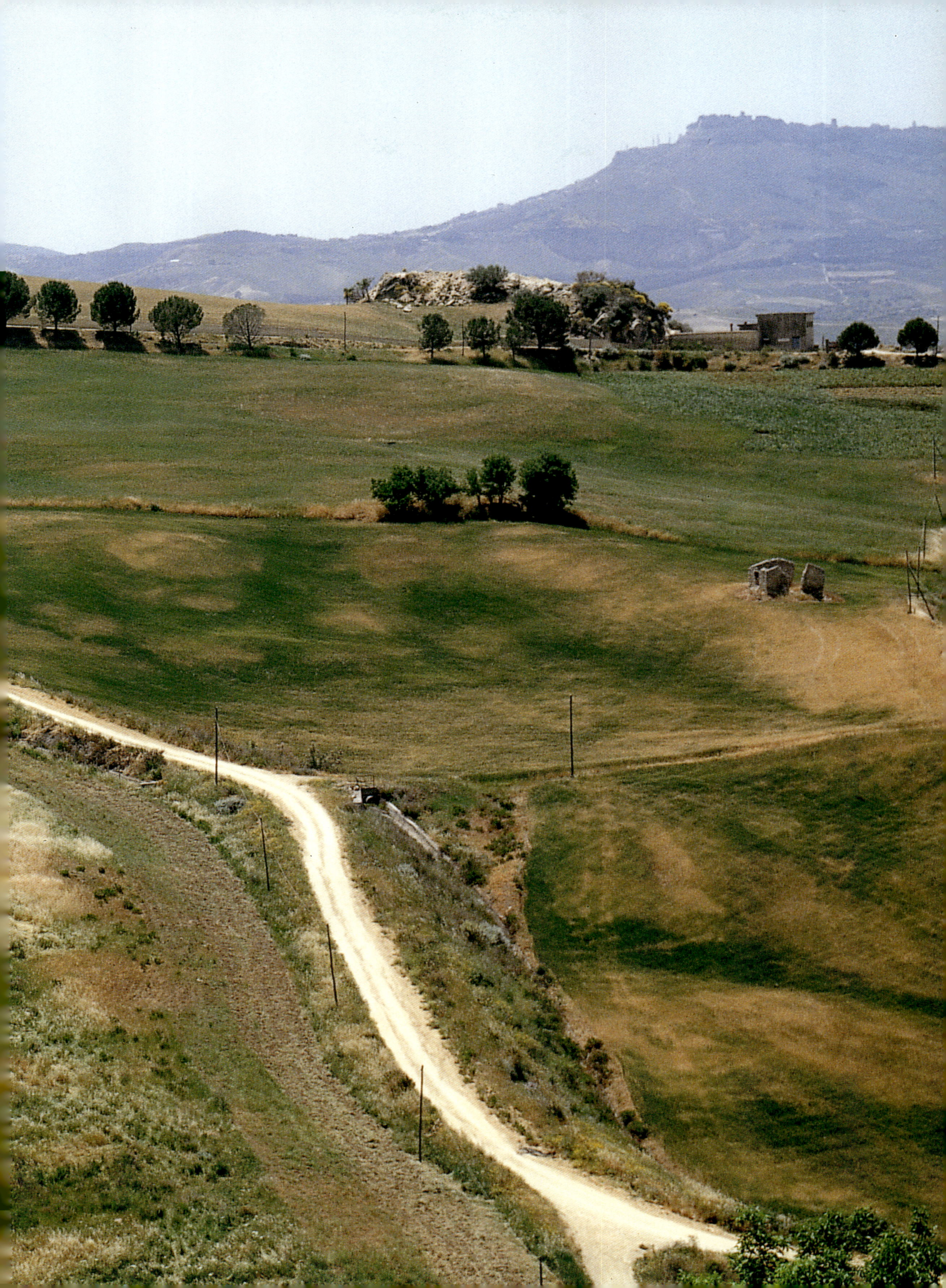

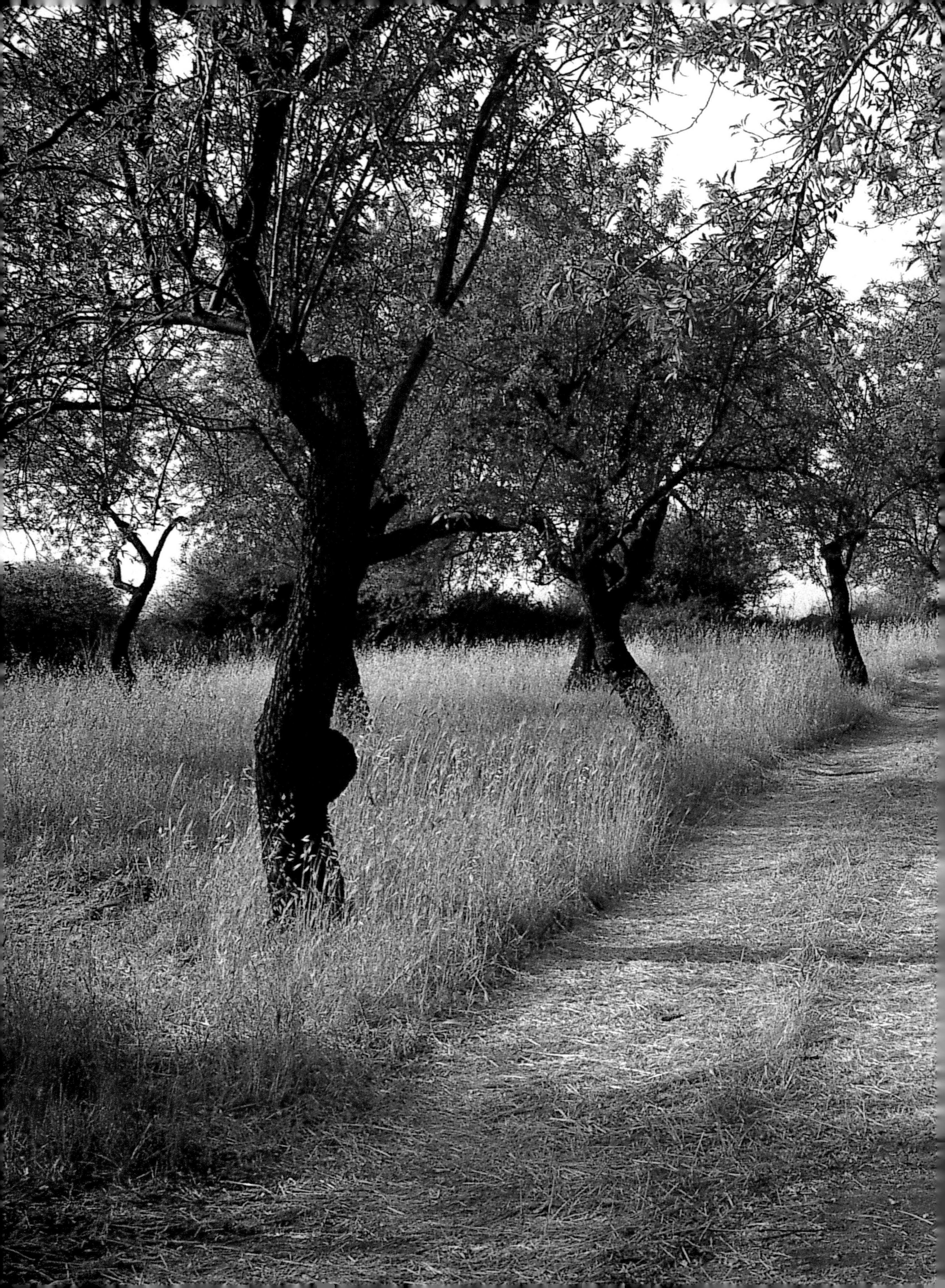

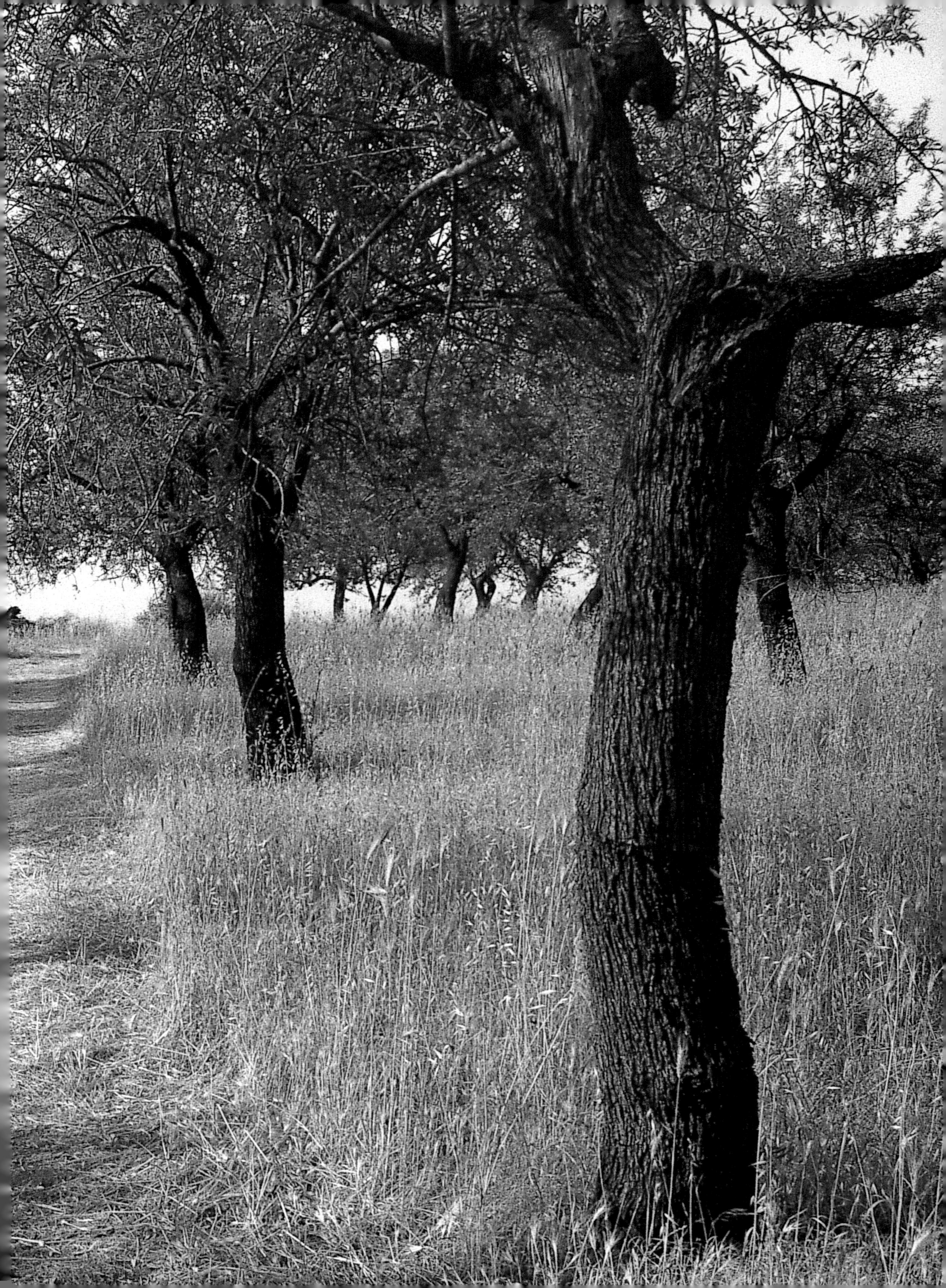

Doppia pagina precedente:
*Mandorleto, Siracusa.
Edifici agricoli (e agrituristici).
A sinistra: Euphorbia*
canariensis *in un angolo
della facciata di
Case Del Biviere.*

«Le cose si sono messe in modo tale che siamo entrati in relazioni amichevoli con alcune delle più antiche famiglie dell'alta nobiltà del luogo. [...] Vaste tribù familiari, patriarcali, sono costituite da questo stato di cose. Un'onorevole e confortevole moralità le mantiene nel godimento di antichi e grandi feudi e nella pratica di un'amabile protezione dei loro vassalli».
Richard Wagner a Ludwig II di Baviera, 13 maggio 1882.

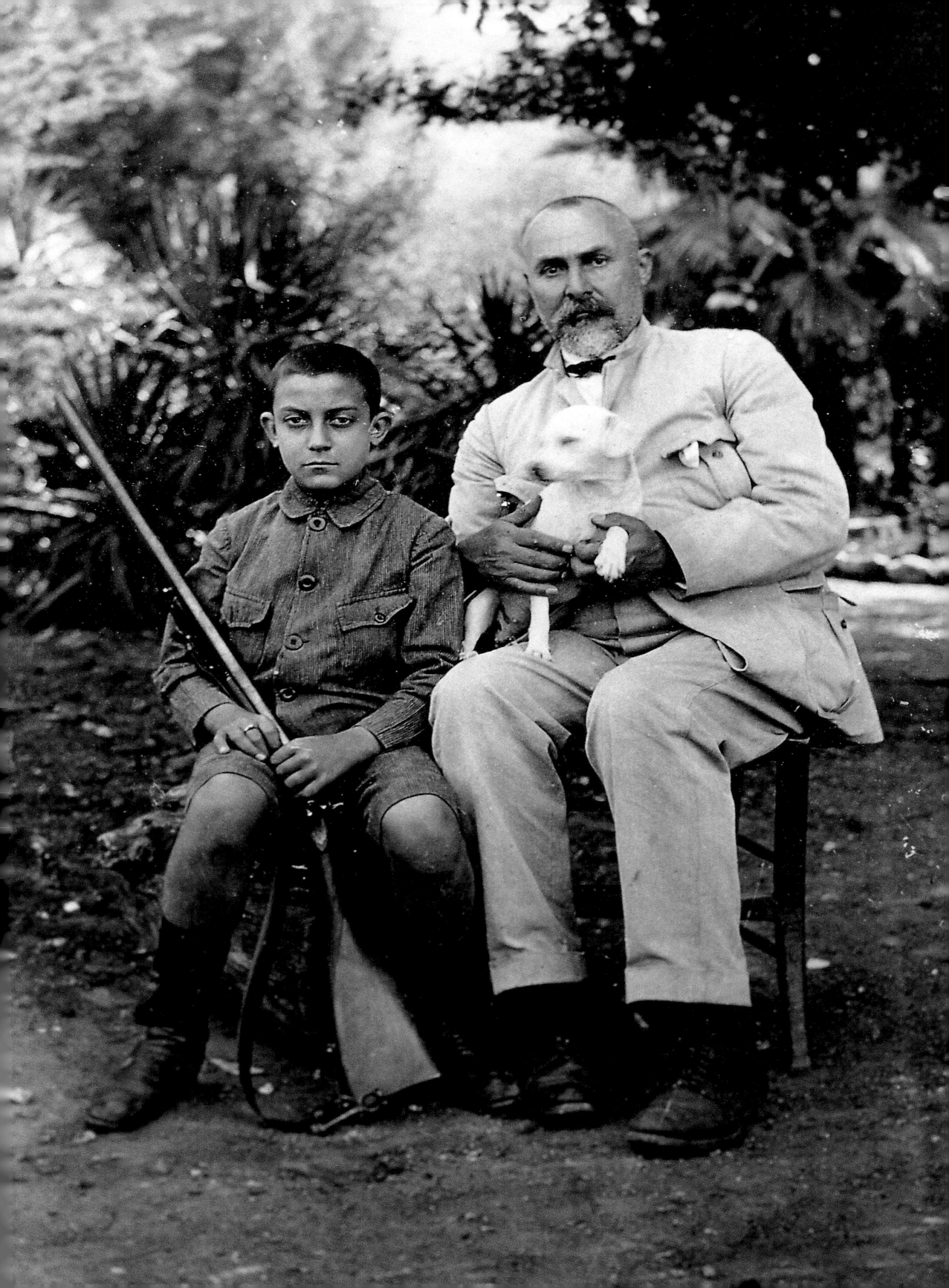

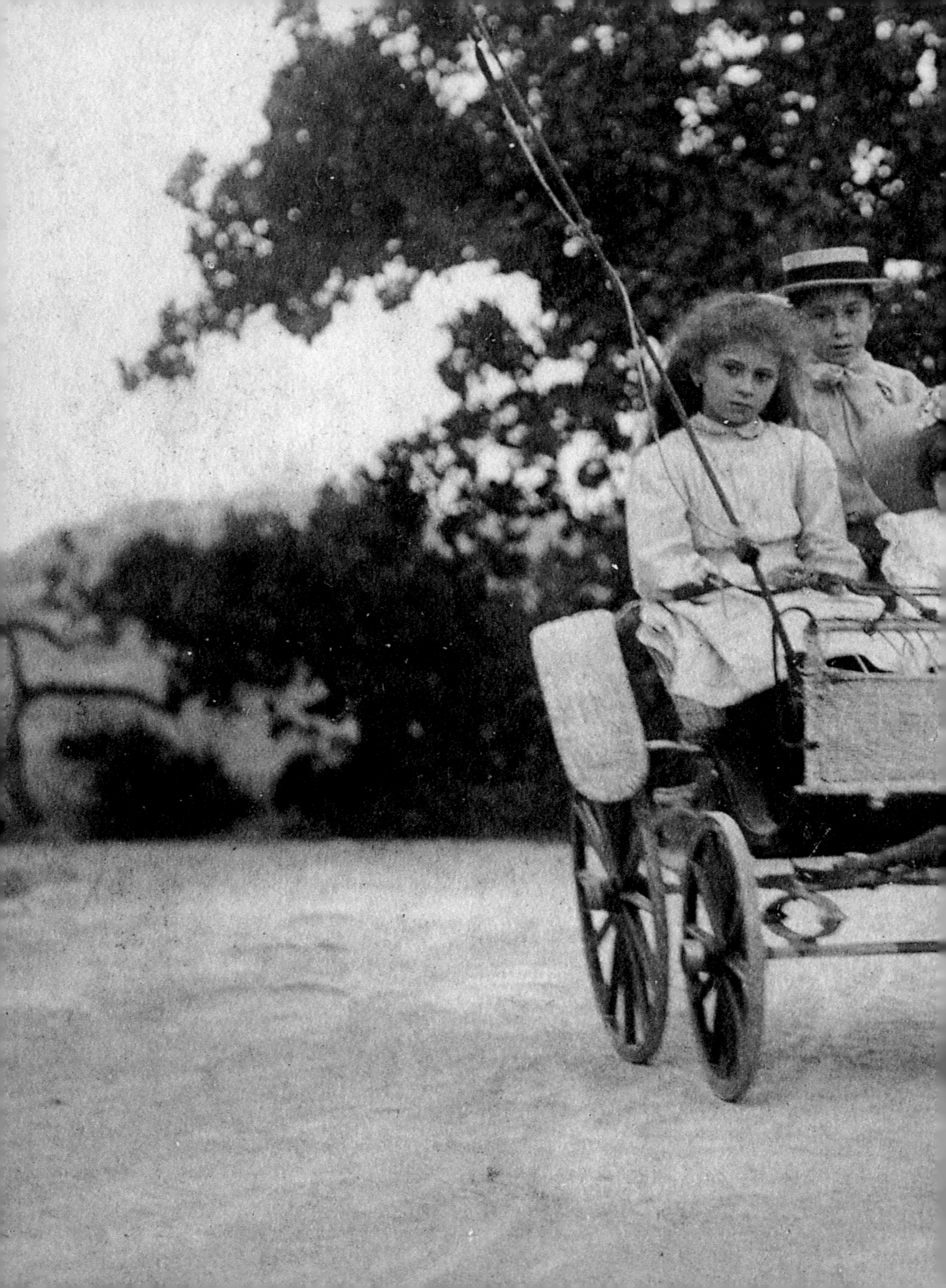

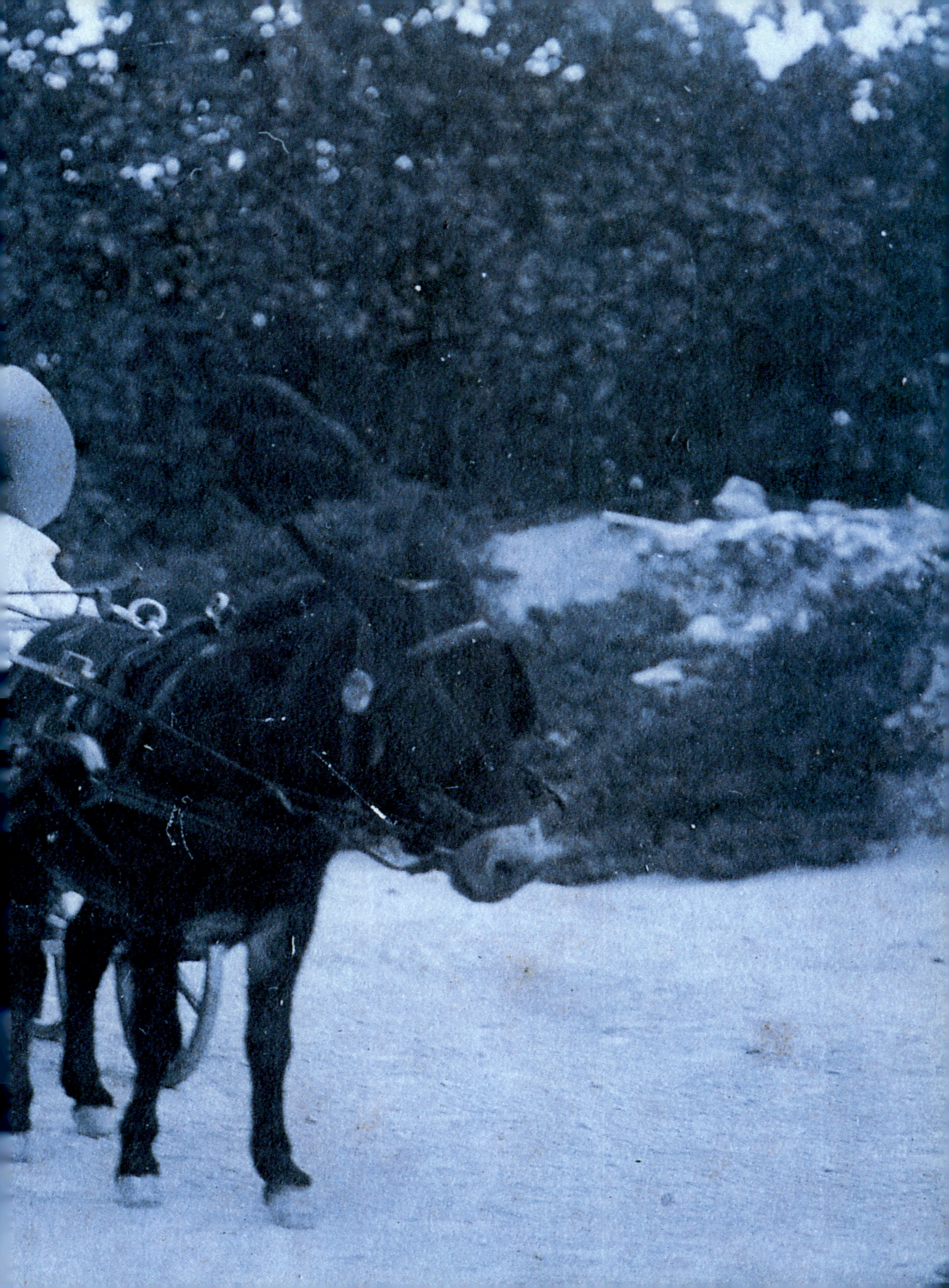

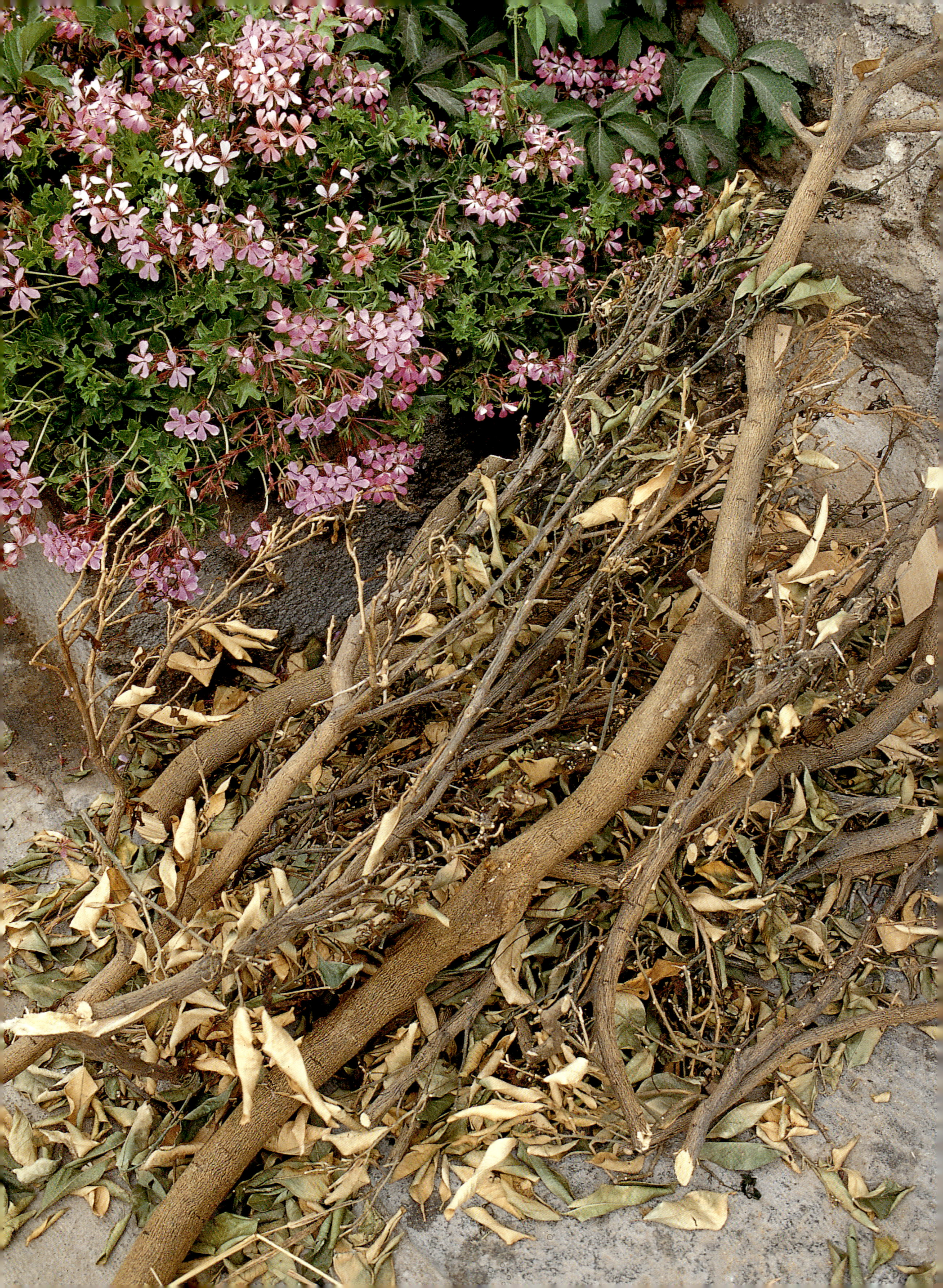

Sarde a beccaficu.
Specialità siciliana
estremamente apprezzata,
le sarde a beccafico
sono ripiene di una farcia
di acciughe, pangrattato,
capperi, pinoli,
olive nere, prezzemolo,
ecc., e cotte al forno.
Ne esistono molte varietà
a seconda dei luoghi, con
aggiunta di diversi
ingredienti.

Si mangiano sia
fredde che calde.
Qui a lato: «Albarello»
in ceramica di Caltagirone,
rasellame assai diffuso in
Sicilia e dai molti usi.
Doppie pagine seguenti:
I soggiorni in campagna
erano occasione di una
– molto relativa –
fraternizzazione con
le classi lavoratrici…
Buffet rustico
alla siciliana: in primo
piano, arancini (uno dei piatti
più popolari in Sicilia)
e parmigiana di melanzane.

La campagna 171

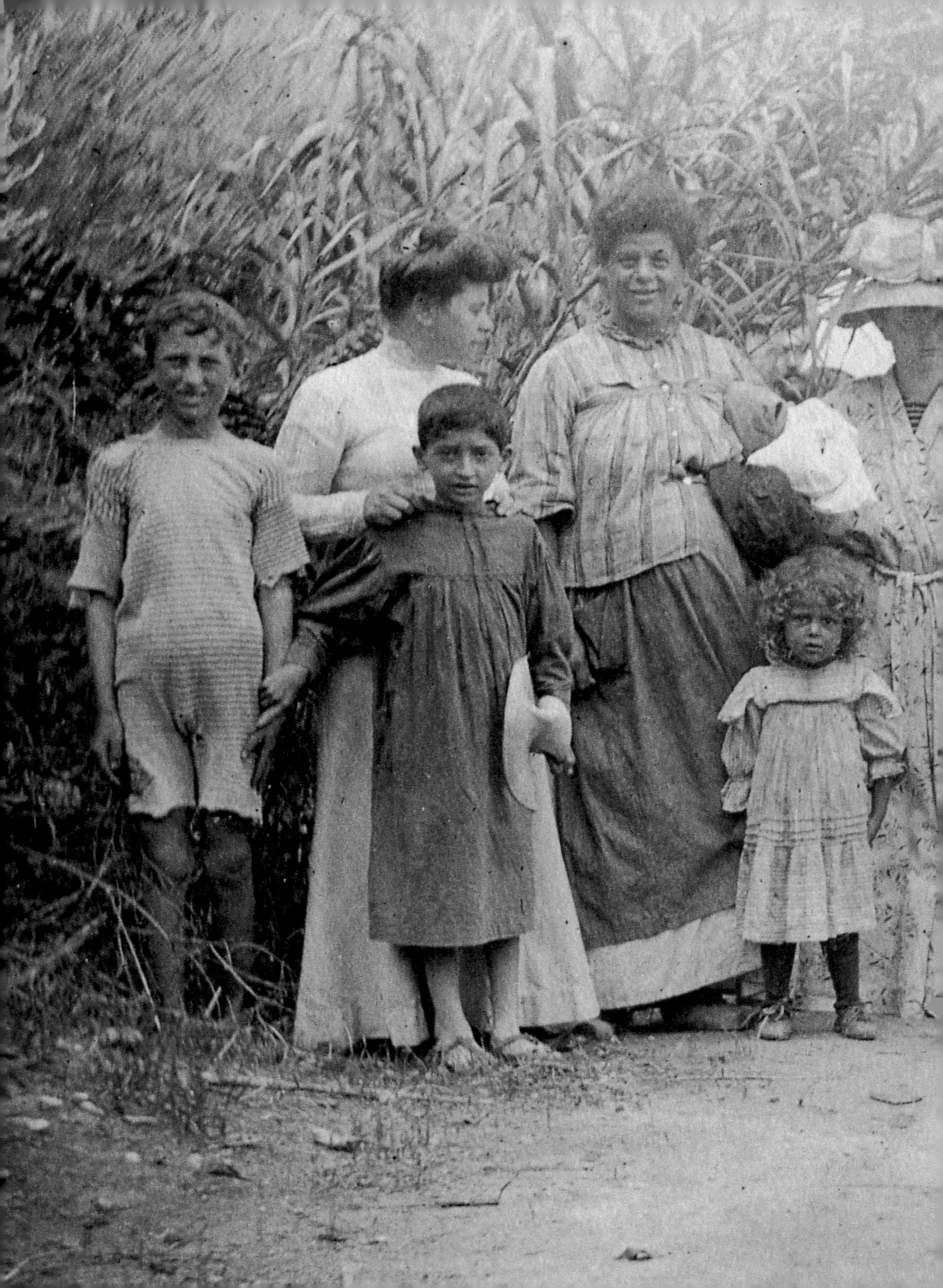

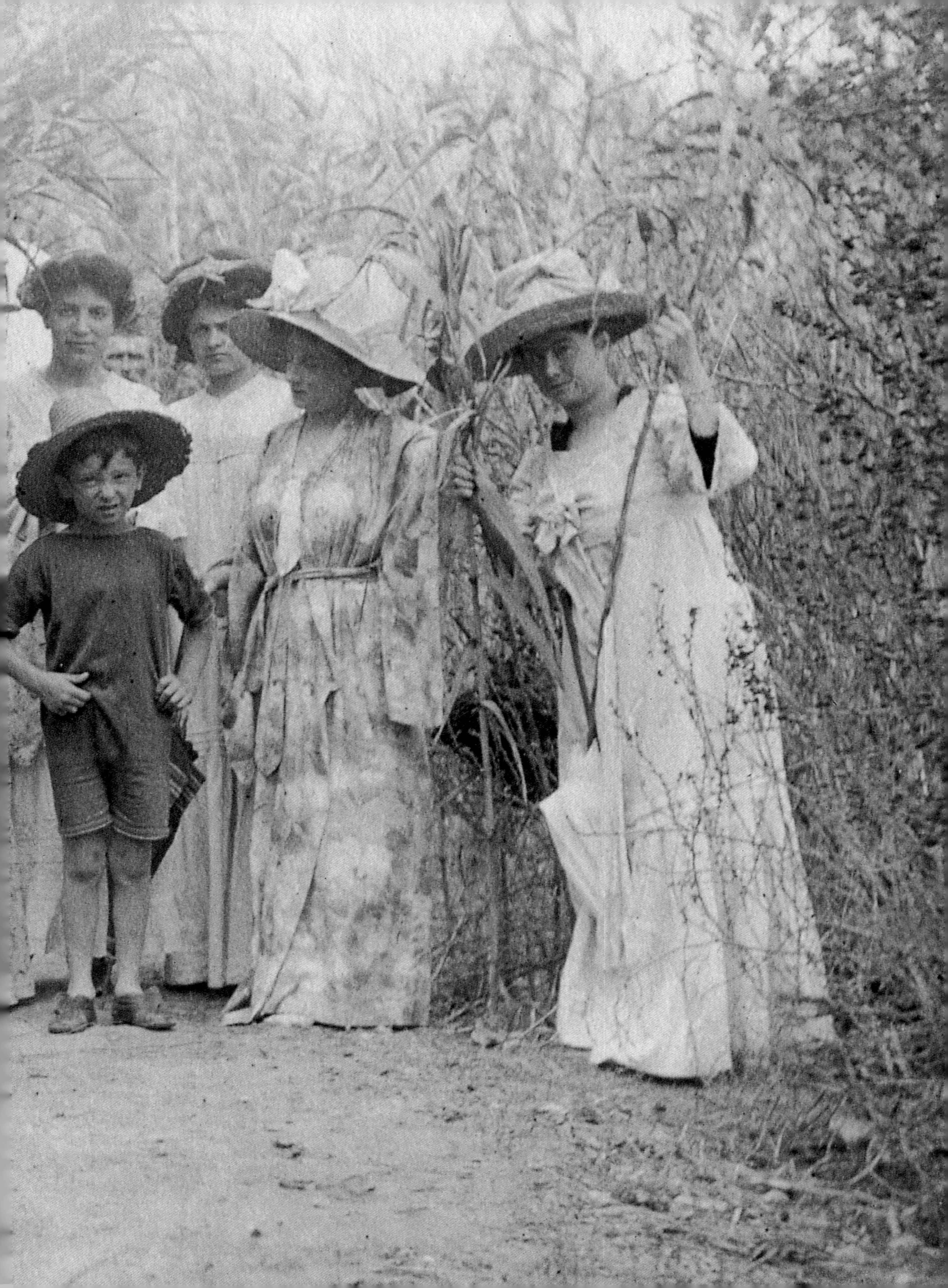

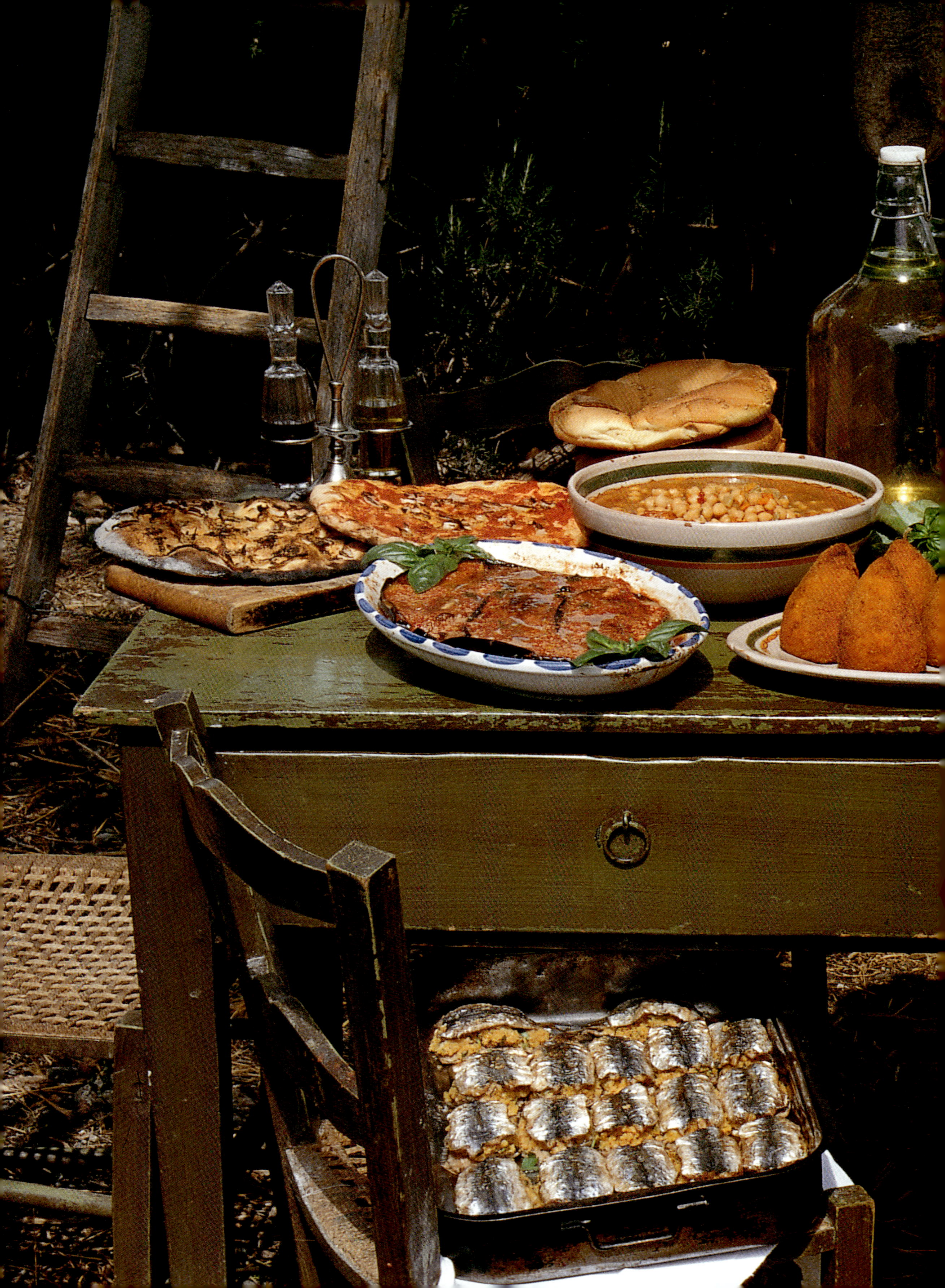

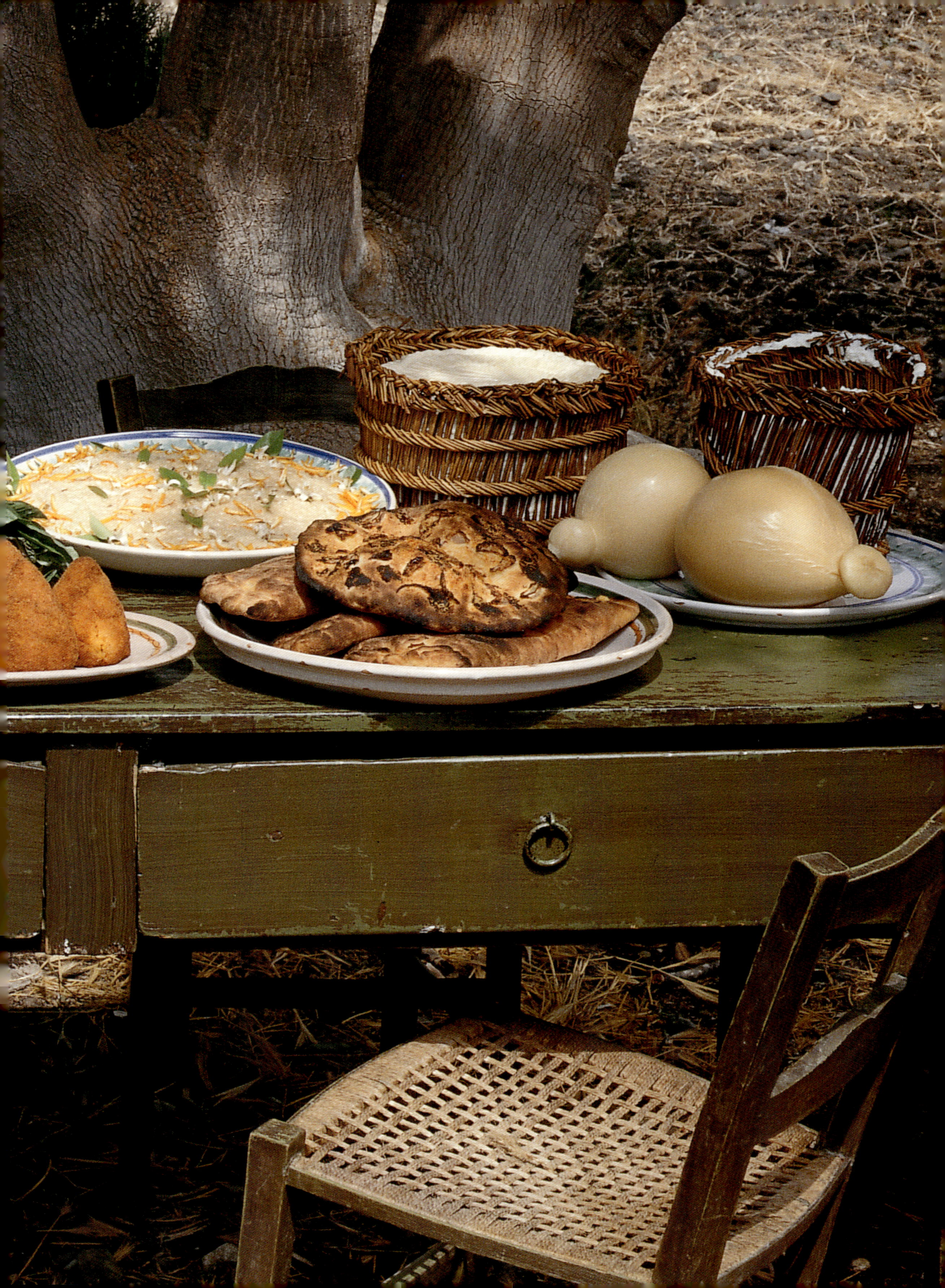

*Credenza scolpita
in noce, decorata da
teste di Bacco, con bassorilievi
raffiguranti frutti e
ripiano in marmo.*

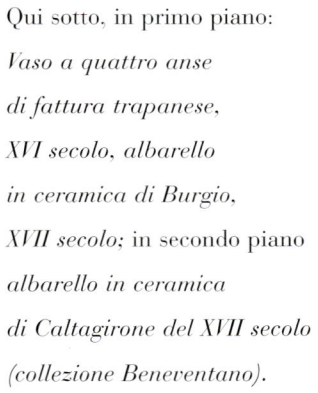

Qui sotto, in primo piano: *Vaso a quattro anse di fattura trapanese, XVI secolo, albarello in ceramica di Burgio, XVII secolo*; in secondo piano *albarello in ceramica di Caltagirone del XVII secolo* (collezione Beneventano).

Al centro: *piatti usati per seccare il concentrato di pomodoro, fine XIX secolo*; a destra in primo piano: *brocca da vino, XIX secolo*; in secondo piano: *recipiente per la salatura delle olive, fine XIX secolo*.

Doppia pagina seguente: *Viale di pini che conduce all'ingresso di Case Del Biviere*.

La campagna 177

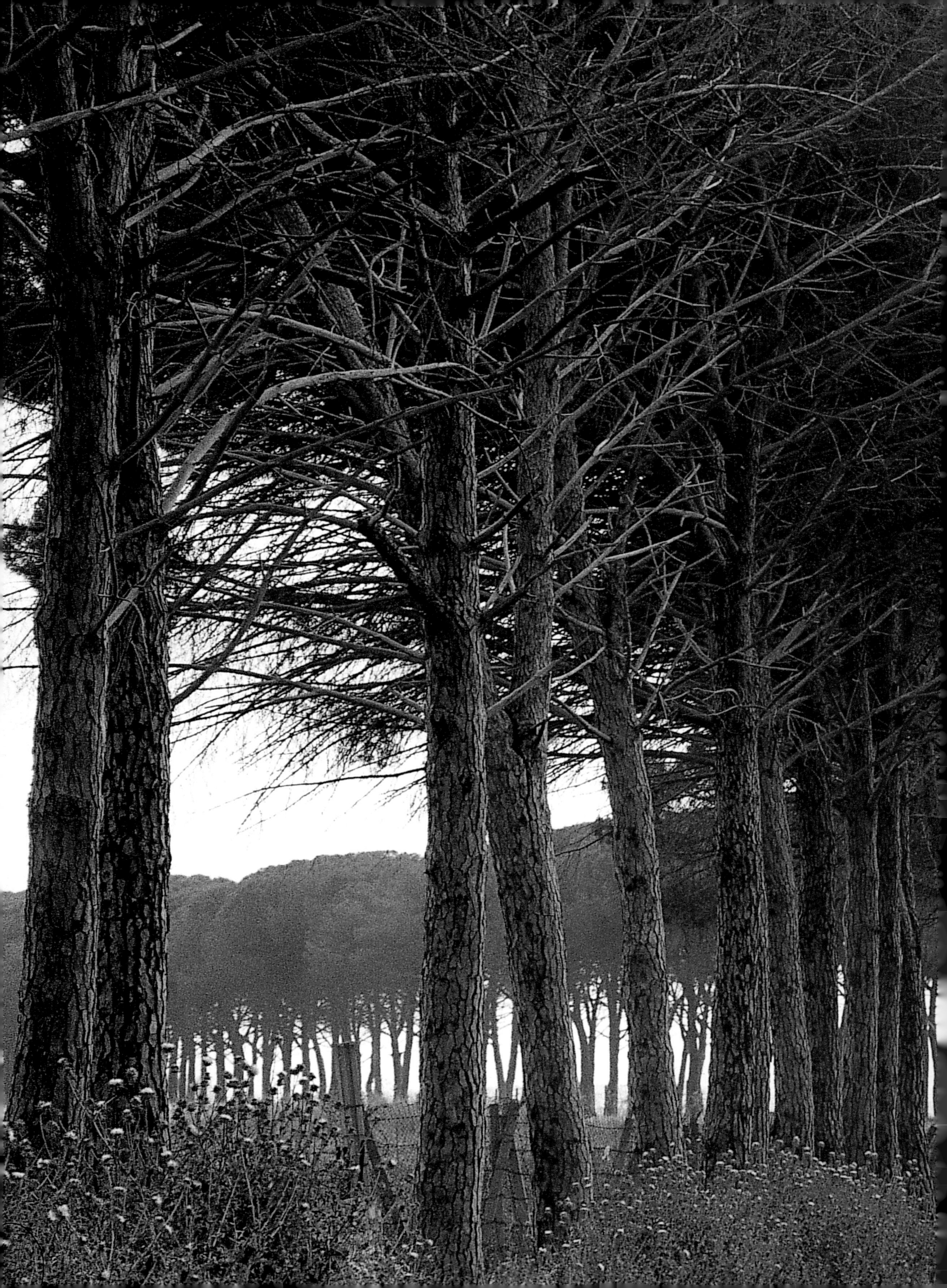

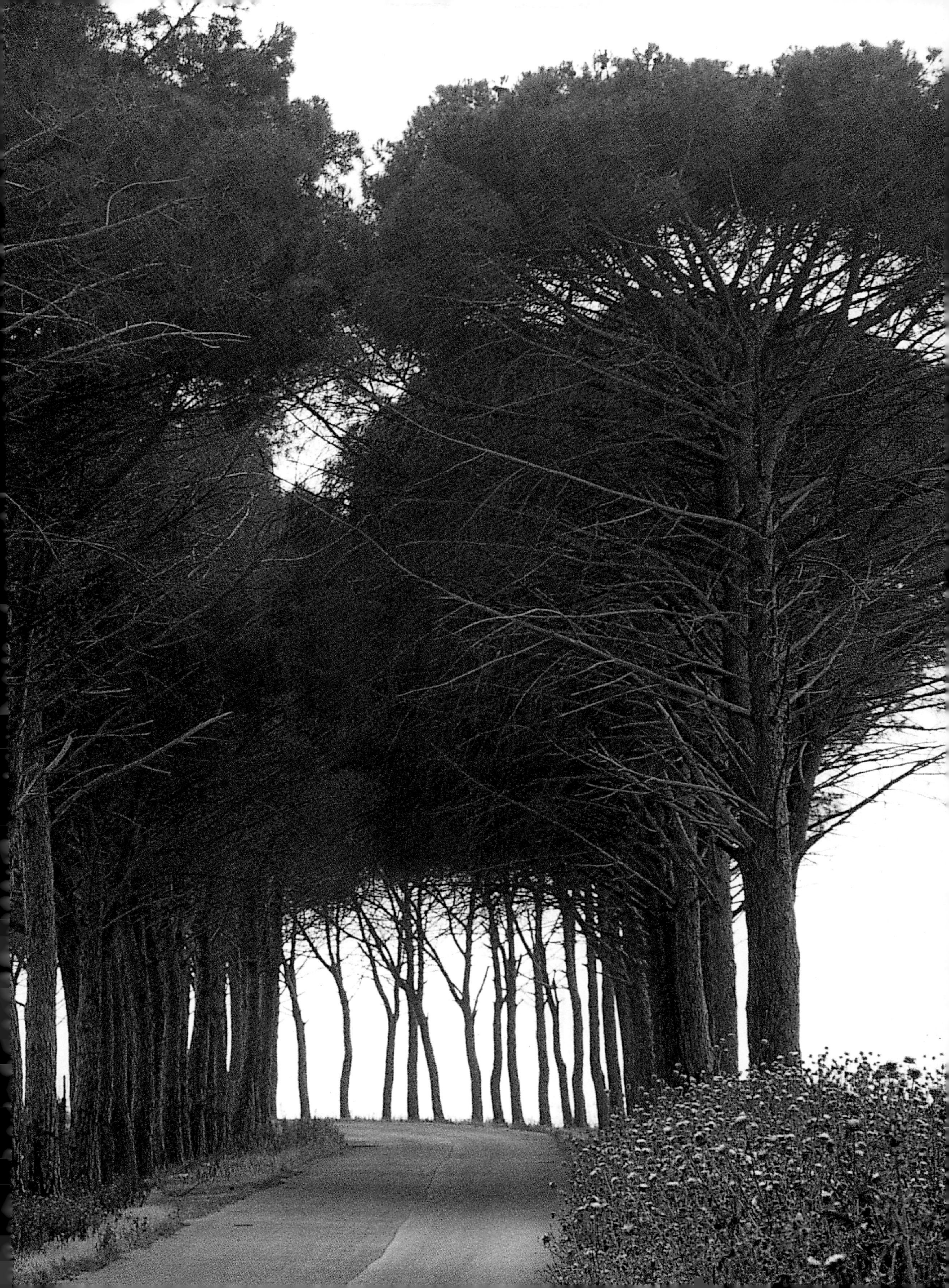

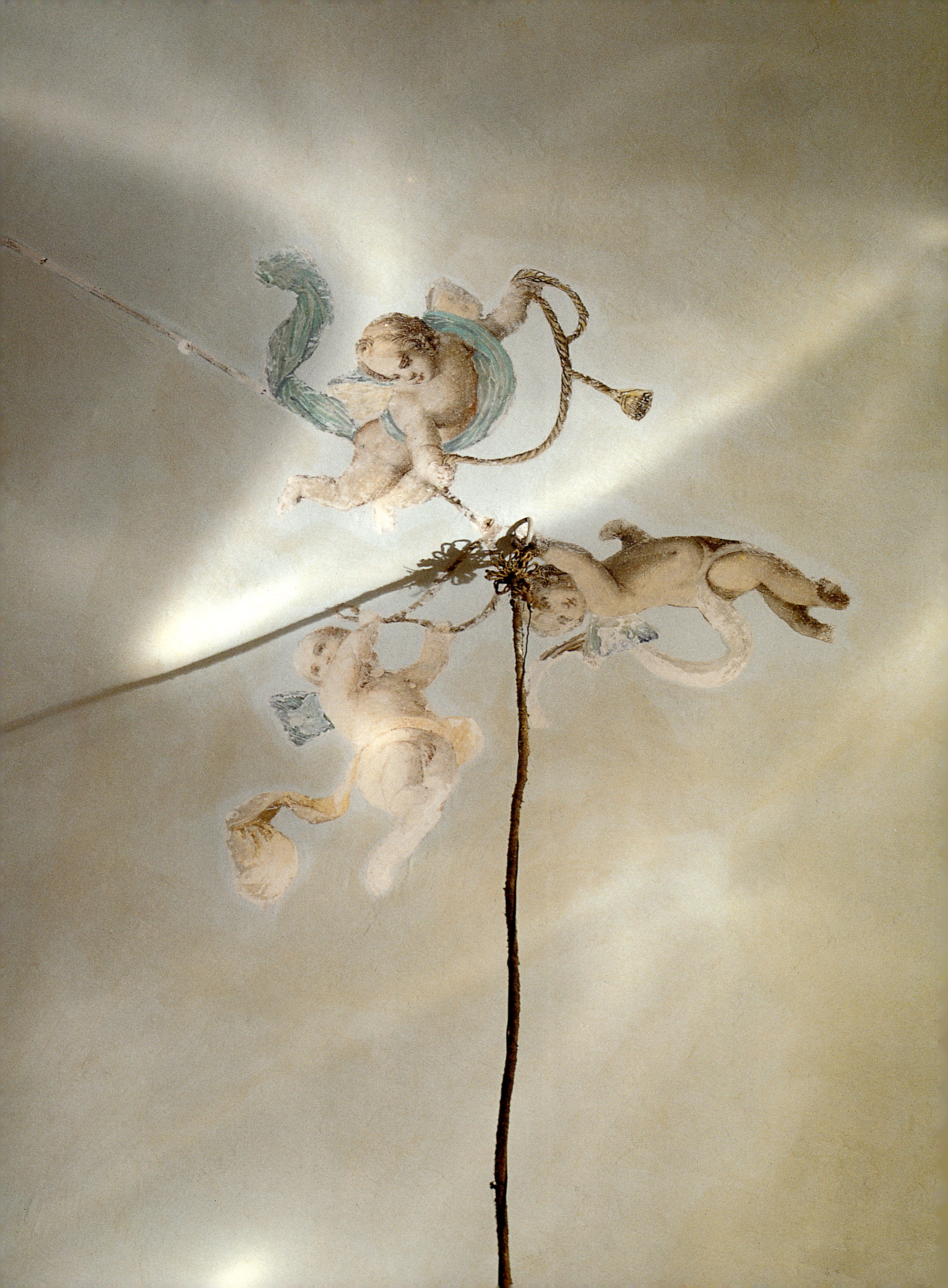

Morte e trasfigurazione del Gattopardo

Cristo in avorio inserito in una decorazione di perle, lavoro eseguito in un convento (palazzo Gangi, Palermo).

Con il successo del romanzo di Lampedusa e quello, indubbiamente ancora più considerevole, del film di Visconti, la ricerca dell'ultimo Gattopardo è diventata, come scrive Ettore Serio, autore di un eccellente saggio sulla vita quotidiana dei palermitani nel XIX secolo, «un genere giornalistico-letterario, condotto sul filo della nostalgia». Ne citiamo due esempi recenti. Il primo è quello di Giuseppe Tasca, conte di Almerita, morto l'11 gennaio 1998 all'età di ottantacinque anni. Questo aristocratico era famoso per i suoi sontuosi ricevimenti durante i quali faceva dono di un braccialetto di diamanti a ognuna delle sue invitate e di un oggetto d'oro a ognuno dei suoi invitati. Ma Giuseppe Tasca non sembra un buon candidato al titolo di «ultimo Gattopardo». Sebbene suo nonno avesse sposato una Branciforte, figlia del principe di Trabia e della principessa Butera, la nobiltà del nome non risaliva molto al di là del 1840. E, soprattutto, i Tasca sfruttavano i loro possedimenti agricoli con uno spirito imprenditoriale e moderno che spiegava la loro eccezionale prosperità – nulla in comune con il vero Gattopardo, «aspirante alla morte e al nulla», secondo l'espressione di Giorgio Bassani, che raccolse, pubblicò e scrisse la prefazione ai due libri di Lampedusa. Il barone Giuseppe Di Stefano sembra avvicinarsi di più alla sua definizione. Fino al momento della sua morte, avvenuta l'11 aprile 1988, egli abitava da mezzo secolo, accudito da quattro (avvenenti?) infermiere, nella suite n. 204 (tre camere e una sala da bagno) dell'Hôtel des Palmes di Palermo, tradizionale soggiorno degli aristocratici di passaggio. Una leggenda – pura leggenda, pare – vuole che vi restasse confinato per ordine della mafia di Castelvetrano, punito per aver ucciso un bambino che si era avventurato sulle sue terre. Ma il barone Di Stefano era più semplicemente un eccentrico e, se questo tratto del carattere contribuisce talvolta fortemente alla qualità del Gattopardo, non è certo sufficiente.

Putti che ornano il salone d'ingresso del palazzo Beneventano del Bosco, Siracusa.

In realtà non esiste un «ultimo Gattopardo», perché la fine della specie era inscritta nei suoi geni, e perché la razza, già in via di estinzione alla fine del XIX secolo, fu inghiottita insieme alla trazione a cavalli, al tallone aureo, ai piccoli Savoiardi, agli zar di Russia e alla supremazia della vecchia Europa, nel grande cataclisma della prima guerra mondiale. Ciò non impedì ai Gattopardi di sopravvivere, ma in esemplari isolati e dando spesso prova di sorprendenti capacità di adattamento: prendiamo il caso del duca Fulco di Verdura, di cui Edmonde Charles-Roux, che ne tradusse le memorie, racconta la vicenda biografica. All'inizio degli «Anni ruggenti», Fulco si rese conto di essere rovinato, cosa allora piuttosto comune tra gli aristocratici. Avendo gusto e disposizione per le arti, si fece impiegare a Parigi da Coco Chanel. Disegnò tessuti, ornamenti, gioielli; divenne orafo. Nel 1937, lasciò Chanel e Parigi per un gioielliere di New York; due anni dopo si mise in proprio sulla Fifth Avenue. Ebbe grande successo e, ricostituita la fortuna, da vero «Gattopardo» anglomane, si ritirò a Londra nel 1973.

Giuseppe Tomasi di Lampedusa, invece, vide il suo palazzo di Palermo crollare sotto i bombardamenti del 1943 e, venticinque anni dopo, quello di Santa Margherita di Belice danneggiato dal terremoto del 1968. È vero che non era più proprietario del «Vaticano siciliano» dei Filangeri: suo zio, il principe Alessandro Tasca di Cutò, deputato socialista (oh, le metamorfosi del Gattopardo!), l'aveva venduto dopo la prima guerra mondiale.

Il principe di Lampedusa, tuttavia, non aveva bisogno di lavorare per vivere. Discreto, taciturno, l'aria di «un generale a riposo o qualcosa di simile», secondo l'impressione di Giorgio Bassani, si dedicò interamente a quello che credeva essere il suo unico vizio, la lettura. Intorno al 1955, sembra, sessantenne, ora a casa, ora su un tavolo del Circolo Bellini, ex Casino dei Nobili, ex Grande conversazione della nobiltà in Palermo, si mise a scrivere. Giuseppe Tomasi di Lampedusa morì poco tempo dopo, nella primavera del 1957. Nel frattempo il Gattopardo, ricordo di famiglia, titolo della storia, ispirato a un libro di araldica, aveva compiuto la sua ultima metamorfosi.

Il gattopardo non è un animale araldico. Lo stemma della famiglia Lampedusa, e di conseguenza di Giulio di Lampedusa, che servì, si dice, da modello per don Fabrizio Salina, è un leopardo rampante o, più esattamente, illeonito: un leopardo rappresentato nell'atteggiamento di leone rampante. Il termine rampante, com'è noto, significa in araldica: «ritto sulle zampe posteriori».

«L'autore, per ragioni personali, non ha intitolato il proprio libro Il Leopardo, *ma* Il Gattopardo. *Per qualificare il suo Gattopardo, non si è mai servito del termine araldico rampante, ma del termine, più accessibile e più pittoresco, danzante».* Tomasi di Lampedusa, Avvertenza *a* Il Gattopardo.

Bibliografia

- Bufalino, Gesualdo, *La luce e il lutto*, Palermo, Sellerio, 1996
- De Roberto, Federico, *I Viceré*, Torino, Einaudi, 1990
- Di Verdura, Fulco, *Estati felici. Un'infanzia in Sicilia*, Palermo, Novecento, 1977
- Drago, Francesco Palazzolo, *Famiglie nobili siciliane*, Bologna, Arnaldo Forni, 1970
- Dumas, Alexandre, *Le Speronare*, Desjonquères, 1988
- Du Pays, A.-J., *Guide d'Italie et Sicile*, Parigi, Hachette, 1877
- Fernandez Dominique, *L'École du Sud*, Parigi, Grasset, 1991 – *Palerme et la Sicile*, Parigi, Stock, 1998 – *Le Voyage d'Italie*, Parigi, Plon, 1998 – *La zattera della Gorgone. Passeggiata in Sicilia*, Palermo, Sellerio, 1992
- Hamel, Pasquale, *Breve storia della società siciliana (1790-1980)*, Palermo, Sellerio, 1994
- Maraini, Dacia, *Bagheria*, Milano, Rizzoli, 1993
- Maupassant, Guy de, *En Sicile*, Bruxelles, Complexe, 1993
- Padovani, Marcelle, *Sicile*, Parigi, Le Seuil, 1991
- Pirandello, Luigi, *I vecchi e i giovani*, Milano, Mondadori, 1992
- Requiez, Salvatore, *Le ville di Palermo*, Palermo, Flaccovio, 1996
- Sciascia, Leonardo, *Il Consiglio d'Egitto*, Milano, Adelphi, 1994 – *Nero su nero*, Milano, Adelphi, 1991 – *Cruciverba*, Milano, Adelphi, 1998
- Serio, Ettore, *La vita quotidiana a Palermo ai tempi del Gattopardo*, Milano, Rizzoli, 1999
- Tomasi di Lampedusa, Giuseppe, *Il Gattopardo*, Milano, Feltrinelli, 1999 – *Ricordi d'infanzia*, in *Racconti*, Milano, Feltrinelli, 1999
- Tuzet, Hélène, *Viaggiatori stranieri in Sicilia nel XVIII secolo*, Palermo, Sellerio, 1988
- Verga, Giovanni, *Mastro-Don Gesualdo*, Milano, Mondadori, 2001

Ringraziamenti

Questo libro non sarebbe potuto esistere senza la complicità e l'amicizia di tutti quei siciliani che ci hanno ricevuti e che, con gentilezza e *humour*, ci hanno aperto i loro palazzi e i loro armadi... Desideriamo ringraziarli per questo.

Esprimiamo inoltre la nostra riconoscenza a tutti coloro che ci hanno aiutati con i loro consigli e che ci hanno accolti: alle padrone di casa che ci hanno affidato i loro meravigliosi oggetti e che hanno partecipato agli allestimenti: Karine Vanni Calvello di San Vincenzo, Luisa Rocco Camerata Scovazzo, Giulia Paternò di Spedalotto, Signoretta Licata di Baucina, Daniela Camerata Scovazzo e Gustavo Wirz, a Palermo.

Siamo debitori della riuscita dei nostri soggiorni a Catania e a Siracusa a Giovanna e Pietro Notarbartolo di Salandra, Rosa Anna e Pietro Beneventano del Bosco di Monteclimiti, Laudomia Piccolomini Salmon e Emanuela Notarbartolo di Sciara. Grazie a Angheli Zalapì e a Fanny Canalotti per aver guidato i nostri passi nella società siciliana.

I nostri calorosi ringraziamenti vanno infine a Nicolò Notarbartolo di Salandra, nostro infaticabile e capace assistente.

Lydia Fasoli desidera ricordare Christine Moussière, Totò Bergamo, Giuì di Napoli, Giorgio e Gabriella Frasca, Colette Véron. Ringraziamo l'Istituto P. Borsellino per i consigli in materia gastronomica e, per le realizzazioni, le pasticcerie *Oscar*, *Alba*, *Caflisch*. Jean-Bernard Naudin ringrazia il laboratorio Arka per lo sviluppo.

Lydia Fasoli e J.-B. Naudin

L'editore ringrazia Brigitte Del Grande per il suo prezioso aiuto.

Crediti fotografici
pp. 12, 14 a, 17 ad, 51, 82 b, 84 a, 114 b, 158 a © Hachette Livre
«foto d'archivio, Vérascope Richard – Photothèque Hachette».
p. 114 a, Foto Ancellin

Spedizione del Corpo Garibaldi

Sirtori Giuseppe capo di stato maggiore
Crespi - Manin - Calvino - Majocchi -
Craxiotti - Borchetta - Bruzzesi - Türr -
primo ajutante di Campo di Garibaldi
Cenni - Montanari - Bandi - Stagnetti -
Basso Giovanni, Segretario Generale.
    Comandanti delle Compagnie
Nino Bixio comand. della I.ª Comp.ª
Orsini   „   II
Stocco   „   III
La Masa   „   IV
Anfossi   „   V
Carini   „   VI
Cairoli   „   VII
Intendenza Acerbi - Bovi - Maestri - Rodi.
C.º medico, Ripari - Boldrini - Ciulini.

1. Palazzo Reale
2. L. Ospital grande
3. Cattedrale
4. Collegio de Gesuiti
5. Statua di Carlo V
6. L. Università
7. Pal.º del Senato
8. Officio della Posta
9. Pal. Geranio
10. Teatro di S. Cecilia
11. Teatro di Ferdinando
12. Pal.º di Torremuzza
13. Pal.º del Duca d'Anjou
14. Fonderia Reale
15. Font. di Garoffolo
16. Osped. dello Spirito Santo
17. Le Piaghe di Cristo